# CHURCHILL
## E A CIÊNCIA POR TRÁS DOS DISCURSOS

RICARDO SONDERMANN

# CHURCHILL
E A CIÊNCIA POR TRÁS DOS DISCURSOS

Prefácio de Ricardo Gomes

2ª EDIÇÃO CONDENSADA E REVISADA

SÃO PAULO | 2023

Copyright © 2018 Ricardo Sondermann

Os direitos desta edição pertencem à
LVM Editora
Rua Leopoldo Couto Magalhães, 1098, Cj. 46
04.542-001. São Paulo, SP, Brasil
Telefax: 55 (11) 3704-3782
contato@lvmeditora.com.br
www.lvmeditora.com.br

**Gerente Editorial** | Chiara Ciodarot
**Editor-chefe** | Pedro Henrique Alves
**Editor assistente** | Georgia Lopes Kallenbach Cardoso
**Revisão** | Mariana Diniz
**Preparação de texto** | Adriano Barros e Pedro Henrique Alves
**Projeto gráfico e Capa** | Mariangela Ghizellini
**Diagramação** | Spress

Impresso no Brasil, 2023.

Dados Internacionais de Catalogação na Publicação (CIP)
Angélica Ilacqua CRB-8/7057

S682c Sondermann, Ricardo
    Churchill e a ciência por trás dos discursos / Ricardo Sondermann ; Prefácio de Ricardo Gomes. – 2. ed. - São Paulo : LVM Editora, 2023.
    352p.

    Bibliografia
    ISBN 978-65-5052-085-4

    1. Ciências sociais 2. História 3. Ciência política 4. Oratória 5. Churchill, Winston, 1874-1965 – Discursos 6. Guerra Mundial, 1939-1945 I. Título II. Gomes, Ricardo.

    23-3526                                        CDD 300

Índice para catálogo sistemático:
1. Ciências sociais

Reservados todos os direitos desta obra.
Proibida a reprodução integral desta edição por qualquer meio ou forma, seja eletrônica ou mecânica, fotocópia, gravação ou qualquer outro meio sem a permissão expressa do editor. A reprodução parcial é permitida, desde que citada a fonte.
Esta editora se empenhou em contatar os responsáveis pelos direitos autorais de todas as imagens e de outros materiais utilizados neste livro. Se porventura for constatada a omissão involuntária na identificação de algum deles, dispomo-nos a efetuar, futuramente, as devidas correções.

# SUMÁRIO

**PREFÁCIO**
*Ricardo Gomes* .................................... 9

### CHURCHILL E A CIÊNCIA POR TRÁS DOS DISCURSOS

**AGRADECIMENTOS**.................................... 17
**INTRODUÇÃO** ........................................ 19

**CAPÍTULO I**
Discursos são mais do que meras palavras emparelhadas....... 25
    I.1 – O discurso político ..................... 26
    I.2 – O líder e sua fala ..................... 28
    I.3 – Liderança e política .................. 36
    I.4 – Discursos ............................. 42

**CAPÍTULO II**
Perspectivas teóricas: preparando o mergulho sob o
poder da palavra. .................................... 45
    II.1 – Retórica ............................. 45
    II.2 – Persuasão ........................... 56
    II.3 – A análise do discurso .............. 59
    II.4 – A análise do discurso político ..... 63
        II.4.a – Imagem e mensagem............ 67
    II.5 – O poder da palavra ................. 68
    II.6 – Dissecando discursos .............. 69

**CAPÍTULO III**
A Segunda Guerra Mundial e Winston Churchill .......... 73
    III.1 – Breve perfil de Winston Spencer Churchill......... 74
    III.2 – Uma cronologia ..................... 83

**CAPÍTULO IV**
**Guerra** .................................................. 89
    IV.1 – Discurso de 3 de setembro de 1939 .............. 93
    IV.2 – Análise do discurso de 3 de setembro de 1939 ...... 95

**CAPÍTULO V**
**Sangue, trabalho, lágrimas e suor** ...................... 101
    V.1 – Discurso de 13 de maio de 1940 ................. 105
    V.2 – Análise do discurso de 13 de maio de 1940 ......... 18

**CAPÍTULO VI**
**O melhor momento** ..................................... 117
    VI.1 – Discurso de 18 de junho de 1940 ............... 120
    VI.2 – Análise do discurso de 18 de junho de 1940 ........ 134

**CAPÍTULO VII**
**A guerra dos soldados desconhecidos** ..................... 151
    VII.1 – Discurso de 14 de julho de 1940 ............... 155
    VII.2 – Análise do discurso de 14 de julho de 1940 ....... 158

**CAPÍTULO VIII**
**Os poucos** ............................................. 169
    VIII.1 – Discurso de 20 de agosto de 1940 .............. 171
    VIII.2 – Análise do discurso de 20 de agosto de 1940 ...... 188

**CAPÍTULO IX**
**Jamais ceder!** ......................................... 207
    IX.1 – Discurso de 29 de outubro de 1941 .............. 209
    IX.2 – Análise do discurso de 29 de outubro de 1941 ...... 211

**CAPÍTULO X**
**Sessão conjunta do Congresso** ........................... 219
    X.1 – Discurso de 26 de dezembro de 1941 ............. 222
    X.2 – Análise do discurso de 26 de dezembro de 1941 ..... 233

**CAPÍTULO XI**
**O Dia D** .............................................. 249
    XI.1 – Discurso de 6 de julho de 1944 ................. 251
    XI.2 – Análise do discurso de 6 de julho de 1944 ......... 253

**CAPÍTULO XII**
**Palavras não podem expressar o horror** .................... 259
    XII.1 – Discurso de 19 de abril de 1945 ................ 260
    XII.2 – Análise do discurso de 19 de abril de 1945 ........ 261

**CAPÍTULO XIII**
**Vitória na Europa** ........................................ 267
    XIII.1 – Discurso de 8 de maio de 1945 ................ 268
    XIII.2 – Análise do Discurso de 8 de maio de 1945 ....... 271

**CAPÍTULO XIV**
**Esta vitória é de vocês.** ................................. 279
    XIV.1 – Segundo discurso de 8 de maio de 1945 ......... 281
    XIV.2 – Análise do segundo discurso de 8 de maio de 1945 ... 283

**CAPÍTULO XV**
**Discurso da renúncia** .................................... 289
    XV.1 – Discurso de 26 de julho de 1945 ................ 292
    XV.2 – Análise do discurso de 26 de julho de 1945 ........ 292

**CAPÍTULO XVI**
**Sobre discursos e a Segunda Guerra** ....................... 295

**CAPÍTULO XVII**
**Churchill e o Século XXI** ................................. 309

**CAPÍTULO XVIII**
**O Twitter de Churchill** .................................. 325

**EPÍLOGO**
**Churchill e a essência do líder** ........................... 333

**BIBLIOGRAFIA** ............................................. 341

**LISTA DE FIGURAS DE QUADROS** ............................. 345

**POSFÁCIO**
*Marcos Troyjo.* ............................................ 347

# PREFÁCIO

## História em palavras
*Ricardo Gomes*[1]

Os discursos de Winston Churchill estão entre os textos políticos mais importantes da história da humanidade. Pode parecer exagero, mas não é. A história das sociedades políticas (e depois, dos Estados) mudou de rumo em diversas ocasiões. Guerras, conquistas, derrotas, ruína política, crises econômicas – são muitos os fatores que produziram uma guinada nos acontecimentos que ficaria para sempre registrada na memória coletiva. A história, de fato, não é lembrada pela ordinariedade dos atos e nem pela ociosidade dos líderes; é feita do registro das grandes transformações e dos grandes homens que as promoveram, das ocasiões em que pessoas tomaram para si o leme do seu destino, transformando o seu mundo.

Churchill foi um desses homens que conduziu um momento decisivo na história – e não um momento qualquer. Talvez as gerações que não testemunharam a Segunda Guerra Munidal acontecendo não tenham a dimensão precisa da magnitude do conflito. Magnitude em todos os aspectos: a expansão territorial do teatro de operações, a massa de soldados movimentada, o quão crucial para o futuro da civilização ocidental era o desfecho dos combates.

A banalização, por interesses políticos muitas vezes, das palavras "nazismo" e "comunismo", contribui para esvanecer a monstruosidade dos regimes totalitários que adonaram-se da Europa nos anos que antecederam a Segunda Guerra. Foi isso

---
1. Vice-Prefeito de Porto Alegre, advogado, professor e co-fundador da Churchill Society

que Churchill enfrentou: os mais monstruosos regimes políticos da modernidade e a maior máquina de guerra do seu tempo. E Churchill fez esse enfrentamento comandando um exército, mas também liderando uma nação.

Não fosse a ameaça nazista, Winston Leonard Spencer Churchill jamais chegaria a ser primeiro-ministro do Reino Unido. Desacreditado por insucessos em sua carreira militar e desprezado por muitos colegas parlamentares do Partido Conservador, Churchill não era o tipo de líder que uma Inglaterra em paz buscaria. Quando a guerra começa a navegar em direção às ilhas britânicas é que Churchill se torna o capitão indispensável.

Os discursos de Churchill instrumentalizaram a liderança daquele improvável líder. Não fosse a BBC e o alcance do rádio, não teríamos essas maravilhosas peças políticas que são suas falas – e talvez tampouco tivéssemos o ânimo daquele país se levantando contra o nazismo e se somando ao esforço de guerra. Os discursos são as armas de Churchill, e eles não apenas narram os acontecimentos e registram em primeira mão os fatos, mas eles *constroem o espírito inglês* que restaurou o Ocidente e assegurou a liberdade das gerações futuras.

Churchill dominava o idioma como poucos, e era capaz de escrever bem sobre qualquer assunto. Não são poucas as frases dele que são citadas até hoje, sobre os mais variados assuntos (veja o imperdível Twitter de Churchill, no capítulo XIX). Mas é nos discursos da guerra que vemos sua melhor produção. Isso porque Winston Churchill expressa com a forma perfeita um conteúdo extraordinário.

Os discursos da guerra são a voz da liberdade, são a Europa clamando por libertação, são toda a herança britânica, são a Magna Carta e a Revolução Gloriosa e o Bill of Rights inglês pedindo resgate e lutando por sua sobrevivência. Os pensamentos, a mensagem, eram o que de mais britânico poderia haver, colhendo uma tradição de limitação do poder do soberano e de fortalecimento de garantias e direitos individuais que marcara a história política da Inglaterra. Essa tradição é a antítese do nazismo, e Churchill a conhecia e a havia introjetado de tal maneira que é possível perceber como o totalitarismo nazista atacava o âmago de suas crenças.

Estes discursos, naquela voz marcante do primeiro-ministro, eram um milênio de história inglesa. Talvez apenas a Declaração de Independência dos Estados Unidos, ironicamente, expresse tanto e tão bem a essência do desenvolvimento político britânico como os discursos de Churchill. Esse desenvolvimento gradual é explicado por Henry Hallam em seu "História Constitucional da Inglaterra":

> A Inglaterra, mais afortunada que o resto, adquiriu no Século XV uma justa reputação pela qualidade de suas leis e pela proteção de seus cidadãos da opressão. Essa liberdade tem sido o lento fruto das eras, ainda esperando uma estação mais feliz para sua perfeita maturação, mas já dando prova do vigor e da indústria que foram empregadas em seu cultivo[2].

Esse é o encontro que Churchill promove: a essência histórica da constituição britânica e a forma precisa e refletida na expressão de uma mensagem.

Este livro é o melhor estudo sobre os discursos de Churchill publicado. Há várias compilações, várias obras sobre eles[3], mas nenhuma tem a profundidade analítica e o envolvimento com o conteúdo das falas que Ricardo Sondermann traz. Um analista às vezes se torna chato, demasiadamente técnico, e um fã ardoroso torna-se bajulador e se torna ufanista. Sondermann evita com maestria essas duas estradas. É capaz de fazer uma análise que prende o leitor, sem distanciar-se do profundo sentido das palavras de Churchill.

Ricardo Sondermann é Administrador (UFRGS), especialista em Marketing (UFRGS) e mestre em Comunicação (PUCRS). Tem

---

2. Hallam, Henry. *The Constitutional History of England* (p. 18). Musaicum Books. Edição do Kindle.
3. John Lukacs tem um belo trabalho chamado "Churchill e o discurso que mudou a história", cuja leitura recomendo, mas além de fixar-se apenas em um dos maravilhosos discursos de Churchill, não possui a qualidade da análise comunicacional que Sondermann faz.

uma trajetória empresarial de sucesso e um envolvimento com a causa da liberdade que Churchill tanto nutriu – foi presidente do Instituto Liberdade, é associado honorário do Instituto de Estudos Empresariais, e é o fundador e presidente da Churchill Society Brasil. É Cônsul Honorário do Reino Unido no Rio Grande do Sul.

    É motivo de orgulho que uma obra dessa envergadura seja escrita por um brasileiro, e um orgulho maior ainda que ela chegue a essa segunda edição como sucesso de vendas. Muitos podem ser os motivos para isso. Um, notadamente, é o momento político que qual passa o Brasil, em que a demanda por novas e melhores lideranças políticas faz com que busquemos no passado exemplos inspiradores. Outro, seguramente, é a preocupação que temos com a nossa própria liberdade, que enfrenta ameaças diferentes em tempos modernos, e em cuja defesa nos vemos obrigados a estudar a história daqueles tempestuosos momentos. Mas há ainda outro motivo.

    Este livro é um sucesso também porque Sondermann – ele mesmo descendente de judeus alemães que deixaram seu país natal sob o jugo do nazismo – assim como Churchill une conteúdo e forma, e expressa de maneira magistral aquilo que tem a dizer. Um estudo completo, cheio de significado, muito bem escrito, que mostra o valor que teve Churchill para a história do mundo – e como suas palavras se transformaram em armas.

# CHURCHILL

E A CIÊNCIA POR TRÁS DOS DISCURSOS

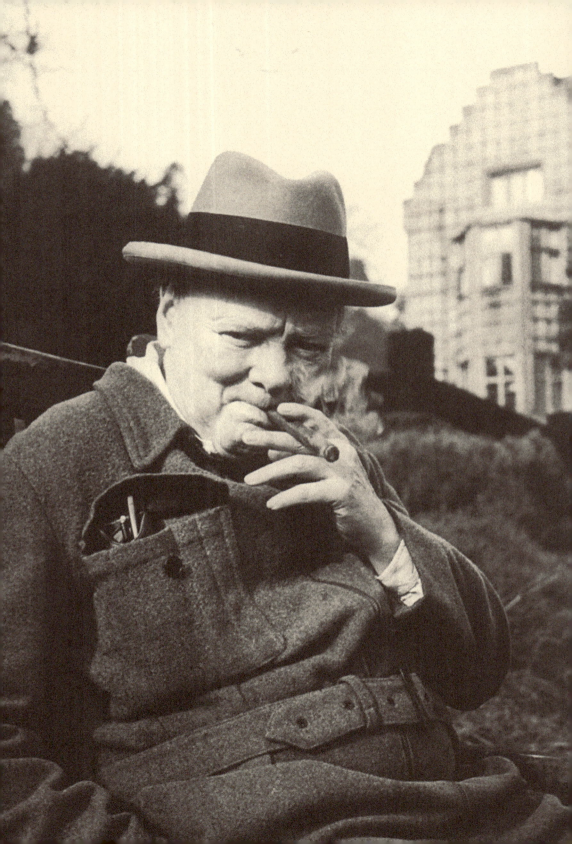

Dedico esta segunda edição à minha irmã Susana,
que me fez amar as palavras.

# AGRADECIMENTOS

Nesta segunda edição revisada quero agradecer a todos aqueles que esgotaram a edição anterior e fizeram deste livro uma obra tão apreciada. Sem leitores não há sentido em escrever e este exercício seria como "lágrimas na chuva"[4]. Gostaria agradecer a meu amigo e editor Hélio Beltrão, desde o princípio um apaixonado e incentivador deste projeto.

Este livro gerou desdobramentos importantes, como a fundação do capítulo brasileiro da International Churchill Society (www.winstonchurchill.org.br) que com os cofundadores Alex Catharino, Bruno Garshagen, Henri Chazan, Rafael Bicca Machado e Ricardo Gomes tem trabalhado para manter o legado de Winston Churchill vivo e moderno. Na sequência destes eventos, hoje exerço o cargo de cônsul honorário do Reino Unido no Rio Grande do Sul.

---

4. Citação retirada pelo autor da frase original todas essas lembranças se apagarão com o tempo, como lágrimas na chuva, proferidas pelo personagem Roy Batty, um *replicante* no filme "Blade Runner", de 1982, pelo ator holandês Rutger Hauer (1944-2019).

# INTRODUÇÃO
## Engolindo palavras

Em 2010, por meio de uma corajosa indicação do meu amigo e irmão de coração, Dr. Dado Scheider, para o então diretor da academia de professores da Escola Superior de Propaganda e Marketing do Rio Grande do Sul (ESPM-SUL), Prof. Fernando Dewes, fui convidado a lecionar. Que o Dado tivesse a atitude insana de me indicar eu até entendo, mas que o Dewes tenha aceitado, requeria uma enorme audácia.

Até aquele ano eu tinha me dedicado inteiramente à minha carreira profissional, a maior parte do tempo como empreendedor privado, durante quinze anos no comércio exterior de produtos têxteis, de 1998 até 2012 como sócio de uma agência de propaganda. Em 2010, ao olhar com profundidade meu entorno, percebi as rodas da mudança no mundo da comunicação e criei, com meu sócio e amigo, o brilhante Rodrigo Valente, a 818 Consultoria e depois a 818 Game Academy. Também exerci, e ainda exerço, atividades em uma série de entidades representativas, como vice-presidente da Federação de Entidades Empresariais do Rio Grande do Sul (FEDERASUL) durante vinte anos, conselheiro da Federação do Comércio de Bens e de Serviços do Estado do Rio Grande do Sul (FECOMÉRCIO-RS), presidente do Instituto Liberdade do Rio Grande do Sul (ILRS) entre 2013 e 2015, entre outras associações e conselhos, além de mais de uma dezena de interessantes e desconcertantes redes sociais. Neste admirável mundo novo, imagino como agiria Winston Churchill (1874-1965) no Twitter. Com certeza, emitiria opiniões bem mais interessantes do que Donald Trump, menos previsíveis do que Barack Obama e nunca tão errantes como Joe Biden ou Emmanuel Macron.

Existe um conceito errôneo que diz que *"Quem sabe faz, quem não sabe ensina"*. Lá fui eu perceber que ser professor exige muito mais preparo mental (e físico) do que imaginava, e não é uma atividade fácil. Obviamente, como em qualquer grupo ou atividade, existem bons e maus profissionais, e ser bom nisso requeria conhecimentos que me faltavam.

Desse modo, numa até certo ponto desinteressada conversa com meu amigo e futuro orientador, Dr. Antonio Hohlfeldt, comentei meu desejo e necessidade de me preparar para esta nova atividade. Num aprazível almoço na Pontifícia Universidade Católica do Rio Grande do Sul (PUC-RS), comentei sobre meu projeto, prontamente chancelado por aquele que viria a ser meu orientador. Mais do que isso, Hohlfeldt foi meu oráculo acadêmico. Nessa mesma conversa, uma condição foi estabelecida: ao longo do mestrado deixaríamos de ser amigos, e nossa amizade seria retormada apenas após a defesa em banca. Grande negócio, embora eu acredite que quem mais ganhou fui eu.

O tema da conversa foi um misto da história da minha vida, da minha família e de meus interesses como leitor. Sou filho de primeira geração de europeus vindos para a América Latina, fugidos do nazismo na Europa. Meu pai João (1913-1976) e sua família saíram de Ravensburg, na Alemanha, em 1938. Segundo ele, saíram depois que Neville Chamberlain (1869-1940) foi a Munique negociar os Sudetos. Minha mãe Alicia Sondermann (1922-2015) e sua família deixaram Viena, na Áustria, em 1939, entrando no porto de Montevidéu em agosto de 1939. Poucos dias depois, em 1º de setembro, Adolf Hitler (1889-1945) invadiu a Polônia e mais nenhum navio poderia entrar na América do Sul. Minha mãe chegou praticamente no último navio. No filme *Woman in Gold* [A Dama Dourada], dirigido por Simon Curtis e lançado em 2015, que conta a história por trás da recuperação dos quadros de Gustav Klimt (1862-1918) para a família Bauer, pude *ver* minha mãe caminhando por trás das pessoas ovacionando

Hitler, em sua tentativa de sobreviver àquela loucura coletiva. Ela costumava contar que se lembrava do dia do *Anchluss,* ou anexação, quando Hitler e suas tropas entram em Viena e são aplaudidos. *"Me lembro até hoje das pessoas em cima dos postes de luz, com seus braços direitos extendidos, saudando 'Heil Hitler'"*. Esta imagem, que se impregnou no seu cérebro, teve o mesmo impacto em mim.

Sou um filho temporão, e nas reuniões entre meus pais e seus amigos ouvia as histórias que contavam como o atleta Werner Schattmann (1915-2001) foi barrado nas Olimpíadas de Berlim, como minha mãe viveu o *Anschluss* em Viena, as traduções que Herbert Caro (1906-1991) vinha fazendo dos livros de Thomas Mann (1875-1955) para a editora Globo, entre tantos assuntos. Aqueles *ieques* (judeus alemães), com seus sotaques carregados e relatos tão verídicos, enchiam meu imaginário. A Segunda Guerra era "O" assunto em casa. Esses judeus refugiados e aceitos no Brasil de forma completa descreviam repetidamente como cada um de seus milagres pessoais aconteceram, como sobreviveram, como se adaptaram e encontraram a felicidade. Eram autênticos sobreviventes, testemunhas históricas que me marcaram.

Passei minha infância montando aviões e navios de guerra da *Revell,* comprados na *Hobbie,* na subida da Rua dos Andradas, a Rua da Praia, em Porto Alegre. Minhas leituras de infância giravam em torno de *Spitfires versus Messerschitts,* de como os *Hurricanes* derrubavam os *Dorniers* "Do-17" como moscas. Minha simples existência dependia da habilidade tática dos comboios aliados driblando os "U-boats", submarinos alemães, e como a descoberta da *Enigma*[5] tinha sido fundamental para a vitória aliada. Nossa vitória.

Sim, nossa vitória. Eu estava lá porque estas pessoas haviam sobrevivido à guerra e se dispunham a contar. E estavam lá porque cada uma foi abençoada, teve a chance de escapar ou sobreviver dos ou nos campos de concentração nazistas, como a querida tia Herta

---

5. *Enigma* é o nome pelo qual é conhecida uma máquina eletromecânica de criptografia com rotores, utilizada tanto para criptografar como para descriptografar códigos de guerra, usada em várias formas na Europa durante a Segunda Guerra Mundial.

Spier (1918-2020) e tantos outros. Pessoas reais como Elie Wiesel (1928-2016), Léon Uris (1924-2003) e Anne Frank (1929-1945) deixaram em minha mente e em meu coração a memória e a aflição do que é o total desespero, e ao mesmo tempo, lições de esperança e fé inabalável na liberdade. Ali eu estava, entre livros e histórias, todas verídicas, todas impregnadas neste véu de tristeza e de dor.

Quando me deparei com o mestrado, milhares de páginas sobre a Segunda Guerra e seus personagens já haviam sido devoradas. Um elemento extra surgiu em 1989 quando, retornando de uma experiência de dezoito meses no exterior, grande parte vivida na Alemanha, ingressei no Instituto de Estudos Empresariais (IEE). Um novo e avassalador impacto me atingiu lendo Ludwig von Mises (1881-1973), Friedrich August von Hayek (1899-1992), Frédéric Bastiat (1801-1850), Og Francisco Leme (1922-2004), Milton Friedman (1912-2006), Ayn Rand (1905-1982) e Adam Smith (1723-1790). Pude traduzir meus pensamentos e sentimentos num conceito inabalável – a liberdade.

Eu havia retornado da Alemanha depois de um período de atividade na empresa Port-Schleischer, associação entre a *trading* brasileira Port Trading e seu agente alemão, Albert Schleischer. Uma de minhas funções consistia em frequentar feiras em Leipzig, na Alemanha Oriental, e controlar a produção de produtos têxteis no Leste Europeu, especialmente na Iugoslávia e nos Balcãs. O choque de transitar entre uma potência capitalista como a Alemanha Ocidental e mergulhar no mundo comunista do outro lado me levava a perguntar por que diabos as pessoas acreditavam no socialismo. Tudo que vi eram pessoas desesperadas para sair de lá, e já que não podiam fazê-lo, queriam minhas canetas, sabonetes, tênis e, sonho supremo de consumo, minhas calças jeans. Com o tempo, aprendi que levar umas calças extras na bagagem era um passaporte para ser aceito em certos grupos comunistas. No IEE, confirmei que a liberdade é o maior bem do homem e ratifiquei a certeza de que cada indivíduo é único e diferente. Não somos iguais, nunca seremos – e que bom que não o somos. Este caminho me levou a ocupar diversos cargos e atribuições na luta por um ambiente econômico mais livre, com menor intervenção estatal, como vice-presidente da FEDERASUL (Federação das Entidades Empresariais do RS) e depois presidente do ILRS (Instituto Liberdade do RS).

Na conversa com o Professor Hohlfeldt, falei sobre estas experiências e sobre o personagem que para mim reunia todos estes atributos – uma obstinada luta pela liberdade e um senso de individualidade sem igual – Winston Churchill. A meu juízo, Churchill representa a convicção de que um homem, apenas um, é capaz de mudar o mundo. Tive a oportunidade de perguntar a Sir Martin Gilbert (1936-2015), em um seminário da Fundação Churchill, em Londres, em outubro de 2011: *"Se não tivesse sido Churchill o eleito em maio de 1940, e tivesse sido Lord Halifax para...?" "... Estaríamos todos falando alemão"*, me respondeu, antes mesmo que eu pudesse terminar a frase. Por que um indivíduo, único e mortal como qualquer um de nós, fez e ainda faz tanta diferença? Por que é tão duro alcançar a liberdade e, ainda mais difícil, mantê-la? Estas questões foram minha "lanterna na popa" – lembrando-me do maravilhoso Roberto Campos (1917-2001), ou "Bob Fields", para os iniciados – que me incentivaram a estudar o assunto.

Este livro é uma tentativa de traduzir uma questão sempre moderna e atual, que transcende o tempo e segue sendo essencial: a luta pela liberdade, pela existência de um ambiente onde as oportunidades sejam criadas para pessoas que são, fundamentalmente, diferentes. Não acredito cegamente nos ideais franceses de *liberté, fraternité* e *igualité*, prefiro adotar os ensinamentos anglicanos de liberdade, prosperidade e felicidade. Churchill viu a aproximação da tempestade nazista e manteve-se fiel aos seus temores. Quando a guerra chegou e pouco havia para ser feito, foi ele quem assumiu a responsabilidade de lutar obstinadamente pela liberdade e nunca, nunca ceder.

Um sábio amigo e mentor, Rabino Mendel Liberow, do Beit Lubavitch, de Porto Alegre, comentou que *"as palavras, uma vez saídas de nossas bocas, criam vida"*. Por esse motivo, todos os pedaços de papel colocados nas frestas do *Kotel*, o Muro das Lamentações em Jerusalém, quando retirados, não são jogados fora ou queimados. Estas pequenas mensagens, com pedidos de bênçãos e orações, são enterradas em um cemitério, como se pessoas fossem e para elas é rezado um *kadish*, a reza judaica em homenagem aos mortos. Talvez por isso usemos a expressão *"engolir nossas palavras"*. Já que estamos falando de Churchill, certa vez ele comentou: *"Engolir minhas palavras nunca me causou indigestão"*. Certamente ele sabia do que estava falando, o uso proverbial e estimulante das palavras no momento definitivo e definidor.

# CAPÍTULO I

## Discursos são mais do que meras palavras emparelhadas

O jornal Boston *Daily Record* declarou: *"Winston Churchill e suas palavras são, interminavelmente, citados e aprovados"*[6]. Em uma cerimônia emocionante, na formatura dos bombeiros que ocupariam o lugar daqueles que morreram no ataque às torres gêmeas, em 11 de setembro de 2001, o então prefeito de Nova York, Rudolph Giuliani, citou Churchill e foi louvado pelo periódico *Washington Post*, como *"Churchill com um boné ianque"*[7]. Em fevereiro de 2002, Giuliani esteve em Londres e disse à jornalista Alice Thomson, do *Daily Telegraph* que: *"Recorri a Churchill para que me ensinasse como revigorar o espírito de uma nação agonizante. Depois do ataque, costumava conversar com ele"*. Durante os piores dias da batalha da Inglaterra, Churchill nunca saiu de Downing Street[8] dizendo: *"Não sei o que fazer"* ou *"Estou perdido"*. Ele saía com uma direção e um propósito, mesmo que tivesse que forjá-los[9].

Churchill é um personagem inspirador, especialmente, por seus feitos como primeiro-ministro da Grã-Bretanha, durante a Segunda Guerra Mundial, entre 1940 e 1945. A construção desta trajetória deve-se em grande parte à sua insuperável capacidade de

---

6. ROBERTS, Andrew. *Hitler & Churchill: Segredos da Liderança*. Trad. Maria Luíza X. de A. Borges. Rio de Janeiro: Jorge Zahar, 2004, p. 12.
7. Idem. *Ibidem*, p. 12.
8. Endereço da residência oficial dos primeiros-ministros britânicos, entre a catedral de Westminster, o Parlamento e Whitehall (Grifo do autor).
9. ROBERTS. *Hitler & Churchill. Op. cit.*, p. 12.

produzir discursos que calavam fundo na alma de suas plateias, tanto na Inglaterra quanto pelo mundo afora.

Este livro se constrói baseado em doze discursos específicos, pronunciados entre 3 de setembro de 1939, quando a Segunda Guerra Mundial eclodiu no Leste Europeu, e 26 de julho de 1945, quando, derrotado nas eleições para a renovação de seu mandato como primeiro-ministro, Churchill oficialmente renunciou. Partindo de uma dissertação de mestrado, procurei tirar o "academiquês", teorizar menos, deixando sempre clara a assertiva de que discursos não são palavras amontoadas.

A indagação fundamental segue sendo: *um discurso pode ganhar uma guerra?* A força da mensagem de Winston Churchill foi suficiente para mobilizar os públicos?

A pergunta pode ser respondida a partir da forma e contúdo destes discursos, de como foi feita a construção de uma retórica elaborada, a difusão da mensagem e sua compreensão pelos ouvintes. Para tanto, será necessário contextualizar o personagem central no momento histórico apropriado. Winston Churchill, um homem nascido e criado em um tempo vitoriano já ultrapassado, inserido em um admirável mundo moderno, mergulhado em uma guerra que decidiria a própria sobrevivência da sociedade ocidental, foi o homem certo no momento certo? Hoje sabemos que sim, mas poderia ter sido diferente. Eis a proposta desta viagem literária, um mergulho nas palavras e na vida do maior dos ingleses[10].

## I.1 – O discurso político

Para entender Churchill e a força das palavras é necessário, inicialmente, compreender o conceito e o que significa o *discurso político*. Um linguista tentará definir a questão geral e tomar posição quanto às relações entre linguagem, ação, poder e verdade, a fim de

---

10. Em uma votação realizada em 24 de novembro de 2002 pela BBC, Winston Churchill foi considerado o maior britânico da história.

determinar a problemática particular na qual será estudado o discurso político[11].

Todo ato de linguagem emana de um sujeito que apenas pode definir-se em relação ao outro, segundo um *princípio de alteridade*. Sem a existência do outro, não há consciência de si. Nessa relação, o sujeito não cessa de trazer o outro para si, segundo um *princípio de influência*, para que esse outro pense, diga ou aja segundo a intenção daquele. Entretanto, se esse outro puder ter seu próprio projeto de influência, os dois serão levados a gerenciar sua relação segundo um *princípio de regulação*. Princípios de alteridade, de influência e de regulação são fundadores do ato de linguagem que o inscrevem em um quadro de ação, em uma prática de ação sobre o outro[12].

O conceito de *poder político* é exercido sob o ponto de vista do discurso. O governo da palavra não é tudo na política, mas a política não pode existir sem a palavra. Esta atravessa e se mistura no espaço de discussão, para que sejam definidos os ideais e os meios da ação política. A palavra é essencial no espaço da ação, para que sejam organizadas, distribuídas e concretizadas as tarefas, leis e realizações. Por fim, ela intervém no espaço de persuasão, para que os entes políticos possam convencer os cidadãos de seus programas de governo, as decisões que tomam e as consequências de seus atos. As palavras dos governos são distribuídas à sociedade de várias formas: via campanhas publicitárias, eleições, promulgação de leis, poder de polícia, cobrança de impostos ou em simples multas de trânsito.

Os discursos de Churchill se situam no espaço político, entre uma *verdade do dizer* e uma *verdade do fazer*. É uma ação que acontece por força de uma decisão e uma discussão que acontece pela persuasão, por meio da razão, da sedução ou mesmo da paixão.

A *representação do político* designa a cena dentre tantas, entre as forças políticas construídas pelo discurso. É a cena em que

---

11. CHARAUDEAU, Patrick. *Discurso Político*. Trad. Fabiana Komesu e Dílson Ferreira da Cruz. São Paulo: Contexto, 2006, p. 15-16.
12. Idem. *Ibidem*, p. 15-16.

os elementos que perpassam a sociedade são vistos como *forças* e, mais que isso, vistos como *forças políticas*[13]. O discurso político cria representações do político, imagens a respeito da realidade política, semelhantes ou não ao acontecimento e/ou à ação política, em que influenciam o próprio fazer político.

Os discursos políticos se situam entre a *vida política* e a cena de representação das forças políticas. Eles provêm de uma formação discursiva que atribui posições, não somente dos locutores, mas para todos os ouvintes, inclusive àqueles pertencentes a outras formações políticas. Não há efeito de relato que, em nossa sociedade, não tenha sido assumido pelo discurso político[14].

## I.2 - O líder e sua fala

Fundamental é o entendimento da retórica usada por Churchill e como ela foi desenvolvida e construída. O pequeno Winston foi uma criança envolvente e, ao mesmo tempo, curiosa. Em sua longa vida, sua produção jornalística e literária, a veia artística – explicitada também por meio da pintura – e sobretudo, sua impressionante atuação política e militar forjaram uma personalidade única, multifacetada e, por algumas vezes, incompreendida.

Na mitologia grega, afirmava-se que Júpiter teria enviado a Eloquência aos homens, guiada por Mercúrio, ao se sensibilizar com a miséria humana. Enviou-a para que os homens pudessem resolver seus problemas e viver melhor. Inicialmente, a Eloquência teria apenas entrado em contato com os homens mais inteligentes, que, criadores da sociedade e das técnicas industriais, deram origem a todas as artes. Neste período original, a retórica se identificou com a poesia, e ambas se situavam no plano da inspiração das musas. Orador era quem

---

13. CORTEN, André. "Discurso e Representação Política". *In*: INDURSKY, F. & FERREIA, M. C. L. *Os Múltiplos Territórios da Análise de Discurso*. Porto Alegre: Sagra Luzzato, 1999, p. 37.
14. Idem. *Ibidem*, p. 50-51.

sabia falar bem e convencer seus ouvintes[15]. A retórica pertencia, no processo de educação grega, ao aspecto técnico, junto com o manejo das armas, os esportes e as artes marciais.

Com a guerra, Churchill pôde mostrar seu preparo para as adversidades do momento. Em suas memórias, *História da Segunda Guerra Mundial*, descreve a noite de 10 para 11 de maio de 1940, logo depois de assumir o gabinete:

> Quando fui me deitar por volta das três da madrugada, estava consciente de um profundo sentimento de alívio. Finalmente, eu tinha autoridade para dar instruções a respeito de toda a cena. Sentia como se estivesse caminhando como o Destino, e como se toda minha vida passada tivesse sido apenas uma preparação para essa hora e para essa provação[16].

Churchill, que por vezes não considerava a retórica algo pertinente, fez uso constante e sábio desta competência. Alguns dias após o discurso *O melhor momento*, em 18 de junho de 1940, satisfeito com os efeitos de suas palavras, repetiria nas suas memórias da guerra: *retórica não era garantia de sobrevivência*[17]. Ele tinha a clara visão de que a retórica não lhe obliterava a visão do horizonte da guerra. Neste momento específico, estava empenhado em deixar claro para os governos do Canadá e, especialmente, dos Estados Unidos, que um pacto ou negociações com Hitler, com vistas a uma paz na região, jamais ocorreriam. Ações e palavras corriam paralelas, porém com ações mais à frente.

Churchill experimentou uma longa trajetória política, tendo sido membro do Parlamento, ministro de diversas pastas e duas vezes primeiro-ministro, entre 1900 e 1964. No período anterior à guerra,

---

15. ROHDEN, Luiz. *O Poder da Linguagem: A Arte Retórica de Aristóteles*. Porto Alegre: Edipucrs, 2010, p. 16.
16. LUKACS, John. *Churchill e o Discurso que Mudou a História: Sangue, Trabalho, Lágrimas e Suor*. Trad. Maria Luiza X. de A. Borges. Rio de Janeiro: Jorge Zahar, 2009, p. 28.
17. Idem. *Ibidem*, p. 94.

que começa um pouco antes da eleição de Hitler como chanceler e sua posse em 1933, Churchill era voz dissonante da maioria, tratando de alertar os diversos gabinetes sobre as reais intenções de Adolf Hitler e do partido nazista.

Sob a bravura de Churchill estava sua compreensão de uma tragédia possível, ainda inimaginável para a maioria: "de que era tarde, provavelmente tarde demais, e que Hitler estava vencendo a guerra, estava prestes a vencer, estava quase vencendo a Segunda Guerra Mundial, a guerra de Churchill"[18].

Churchill tinha uma excepcional visão, conhecimento e compreensão da Europa, da história e do caráter das nações. Sua percepção sobre a Alemanha fazia com que se sentisse, ao mesmo tempo, impressionado e alerta, sobretudo pela rigidez militar prussiana. Frequentemente, generalizava estes atributos a toda a Alemanha. Mais incomum e duradouro foi o respeito que denotava ao que os alemães foram capazes de alcançar durante a Primeira Guerra Mundial.

Os dez anos que antecederam a sua efetivação como primeiro-ministro, em 10 maio de 1940, foram chamados por seus biógrafos como *os anos de ostracismo*, e seus erros passados impediam um retorno mais efetivo ao cenário político inglês. Para muitos, Churchill estava acabado. Ele havia se transformado em um *bufão*, um homem sempre do contra, cuja atuação beirava o ridículo. Estava, por assim dizer, inapto para maiores voos na política. Em termos atuais, fora *cancelado*.

Sua trajetória política está intimamente ligada à sua capacidade de expressar ideias, por meio de uma retórica elaborada e convincente. Churchill ditava seus discursos, e de posse da primeira cópia produzia alterações e melhoramentos. Até a hora final de pronunciar suas falas, introduzia palavras, expressões mais intensas e que mais perfeitamente traduzissem suas ideias. Churchill era um homem da linguagem escrita. Tinha uma memória prodigiosa e talento para a poesia. Como consequência disso, escolhia termos e expressões

---

18. Idem. *Ibidem*, p. 10.

memoráveis. Em determinados momentos, ensaiava em voz alta, para testar o efeito de suas falas[19].

Em 2011, durante o Congresso da Fundação Churchill, fui convidado a visitar o Churchill College, em Cambridge. O College armazena cerca de 1,5 milhão de documentos originais de Churchill e 500 mil de Lady Margaret Thatcher (1925-2013), que os enviou para lá após sua saída do Gabinete. Recebidos por Allen Packwood, naquele momento diretor dos *Churchill Archives*, tive em mãos o discurso original de "Sangue, suor, trabalho e lágrimas". Suando e ansioso, vi as anotações feitas à mão, no caminho de Downing, 10, até o Parlamento. Seus discursos eram peças vivas, arrematadas até o momento decisivo de nascerem para o público.

A competência do discurso é inequívoca e foi por meio de matérias para jornais, livros, biografias e artigos, que Winston Churchill garantiu seu sustento e de sua família. É importante ressaltar que os membros do Parlamento inglês, tanto na Câmara dos Comuns como na Câmara dos Lordes, não recebiam salários. Salários para políticos surgiram apenas após a guerra e geraram enormes críticas, uma vez que a Grã-Bretanha do pós-guerra estava imensamente empobrecida, com o povo vivendo à base de cartões de racionamento e uma generalizada falta de tudo. Políticos na contramão da história não são privilégio de brasileiros do século XXI. O sustento dos parlamentares antes da Guerra dependia de suas posses e de suas atividades comerciais, de modo que o exercício dos mandatos exigia que os políticos tivessem recursos para exercer a atividade. Escrever, afinal, é o resultado de um impulso de autoexpressão. Como afirmou T. S. Eliot (1888-1965), é *"o desejo de vencer uma preocupação mental expressando-a de forma consciente e clara"*[20].

Uma virtude típica e importante de Churchill foi sua magnanimidade, algo maior e mais profundo que generosidade. Um dos efeitos deste sentimento é a tendência a perdoar e esquecer assuntos

---

19. Idem. *Ibidem*, 53-54.
20. Idem. *Ibidem*, p. 34.

e situações desagradáveis. Ao substituir Neville Chamberlain como primeiro-ministro, declarou a este que não havia necessidade de se mudar de Downing Street, moradia oficial do primeiro-ministro, pois continuaria na Casa do Almirantado pelo menos por mais um mês[21]. Churchill, também na Casa dos Comuns, diz que assumiria total responsabilidade pelos erros e falhas cometidos na campanha da Noruega. Não emitiu nenhuma palavra sugestiva de crítica a Chamberlain. Tudo isso teve consequências duradouras e benéficas quando assumiu como primeiro-ministro.

Havia, é importante destacar, forte resistência a seu governo e desconfiança quanto à sua capacidade de vencer a guerra. Em muitos diários e cartas daqueles dias, *"inescrupuloso, irresponsável, ambicioso* e *desprovido de discernimento político"* são algumas das descrições aplicadas a Churchill; *"velhacos, selvagens* e *bandidos"* aplicam-se a alguns de seus partidários. Muitos pensavam que seu governo não duraria. Jock Colville (1915-1987), que viria a ser secretário particular do primeiro-ministro, escreveu em seu diário, em 11 de maio de 1940, após a posse de Churchill: *"Parece haver em Whitehall alguma inclinação a acreditar que Winston será um completo fracasso e que Neville (Chamberlain) retornará"*. No mesmo dia, Lorde J. C. C. Davidson (1889-1970) escreveu ao ex-primeiro-ministro Stanley Baldwin (1867-1947):

> Os conservadores não confiam em Winston. [...] Depois que o próximo embate da guerra terminar, é bem possível que um governo mais firme possa emergir[22].

C. M. Headlam (1876-1964), político conservador e defensor de Chamberlain, escreveu, em 10 de maio de 1940:

---

21. Idem. *Ibidem*, p. 26.
22. Idem. *Ibidem*, p. 36.

Assim finalmente aquele homem conquistou sua ambição: nunca pensei que iria; bem, esperemos que se saia bem. Nunca acreditei nele! Só espero que meu julgamento sobre o homem venha a se provar errado. Ele certamente tem coragem, imaginação, energia, [...] a idade, a experiência e a responsabilidade podem lhe dar discernimento – então tudo estaria bem[23].

O tenente-general Henry Pownall (1887-1961), mais tarde um dos mais próximos colaboradores de Churchill, registrou, ainda antes de 10 de maio:

Por mais que sejam seus usos [de Churchill], ele é também um perigo, nunca verificando seus recursos para ver se o objetivo é atingível. E ele é azarado. Durante toda a última guerra [...] foi um mau e perigoso fracasso[24].

Ainda para ilustrar a desconfiança em relação a Churchill, segue o comentário de Lord Hankey of the Chart (1877-1963) para Sam Hoare (1880-1959), mais tarde nomeado embaixador britânico na Espanha:

Que Deus ajude o país [...] que confia sua existência às mãos de um ditador cujas realizações passadas, ainda que inspiradas por uma certa dose de imaginação, nunca alcançaram sucesso! Um político não experimentado e inteiramente inexperiente. [...] A única esperança reside no núcleo sólido de Churchill, Chamberlain e Halifax, mas eu duvido que os velhos e sábios elefantes sejam capazes de conter o Elefante Trapaceiro[25].

O trabalho de Churchill, nos primeiros meses, além de organizar a Grã-Bretanha para lutar contra a Alemanha, era estabelecer

---

23. Idem. *Ibidem*, p. 37.
24. Idem. *Ibidem*, p. 37.
25. Idem. *Ibidem*, p. 37-38.

uma unidade política que lhe permitisse governar. Tudo passava por três pilares: conquistar a confiança da Câmara, das Forças Armadas e do povo.

A presença de seu humor, bom e mau, ajudou a formar o exercício da liderança e a construção de sua personalidade como modelo inspirador. Várias citações de Churchill passaram a ser de uso comum por sua sagacidade e pertinência. No seu 75º aniversário, Churchill disse: *"Estou preparado para o encontro com meu criador. No entanto, se meu Criador está preparado para o suplício de me receber, isto é outra história"*. Em um jantar de família, Churchill reclama com o filho: *"Randolph, pare de me interromper quando eu o interrompo"*[26].

Seu conceito de democracia, datado de 1947, é repetido exaustivamente, mesmo sem o reconhecimento da fonte: *"Ninguém acha que a democracia é perfeita e irretocável. Na realidade, já foi dito que a democracia é a pior forma de governo, salvo todas as outras já experimentadas de tempos em tempos"*[27]. Sobre a disputa entre capitalismo e socialismo, Churchill declarou: *"O defeito inerente ao capitalismo é a distribuição desigual das benesses; a virtude inerente ao socialismo é a distribuição equitativa das desgraças"*[28]. Pessoalmente, entendo que estas citações refletem bem sua visão ácida, direta e bem-humorada.

Como demonstração e exemplo de sua presença de espírito, pode-se citar o processo de escolha dos primeiros-ministros, que é finalizado quando o monarca no exercício do poder convida o político escolhido para formar um governo. Ao ser escolhido, a conversa entre Churchill e o rei George VI (1895-1952) foi muito, por assim dizer, inglesa. O monarca, para facilitar as coisas, pergunta num débil gesto de humor: *"Suponho que não saiba por que mandei chamá-lo"*?

---

26. ENRIGHT, Dominique. *A Verve e o Veneno de Winston Churchill*. Trad. Joubert de Oliveira Brízida. Rio de Janeiro: Odisseia, 2009, p. 89.
27. Idem. *Ibidem*, p. 23.
28. Idem. *Ibidem*, p. 30.

Churchill respondeu: *"Senhor, não tenho a menor ideia"*. O rei esclarece: *"Quero que forme um governo"*. Começa desta forma o primeiro mandato de Winston Churchill.

No prefácio do livro *Jamais Ceder! Os melhores discursos de Winston Churchill*, compilados por seu neto homônimo Winston Spencer Churchill (1940-2010), o organizador conta uma história em que, convidado para ser orador na cerimônia em homenagem aos cinquenta anos do levante do Gueto de Varsóvia, foi abordado por uma senhora de impressionante beleza, que lhe disse:

> Senhor Churchill, eu era uma menina de apenas doze anos, vivendo no Gueto [de Varsóvia], quando se iniciou o levante, quando as tropas nazistas nos atacavam para nos levar aos campos de concentração. Quando seu avô falava na rádio, todos nós nos reuníamos em frente ao aparelho. Eu não entendia nada de inglês, mas sabia que, se eu e minha família tivéssemos alguma esperança de sairmos vivos daquela guerra, dependíamos inteiramente desta forte e invisível voz, da qual eu nada entendia. Nós fomos todos levados para Bergen-Belsen – fui a única sobrevivente. Fui liberada pelo exército inglês, na verdade, por este homem que está aqui ao meu lado, que hoje é meu marido.

Winston Churchill não inspirou somente a nação britânica, suas palavras deram esperança às nações ocupadas na Europa continental. Com sua força de vontade para lutar o bom combate e seu incomum senso de humor, ele foi bem-sucedido em persuadir seus compatriotas de que, mesmo que a Europa toda tivesse caído, a Inglaterra poderia lutar e lutaria sozinha. E, mais importante, poderia vencer[29].

Churchill produziu textos por mais de cinquenta anos e suas *Memórias da Segunda Guerra Mundial* fizeram com que lhe fosse concedido, em 1953, o Prêmio Nobel de Literatura da Real Academia Sueca. O domínio da escrita foi, sem dúvida, um dos pilares da construção de discursos tão importantes, penetrantes e duradouros. O

---

29. CHURCHILL, Winston S. *Jamais Ceder! Os Melhores Discursos de Winston Churchill*. Trad. Antônio Carlos Braga. Rio de Janeiro: Jorge Zahar, 2005, p. 20.

conhecimento da língua inglesa faz de Churchill um escritor de mão cheia. Seu poder sobre as palavras permitiu-lhe cunhar expressões relevantes e motivadoras. Churchill não era um grande aluno, nenhum primor em estudos e, pelo contrário, era considerado até um mau estudante. Em seu livro *My Early Life*[30] [*Minha Mocidade*], ele descreve como aconteceu seu aprimoramento em língua inglesa, na Harrow School, uma vez que não tinha condições de se sair bem nos clássicos:

> Eu continuei nessa situação despretensiosamente, por quase um ano. Porém, por andar por tanto tempo nas turmas inferiores, ganhei uma vantagem imensa sobre os meninos mais inteligentes. Eles todos foram aprender latim e grego e outras coisas esplêndidas como estas. Mas eu tive que aprender inglês. Éramos considerados tão burros que a única coisa que poderíamos aprender era inglês[31].

Churchill explica o sistema peculiar de educação de seu professor, Mr. Somerwell:

> Ele pegava uma longa frase e a quebrava em componentes diferenciados por cores: preto, vermelho, azul e verde. Sujeito, verbo, objeto: oração subjetiva, oração condicional, conjuntiva e disjuntiva. Cada uma tinha sua cor e enquadramento. Eram espécies de exercícios, feitos diariamente. Por estes treinos, que fiz de forma constante, entronizei em meus ossos a essência da estrutura das sentenças britânicas – o que é uma coisa muito nobre de se ter[32].

## I.3 – Liderança e política

A Segunda Guerra Mundial trouxe consequências decisivas e mudanças drásticas da realidade mundial, e introduziu um conceito inovador de liderança. Líderes como o britânico Winston Churchill

---

30. CHURCHILL, Sir Winston Spencer. *My Early Life*. London: Elans, 2000.
31. Idem. *Ibidem*, p. 16.
32. Idem. *Ibidem*, p. 17.

fizeram parte da análise positiva do conflito. Barbara Kellerman, professora de Harvard e autora do livro *Bad Leadership* [*Má Liderança*], afirma a respeitos dos líderes: *"Eles são ambiciosos, sabem se comunicar e são determinados"*. É por esta razão que, muitas décadas após o final do conflito, a personalidade e a forma de agir e tomar decisões de personagens como Churchill fascinam e servem como referência para empresários, executivos, políticos e pesquisadores sobre comunicação e liderança. A atuação dessas personalidades reflete um contexto histórico que permeia a sociedade.

Winston Churchill foi primeiro-ministro inglês pela primeira vez de 10 de maio de 1940 a 26 de julho de 1945, período da Segunda Guerra Mundial, transcorrida na Europa entre 1º de setembro de 1939 e 7 de maio de 1945. Ao assumir, conclamou o povo britânico à resistência, promovendo uma aproximação com o então presidente dos Estados Unidos, Franklin Delano Roosevelt (1882-1945), objetivando a entrada definitiva dos americanos na guerra, como aliados.

Lord Roy Jenkins (1920-2003), um dos mais importantes biógrafos de Winston Churchill, conta que o ex-primeiro-ministro britânico, filho de Randolph Churchill (1849-1895), um lorde britânico, e de Jennie Jerome (1854-1921), uma *socialite* americana, era um imperialista convicto e britânico orgulhoso. Astuto e rápido em suas análises, quando Adolf Hitler invade a URSS em 22 de julho de 1941, foi ágil em propor uma aliança com Josef Stalin (1878-1953), mesmo repudiando o comunismo. Pragmático, contrapunha: *"Se Hitler invadisse o inferno, eu faria, no mínimo, um elogio, ao Diabo"*[33].

Churchill desenvolveu a capacidade de oratória, o que contribuiu para aumentar a autoestima de um povo que estava sendo massacrado pela guerra. Em 1945, ele, que pertencia ao Partido Conservador, perdeu as eleições para os trabalhistas. Só voltou ao cargo como primeiro-ministro em 26 de outubro de 1951, em que ficou até 6 de abril de 1955.

---

33. JENKINS, Lord Roy. *Churchill*. Trad. Heitor Aquino Ferreira. Rio de Janeiro: Nova Fronteira, 2002.

Winston Churchill é considerado um dos maiores estadistas da história. É possível que sua maior lição seja a da liderança cooperativa, ou seja, valer-se de alianças e acordos estratégicos para exercer uma liderança no ambiente de trabalho. John Adair, professor pioneiro nos estudos de liderança, expressa a importância do momento e do lugar: *"É difícil ser um grande líder em Luxemburgo em tempos de paz"*. Para alcançarem o grau de grandeza que alcançaram, Napoleão Bonaparte (1769-1821) precisou do terror; Júlio César (100-44 a.C.), das guerras contra os gauleses; e Winston Churchill, dos nazistas[34].

Churchill não era um orador nato. Passava, por vezes, de dez a quatorze horas preparando um único discurso, ocasionalmente ao som de uma marcha militar, até atingir o ponto que julgava perfeito. Confesso que para escrever este livro a trilha sonora escolhida foi Wolfgang Amadeus Mozart (1756-1791) em quantidades homéricas. Nada de blues, rock, *lounge* ou mesmo Ludwig van Beethoven (1770-1827). Seu amigo, Lorde Birkenhead (1872-1930), disse certa vez: *"Winston passou os melhores anos de sua vida escrevendo discursos de improviso"*[35]. Segundo Jenkins, era o próprio Churchill quem escrevia seus discursos, mas a correspondência com sua mulher Clementine Hozier (1885-1977) pode ter contribuído para conter os repentes de mau humor que ele experimentava com frequência, e que comprometiam o otimismo e a determinação dos seus textos[36].

Em *Política*, Aristóteles (384-322 a.C.) expressa ser evidente que o homem, muito mais que a abelha ou outro animal gregário, é um animal social. Como costumamos observar, a natureza nada faz sem um propósito, e o homem é o único entre os animais que tem o dom da fala. Na verdade, a voz pode indicar dor e prazer. Outros animais possuem voz, mas a fala tem a finalidade de indicar o conveniente e o nocivo, e, portanto, também o justo e o injusto; a característica do homem, em comparação com outros animais, é que

---

34. ROBERTS. *Hitler & Churchill. Op. cit.*, p. 20.
35. Idem. *Ibidem*, p. 54.
36. JENKINS. *Churchill. Op. cit.*

somente ele tem o sentimento do bem e do mal, do justo e do injusto e de outras qualidades morais, e é a comunidade de seres compartilhando tal sentimento que constitui a família e a cidade[37].

O conceito de liberdade encontra-se na origem da política. A liberdade vem colocar limites aos efeitos da simples lei do *dever* e do *haver*. Ela vem, em suma, separar a oligarquia dela mesma, impedi-la de governar pelo simples jogo matemático dos lucros e das dívidas[38].

Política é a arte da argumentação, e no âmago desta e de todo o litígio argumentativo supõe-se a compreensão de um conteúdo de locução. Toda situação de interlocução e de argumentação está, de saída, fragmentada pela questão litigiosa – irresolvida e conflituosa – de saber o que se deduz do entendimento de uma linguagem[39].

O poder é sempre um potencial de poder, não uma entidade imutável, mensurável ou confiável como a força. Enquanto a força vem a ser a qualidade natural de um indivíduo isolado, o poder passa a existir entre os homens quando eles agem juntos, e desaparece no instante em que se dispersam[40].

Assim sendo, o indispensável fator material para a geração do poder repousa na convivência entre os homens e, portanto, a fundação das cidades, que se converteram em paradigmas para toda a organização política ocidental. O que mantém unidas as pessoas, depois que passa o momento da ação, é o poder. Todo aquele que, por algum motivo, se isola e não participa dessa convivência, abdica do poder e se torna impotente, independentemente de sua força e de suas razões[41]. De acordo com Hannah Arendt (1906-1975):

---

37. ARISTÓTELES. *Política*. Trad., intr. e notas Mário da Gama Kury. Brasília: Editora Universidade de Brasília, 3ª ed., 1997, p. 1253 a.
38. RANCIÈRE, Jacques. *O Desentendimento: Política e Filosofia*. Trad. Angela Leite Lopes. São Paulo: Editora 34, 1996, p. 23.
39. Idem. *Ibidem*, p. 60.
40. ARENDT, Hannah. *A Condição Humana*. Posf. Celso Lafer; trad. Roberto Raposo. Rio de Janeiro: Forense, 1997, p. 212.
41. Idem. *Ibidem*, p. 213.

Nas condições da vida humana, a única alternativa de poder não é a resistência, mas unicamente a força que um homem sozinho pode exercer contra seu semelhante e da qual vários homens podem ter o monopólio, ao se apoderarem dos meios de violência[42].

A violência pode destruir o poder com mais facilidade do que destrói a força e, embora a tirania se caracterize pela impotência de um povo, privado da capacidade humana de agir e de falar com o conjunto, não é caracterizada pela fraqueza ou pela esterilidade. Ao contrário, pode florescer a arte, desde que o tirano seja, até certo ponto, benevolente. Porém, a força pode enfrentar a violência com maiores possibilidades de êxito do que se enfrentar o poder[43]. A arte política ensina os homens a produzir o que é grande e luminoso. Enquanto a *polis* existir, *"irá inspirar os homens a ousarem o extraordinário e tudo estará seguro; se sucumbir, tudo estará perdido"*[44].

Hoje, no mundo todo se evidencia a escassez de líderes eficientes, fato perceptível em diversas áreas de atuação. De acordo com César Souza:

> No campo político, a expressiva maioria dos países se ressente da falta de estatura e de competência de seus líderes. No mundo corporativo, grande número de empresas não consegue formar líderes em quantidade e qualidade suficientes para se aproximarem de seus clientes, fornecedores e parceiros, ou para dominar o mercado. Nas famílias, percebe-se que, em função do mundo competitivo e de reduzidas oportunidades, além da fragmentação da unidade familiar, pais e filhos se distanciam, preocupados com as reservas do futuro. A situação muitas vezes culmina com cenas de violência que diariamente estampam as manchetes de jornais. O mundo vive uma escassez de lideranças[45].

---

42. Idem. *Ibidem*, p. 213.
43. Idem. *Ibidem*, p. 215.
44. Idem. *Ibidem*, p. 218.
45. SOUZA, César. "Os segredos dos líderes inspiradores. Artigo de 20 de março de 2010. Disponível em http://br.hsmglobal.com/notas/43609-os-segredos-dos-lideres-inspiradores Acesso em: 8 de agosto de 2010.

O dono da "boca de fumo" da favela atua como líder ao dar apoio à "comunidade", mesmo que construindo sua liderança tendo as armas e o terror como suportes. Nossas forças políticas e jurídicas carecem de atos plenos e de ética, e a corrupção é a moeda de troca. Onde estão os reais líderes?

No entanto, as atuais crises internacionais não se dão apenas por razões econômicas. As guerras não são só fruto de conflitos religiosos, geográficos, étnicos ou um sem-fim de motivos, mas resultam, especialmente, *da escassez de líderes íntegros, capazes de agir para solucionar problemas e não apenas jogar para a plateia*"[46]. A queda de um ditador, presidente ou primeiro-ministro não necessariamente é precedida da subida de outro líder. O que aconteceu na Líbia após a queda de Muammar Al-Gaddafi (1942-2011), no Iraque com a deposição de Saddam Hussein (1937-2006) ou na Síria, mostra o perigo inerente aos vácuos de poder, representado pela falta de lideranças efetivas e representativas.

Onde o líder inspirador atua, ele faz a diferença. Ele constrói um código de conduta junto aos membros de seu grupo, em torno de valores explicitados, disseminados e praticados, tais como ética, integridade, confiança, respeito, transparência, paixão, humildade e inteligência emocional. Gostando ou não de Donald Trump ou Joe Biden, é forçoso admitir que eles criaram padrões de diálogo com seus liderados, oponentes, aliados e inimigos.

Em períodos extremos, por exemplo, como a ocorrência de catástrofes naturais ou durante guerras e, notadamente, durante a Segunda Grande Guerra, a comunicação do líder se mostra ainda mais fundamental. No caso de Winston Churchill, ela levou à mobilização das tropas, do povo, daqueles que labutaram nas fábricas, dos que combatiam o fogo, enfim, a manutenção do moral alto e do senso de esperança na vitória de um mundo livre versus um mundo de destruição e racismo. O posicionamento e a capacidade de comunicação do

---

46. Idem. *Ibidem.*

líder, neste caso, foram determinantes. Talvez tão importante quanto as armas, aviões, tropas e munições, a comunicação dirigida a soldados e população manteve a chama acesa, a luta e a vontade de vencer. Há uma frase do general prussiano Carl von Clausewitz (1780-1831) de que *"a primeira vítima em uma guerra é a verdade"*. Ela bem reflete o ambiente no qual o líder irá exercer sua influência e os obstáculos que deverá enfrentar para obter apoios e vencer inimigos.

Talvez se possa incentivar o aparecimento de novos e competentes líderes, nas empresas e na política, nas famílias e nas comunidades, que lutem pela melhoria da qualidade de vida, pela solução de conflitos e erradicação de crises. Talvez possa Winston Churchill novamente servir de modelo. Para exemplificar a condição de liderança e grandiosidade de Churchill, podemos mencionar alguns atributos nele reconhecidos por ocasião de sua morte. Clement Attlee (1883-1967), o homem que o sucedeu após a perda da eleição, em 1945, socialista e opositor, afirmou:

> Ele [Churchill] tinha simpatia, incrivelmente espalhada simpatia pelo povo comum, em todo o mundo. [...] Nós perdemos o maior inglês de nosso tempo – eu penso que o maior cidadão do mundo de nosso tempo[47].

## I.4 – Discursos

É essencial perceber a importância do discurso como elemento motivacional. O discurso pode ser a mais terrível das armas, na situação mais limítrofe da condição humana – a guerra total. Podem palavras e ideias, agrupadas em um texto, ser mais eficientes e mortais que a mais temível das armas? O discurso político permite reunir pessoas, grupos e países inteiros, produzir uma união capaz de ser tão coesa e forte, capaz que resistir tenazmente a derrotas, na esperança da vitória final?

---

47. GILBERT, Martin. *Churchill: A Photographic Portrait*. London: Pimlico, 1999, p. 364.

O discurso, no entanto, só contém esta força se for gerido por um grupo detentor e legitimado de poder. Na verdade, é possível resumir esta força numa pessoa só. Um único homem, solitário e humano como qualquer um, portador de virtudes e defeitos, dotado de visão e preparo únicos, pode gerar esta energia positiva. Winston Churchill foi a pessoa certa, na hora certa, habilitada para lidar com o que se vislumbrava como sendo o fim da sociedade ocidental, tal como se concebeu.

Em suma, aqui procuramos entender a relevância do discurso político como arma de persuasão e, neste caso, para a defesa da liberdade e dos valores da sociedade ocidental. O período compreende um dos momentos mais importantes da história moderna e do século XX. A vitória aliada resultou na derrota do fascismo naquele cenário político. Embora a vitória não tenha sido garantia de um mundo totalmente democrático, o episódio do nazifascismo permite uma avaliação histórica do que seria um regime totalitário.

Como explicitado, este livro nasceu de uma dissertação de mestrado, por intermédio de um referencial bibliográfico específico, pesquisas nos meios eletrônicos e participação em congressos temáticos.

Sob a teoria da análise do discurso e da retórica, estabeleci as estratégias do discurso como elemento motivador dos receptores, promovendo a união em torno desse líder, fazendo com que toda uma nação e o mundo ocidental mantivessem a esperança e a certeza na vitória final. Foram estudadas as qualidades do líder em tempos de guerra, que permanecem válidas até os dias atuais, e como o exemplo de Churchill pode servir para ajudar a solucionar crises e confrontos.

Trata-se de uma coletânea de textos, impressos ou em formato eletrônico, compilados segundo critérios específicos e baseados na seleção de doze discursos de Winston Churchill, de sua posse em 10 de maio de 1940, até sua saída do governo, em 27 de julho de 1945.

A pesquisa foi realizada a partir da bibliografia existente, tendo como base obras disponíveis em português e em inglês. A participação em um evento internacional em Londres, durante o mês de outubro de 2011, me permitiu ouvir renomados biógrafos e estudiosos. Fiz uma inesquecível visita a Chartwell, residência de Winston Churchill por grande parte de sua vida, bem como ao Churchill College, em Cambridge, para pesquisa a arquivos originais, além de uma série de reuniões com o diretor geral do Churchill Archives na época, Sr. Allen Packwood.

Durante a visita a Chartwell caminhei pelo cotidiano doméstico da vida de Winston Churchill. A visita guiada pelo Churchill Centre ao *Cabinet of War* em White Hall, me ofereceu um mergulho na guerra e no dia a dia de seu trabalho. Foram passos fundamentais para entender o homem e o político Churchill.

Como curiosidade, cito duas passagens divertidas e alentadoras em Chartwell. O diretor Allen Packwood traz duas caixas e, antes de abri-las, coloca luvas brancas. Na primeira, está a gravata borboleta com *pois* de Sir Winston. Na segunda, o passaporte do primeiro-ministro. No espaço destinado ao usuário, o nome e a assinatura de Winston Churchill, e no lugar da autoridade concedente do documento constam o nome e a assinatura do mesmo Churchill. O fato de se autoconceder o passaporte mostra, de forma jocosa, sua relação com o poder.

A segunda passagem curiosa é a história dos dias finais da propriedade. Após o final da guerra, Winston Churchill se encontrava financeiramente arruinado. Passara os seis anos da guerra sem escrever, atividade que era, afinal, seu ganha-pão. A única solução foi vender a propriedade. Quatorze magnatas se cotizaram e compraram a propriedade secretamente e doaram ao patrimônio histórico inglês com duas condições: a primeira seria de que a casa e o *estate* fossem dados a Churchill e Lady Clementine, em usufruto, até a morte dos dois. A segunda era que os nomes dos compradores fossem mantidos em segredo até a morte dos dois. Hoje pode-se ver em Chartwell uma roda de madeira com o nome destes quatorze beneméritos. O espírito inglês havia sobrevivido à guerra em pequenos, grandiosos e inspiradores gestos.

# CAPÍTULO II

## Perspectivas teóricas:
## Preparando o mergulho sob o poder da palavra

Toda investigação científica obedece a um ritual e a uma organização objetiva. Esta análise deve ser construída sobre uma ou mais hipóteses e desenvolvida, por meio de um método ou modelo teórico, que permita a construção dos questionamentos, a pesquisa dos dados e o alcance das informações que levem a uma interpretação e considerações finais.

Cabe avaliar os efeitos de sentido dos discursos sobre a audiência, a construção de um ambiente positivo para a vitória, a preocupação do líder em informar o andamento da guerra e a manutenção do moral da população e dos soldados, superando os momentos de derrota e desânimo.

### II.1 - Retórica

O surgimento dos estudos sobre a retórica iniciou em Siracusa, Sicília, no século V, por volta de 485 a.C.[48]. Os oradores eram, então, os que melhor sabiam falar e convencer os ouvintes. Os gregos consideravam *Pheitô* (Persuasão) uma deusa poderosa e o discurso oratório seria produto de uma inspiração divina, diante do qual o ser humano era sempre vencido[49].

---

48. KLÖCKNER, Luciano. *Nova retórica e rádio informativo: Estudo das programações das emissoras TSF-Portugal e CBN-Brasil*. Porto Alegre: Evangraf, 2011, p. 31.
49. ROHDEN. *O poder da linguagem. Op. cit.*, p. 18

Inicialmente, a retórica e a poesia possuíam uma relação próxima, pois era pela linguagem retórica que os homens falavam e contestavam a força, a palavra das divindades e o destino. Ao tempo da formação da *pólis*[50] grega, organiza-se a linguagem retórica, separando-se da poesia, pela qual o *"homem fala por si mesmo"*, nascendo uma nova racionalidade, construtora de discursos[51]. Ela surge *"com uma conotação ética, ou seja, visando assegurar a bem dos cidadãos e foi no exercício da democracia que o vigor da palavra derrotou a espada e as riquezas"*[52].

No Império Romano, o manual *Treinamento do Orador* [*Institutio oratoria*], de Quintiliano (35-95), orienta a formação dos filhos das famílias poderosas. O livro de Quintiliano

> [...] serviu de base aos estudos de retórica até o século XIX, quando uma excessiva preocupação com o estilo, no falar e no escrever, deu origem a textos e falas cheio de pompas e rodeios, responsáveis, em parte, pela má fama que o termo *retórica* passou a carregar, desde o tempo dos sofistas, grupo de pensadores que se apresentavam como mestres em sabedoria na Grécia Antiga[53].

A prática da retórica estava associada ao exercício da democracia. Quando a democracia é restaurada, em 466 a.C., em Siracusa, os exilados voltam e, para provar os seus direitos de propriedade, dada a inexistência de documentos escritos, passam a resolver suas disputas por meio de um novo sistema jurídico. Com a finalidade de melhorar a capacidade de persuasão nos litígios, professores se especializam na arte da retórica. Esses professores, conhecidos como *sofistas*, formaram um importante e influente grupo na sociedade grega e eram

---

50. A *Pólis* era o centro de cada um dos estados gregos, uma cidade rodeada por uma pequena comarca. Estados autônomos, o seu governo foi, inicialmente, uma monarquia, tendo passado por aristocratas e, às vezes, por tiranos (http://ocanto.esenviseu.net/lexp.htm).
51. ROHDEN. *O poder da linguagem. Op. cit.*, p. 19
52. Idem. *Ibidem*, p. 23.
53. HALLIDAY, Teresa Lucia. *O que é retórica*. São Paulo: Brasiliense, 1999, p. 64.

atacados por Platão (427-347 a.C.), que considerava suas práticas distantes da verdade. A imagem negativa dos sofistas deu origem à palavra *sofisma*, que significa um argumento aparentemente válido, mas não conclusivo, e, possivelmente, de má fé. Reside, aí, a relação entre retórica e verdade, na disputa entre a retórica de Aristóteles e os sofistas.

Aristóteles defende a existência de dois tipos de conhecimento: as verdades imutáveis da natureza, a *theoria,* e as verdades contingentes, *phronesis*. A *theoria* seria o domínio da ciência e as outras seriam o domínio da retórica, como as leis sociais, crenças, valores, a definição do justo e do injusto, do belo e do feio, útil ou inútil, de acordo com as idiossincrasias de cada povo. A retórica vai se ocupar do que é verossímil, não somente do que é verdadeiro, ou seja, relaciona-se com o que é passível de ser verdade. Reside aí a ligação da retórica com a persuasão[54].

A *Arte Retórica* é um texto do filósofo grego Aristóteles, integrado por três livros. Para Aristóteles,

> [...] a retórica é a outra face da dialética; pois ambas se ocupam de questões mais ou menos ligadas ao conhecimento comum e não correspondem a nenhuma ciência em particular. O seu objeto é o *verossímil* ou o *provável*, diferenciando-se da demonstração ou analítica, que trata do *necessário* e do *verdadeiro*. De fato, as pessoas de alguma maneira participam de uma e de outra, pois todas tentam em certa maneira questionar e sustentar um argumento, defender-se ou acusar[55].

Em a *Arte Retórica* aparecem elementos de gramática, lógica, filosofia da linguagem e estilística. No Livro I, Aristóteles analisa e determina os três gêneros retóricos: o *deliberativo* procura

---

54. Idem. *Ibidem*, p. 66-67.
55. ARISTÓTELES. *Retórica*. Pref. e intr. Manuel Alexandre Júnior; trad. Manuel Alexandre Júnior, Paulo Farmhouse Alberto e Abel do Nascimento Pena. Lisboa: Casa da Moeda, 1998, p. 1354ª.

persuadir ou dissuadir, ocorrendo em assembleias ou conselhos; o *judicial* ou *forense* ocorre no âmbito dos tribunais e busca a determinação sobre o que é justo e injusto; e por fim, o *epidêitico* ou *epidíctico* elogia ou censura atos contemporâneos. A classificação de Aristóteles constitui um recorte de escolha na teoria retórica, mas não é limitante[56].

O Livro II examina o plano emocional em sua relação com a recepção do discurso retórico. Aqui, Aristóteles aborda as formas de argumentação. O Livro III trata do estilo e da composição da peça retórica, por intermédio da clareza, correção gramatical, ritmo, uso de metáforas e partes que compõem o discurso[57].

No começo de sua obra, Aristóteles considera que a arte da persuasão, ou do falar político, é uma contrapartida da dialética, a arte do falar filosófico. *"A principal distinção entre persuasão e dialética é que a primeira se dirige a uma multidão e a segunda ocorre num diálogo a dois"*[58].

A retórica pode ser entendida modernamente como o uso eficaz da comunicação para orientar as coisas da maneira com que um deseja que os outros as vejam. Quando se age assim, age-se retoricamente[59]. As pessoas podem agir assim para harmonizar seus interesses com os dos outros. Nesse sentido, a Retórica se torna uma disciplina, dentro dos estudos de comunicação, que se preocupa em examinar, descrever e avaliar *"atos e eventos que visem influenciar percepções, sentimentos, atitudes e ações, com palavras e outros símbolos"*[60]. Ela está associada ao estudo do discurso, como prática de comunicação entre grupos ou indivíduos.

Devido à sua flexibilidade, a Retórica se presta a diversas definições ao longo da história. Há um ponto em que estas visões diferentes se aproximam, quando destacam que ela e seu estudo têm

---

56. KLÖCKNER. *Nova retórica e rádio informativo. Op. cit.*, p. 29-30.
57. Idem. *Ibidem*, p. 31.
58. Idem. *Ibidem*, p. 33.
59. HALLIDAY. *O que é retórica. Op. cit.*, p. 8.
60. Idem. *Ibidem*.

por objetivo a criação e a divulgação de discursos com o objetivo de persuadir. A Retórica é, portanto, uma forma de comunicação, uma ciência que se ocupa dos princípios e das técnicas de comunicação com fins persuasivos[61], e o falar persuasivo está obrigatoriamente ligado à fala que se faz a uma multidão, ao passo que a fala para o outro é uma fala dialética.

A união entre os interesses do influenciador e do influenciado pode ser considerada uma das dinâmicas da retórica. Em termos de administração pública, os governos se utilizam da retórica para dois fins específicos: obter a cooperação do povo para exercer controles sociais necessários à ordem geral e, em segundo lugar, legitimar o exercício do poder. Um governo, para se manter no poder, precisa ser legal, eficaz e legítimo, tripé que ocorre na medida em que mostre os seus feitos e faça com que os governados continuem acreditando nele. Sendo assim, a legitimidade depende, *"em grande parte, de uma retórica governamental que leve os governados a acreditar na eficácia do governo e na sua identificação com os interesses dos vários grupos que formam a sociedade"*[62]. Continua o pesquisador:

> A retórica é, pois, comunicação que propõe, não impõe, uma visão da realidade que corresponde a desejos ou necessidades do emissor e à sensibilidade e aos interesses de seu público. A retórica serve para influenciar situações. Essa é mais ou menos exercida na medida em que o público aceite a definição da realidade que lhe é proposta[63].

A fim de fazer com que uma pessoa mude de opinião ou substitua uma crença por outra, um comunicador eficiente tentará, inicialmente, propor um panorama simbólico das experiências de sua argumentação. Num segundo momento, buscará transformar o modo com que seu público entende o assunto, ao mesmo tempo em que irá apresentar seu ponto de vista como verdadeiro.

---

61. KLÖCKNER. *Nova retórica e rádio informativo. Op. cit.*, p. 32.
62. HALLIDAY. *O que é retórica. Op. cit.*
63. Idem. *Ibidem*, p. 30.

As figuras de retórica são recursos importantes para prender a atenção da audiência, por meio de argumentos articulados no discurso, cumprem a função de redefinir um determinado campo de informação criando efeitos, atraindo atenção, quebrando a significação própria e esperada das palavras[64].

O uso de *metáforas* é um hábito da capacidade de falar e escrever, importante na construção retórica da realidade, pois direciona o pensamento e cria um campo comum de imagens entre o comunicador e o público. Pode-se exemplificar, ao considerar a vida em termos de uma *passagem*, a morte como *estação final*, o amor como *febre* e a desgraça como *abismo*. Metáforas futebolísticas são usadas para a ação política, termos militares para disputas comerciais, como *conquistar* mercados, ou *render-se* aos encantos, entre outras expressões[65].

Outro alicerce importante na construção da retórica são os *eufemismos*, redefinições da realidade sob uma ótica específica. Um eufemismo tenta suavizar ou acobertar as ocorrências passíveis de causar medo, vergonha, ofensa ou crítica. Um prejuízo, no mercado financeiro, passa a ser um *rendimento negativo*. Os pobres constituem *populações de baixa renda* e um negócio desinteressante é referido como *trocar seis por meia dúzia*[66].

O escritor George Orwell (1903-1950), em sua profética e aterradora obra intitulada *1984*, leva os eufemismos a uma nova esfera: o Ministério da Paz trata da Guerra e o Ministério do Amor é operado com ódio. Orwell é um crítico da linguagem política, classificando-a como *"feita para que mentiras soem como verdades, o assassino pareça respeitável e para dar uma aparência de solidez ao puro vento"*[67].

Entender o processo de comunicação e convencimento implica em compreender o papel da comédia grega no desenvolvimento

---

64. CITELLI, Adilson. *Linguagem e persuasão*. São Paulo: Atlas, 2001, p. 20.
65. HALLIDAY. *O que é retórica. Op. cit.*, p. 49.
66. Idem. *Ibidem*, p. 51.
67. Idem. *Ibidem*, p. 53.

da cultura ocidental. A comédia, também, definida como *espelho da vida*, tinha como um de seus alicerces apresentar conjuntamente o Estado, as ideias filosóficas e as criações poéticas como circunstâncias de um mesmo tempo[68]. A comédia procura mostrar a realidade de seu tempo, mais do que qualquer outra arte, apresentando aspectos eternos do Homem que escapam à elevação poética da epopeia ou da tragédia[69]. O teatro comédia surge

> [...] na medida em que os artistas por imitação representam as pessoas em ação, sendo elas necessariamente boas ou más (pois o caráter [humano] quase sempre se ajusta a esses [dois] tipos, porquanto é pelo vício e pela virtude que as pessoas se distinguem no caráter), eles estão capacitados a representar as pessoas acima de nosso próprio nível normal, abaixo dele, ou tal como somos[70].

A comédia é a imitação de seres *"mais inferiores, ainda que não completamente viciosos; mais propriamente, o ridículo constitui parte do disforme"*[71]. O ridículo gera o riso que, por sua vez, está no mesmo plano da linguagem e do pensamento, como expressão de liberdade espiritual[72].

Mas a retórica só pode existir em um ambiente democrático. Tito Cardoso e Cunha escreve que

> [...] é sempre preciso uma situação de democracia, de reconhecimento da igualdade de situação dos interlocutores e, sobretudo, de reconhecimento do outro como capaz de receber os meus argumentos e ser convencido por eles. Só assim se pode ter um discurso retórico. Só uma situação democrática o permite[73].

---

68. JAEGER, Werner. *Paideia: A formação do homem grego*. Trad. Athur Parreira. São Paulo: Herder, 1960, p. 384.
69. Idem. *Ibidem*, p. 385.
70. ARISTÓTELES. *Poética*. Trad. Edson Bini. São Paulo: Edipro, 2011, p. 41 [1448 a1].
71. Idem. *Ibidem*, §1449 a30.
72. JAEGER. *Paideia. Op. cit.*, p. 385.
73. CARDOSO E CUNHA, Tito. "Retórica. A técnica da persuasão". 1997. Disponível em: http://ocanto.esenviseu.net/retórica.htm. Acesso em: 20 de julho de 2012.

A inexistência da liberdade de expressão e da democracia inviabiliza a República e a retórica, que só tem sentido em uma sociedade de homens livres, em que prevaleça o exercício da persuasão pelas ideias, e não pela força.

A retórica será o campo da disputa de argumentos, que tem por objetivo aumentar a adesão dos espíritos e, por isso, subentende a existência de um contato intelectual. Para que haja o embate intelectual, é necessário o apreço pela adesão do interlocutor, pelo seu consentimento, pela sua participação mental[74]. Em outras palavras, o respeito e a compreensão dos envolvidos são indispensáveis, mesmo havendo diferenças de opiniões. Em síntese: abertura para ouvir e aprender novas ideias.

Entre o orador e o auditório deve haver a compreensão do porquê alguém vai ouvir, o que demanda uma qualidade diferenciada para tomar a palavra e ser ouvido. O auditório pode ser compreendido como o conjunto daqueles que o orador quer influenciar.

Os argumentos podem ser divididos em três grupos: os quase-lógicos, os baseados na estrutura do real e os que fundam a estrutura do real. Os primeiros são construídos sobre a imagem de princípios lógicos. Os segundos organizam-se a partir do que o auditório acredita que eles sejam, ou melhor, aquilo que se toma por fatos, verdades ou presunções. Os argumentos que fundam a estrutura do real sustentam-se em um tipo de argumentação que atua como se fosse por indução, propondo modelos, exemplos e ilustrações, partindo de casos particulares[75].

Pode-se destacar as ligações que fundamentam o real, desempenhando funções distintas: *"O exemplo permitirá uma generalização; uma ilustração sustentará uma regularidade já estabelecida e um modelo incentivará a imitação"*[76]. Quando se utilizam modelos, o comportamento de um grande homem é frequentemente tomado

---

74. KLÖCKNER. *Nova retórica e rádio informativo. Op. cit.*, p. 36.
75. Idem. *Ibidem*, p. 38-39.
76. PERELMAN, Chaim & OLBRECHTS-TYTECA, Lucie. *Tratado da Argumentação: A Nova Retórica*. Trad. Maria Ermantina de Almeida Prado Galvão. São Paulo: Martins Fontes, 2005, p. 399.

como modelo e *"o valor da pessoa, previamente reconhecida, constitui a premissa de onde se tirará uma conclusão preconizando um comportamento particular"*[77].

Para a análise, pode-se propor o uso da *analogia* e da *metáfora*. A analogia constrói uma relação de similitude entre relações que unem duas entidades. Não se trata de semelhança entre as entidades, mas semelhança nas relações que as ligam. A metáfora, por sua vez, é definida como um transporte de sentido de uma palavra para outra.

A retórica se consolida como a arte de pensar e de comunicar o pensamento, está presente de forma interdisciplinar em áreas como direito, filosofia, oratória, dialética, literatura e, especialmente, nas mídias[78]. Nas figuras abaixo (1 e 2) pode-se observar as fases da análise do discurso.

### FIGURA 1 - ANÁLISE RETÓRICA

| FASES DA ANÁLISE | SUBDIVISÕES | EXEMPLIFICAÇÃO |
| --- | --- | --- |
| CONTEXTO DO DISCURSO **Estabelecimento da situação retórica do discurso** | Premissas de argumentação | Teses sobre as quais há acordos, além do uso excepcionalmente da petição de princípio |
| GÊNEROS PERSUASIVOS DO DISCURSO **Identificar a qual gênero pertence o discurso** | 1) Judicial ou Forense | Usado especialmente em tribunais (em frente a juízes e jurados), com o objetivo de acusar ou defender alguém de algo praticado, pleiteando o justo. |
| | 2) Deliberativo | Da arena política, das assembleias, aconselhando o útil, o melhor. |
| | 3) Epidíctico | Procura agradar, realçar, ornamentar os fatos. Trata do elogio e da censura, do belo e do feio. Apela para a ordem universal. |

(KLÖCKNER. *Nova retórica e rádio informativo.* Op. cit., p. 67)

---

77. KLÖCKNER. *Nova retórica e rádio informativo. Op. cit.*, p. 41.
78. Idem. *Ibidem*, p. 44.

Na figura 2, nota-se como a estrutura do discurso retórico pode ser mais uma vez dividido e analisado. Basicamente, tem-se aqui o conteúdo da mensagem e a disposição do mesmo na estrutura do discurso.

**FIGURA 2 - CÂNONES RETÓRICOS**

| CÂNONES RETÓRICOS | CATEGORIAS | OCORRÊNCIAS |
|---|---|---|
| ESTRUTURA DO DISCURSO RETÓRICO | 1) Invenção | É a origem dos argumentos: ethos, a credibilidade do autor; pathos, o apelo à emoção e o logos, a lógica dos argumentos, a relevância ou pertinência. |
| | 2) Disposição | Organização dos argumentos do discurso. |
| | 3) Estilo/Elocução | Modo próprio de apresentar o discurso, adequando a linguagem própria à argumentação e considerando os critérios de adequação, aptidão; correção; clareza; adornamento deliberado, metáfora e analogia; e metonímia. |
| | 4) Memória | Acesso do locutor e/ou ouvinte ao conteúdo da fala, com firme compreensão e segurança do material a ser apresentado. |
| | 5) Apresentação | Explora a relação entre a propagação de um trabalho e o seu conteúdo (controle da voz e do corpo na apresentação dos argumentos). |

(KLÖCKNER. *Nova retórica e rádio informativo*. Op. cit., p. 67-68)

Os mecanismos de retórica aparecem em todas as mídias, às vezes de forma clara, às vezes de maneira subliminar. Segundo Teun A. Van Dijk, a retórica deve ser entendida, em um sentido amplo, como a disciplina que estuda os aspectos da fala ou da escrita persuasivas. O estudo do discurso é importante para que se possa compreender, de forma mais ágil, os processos produtivos e os efeitos da comunicação[79].

A retórica do discurso tem a ver com o modo com que decidimos as coisas. O uso de estruturas retóricas na veiculação das notícias depende dos objetivos e efeitos buscados pela comunicação. A escolha de um determinado estilo indicará o tipo de discurso adequado para uma situação particular e os antecedentes ideológicos propostos[80].

Sendo assim, o jornalismo é retórico, pois faz (ou fazia, antes do advento da classificação de um tipo de jornalismo como sendo *fake news*, ou uma agenda política travestida de fato jornalístico) o chamamento ao regime da discussão e da crítica e procura levar a uma avaliação plausível e de consenso, presente em toda a argumentação retórica[81]. A retórica do jornalismo segue as linhas da retórica oratória, como a estrutura jurídica ou forense, que tem por objetivo desacreditar os argumentos opostos, impressionando o auditório e cooptando-o para suas próprias ideias.

Vemos uma alteração no padrão da construção das notícias por meio de redes que estão mais engajadas em fazer política do que informar, no propósito de moldar a opinião pública de acordo com suas agendas proselitistas. Diversas redes procuram agendar temas e construir uma verdade baseada em interesses corporativos ou no agir político-partidário de suas redações. A transformação do receptor em mídia, por intermédio das redes sociais, ainda não foi plenamente entendida pelas grandes redes formais de rádio, TVs e jornais e frequentemente são relegadas ao ostracismo ou desconstruídas. O leitor/ouvinte/telespectador já não precisa da mídia tradicional para se informar e buscar opiniões para poder analisar o contexto. Denzel Washington, ator americano, em uma entrevista postada no YouTube, faz uma declaração que resume bem o papel da imprensa moderna:

---

79. VAN DIJK, Teun A. *La notícia como discurso: Comprensión, estructura y producción de la información.* Barcelona: Paidós, 1996, p. 50.
80. Idem. *Ibidem*, p. 123.
81. KLÖCKNER. *Nova retórica e rádio informativo. Op. cit.*, p. 47.

*"Se você vir o noticiário, você será 'misinformed' (mal-informado); se você não vir o noticiário, você será 'uninformed' (não informado) [...]. A mídia está interessada em ser a primeira a informar e não a melhor a informar"*. Não poderia concordar mais com esta declaração.

A retórica parlamentar, assim como a jornalística, não pretende apenas sensibilizar uma audiência, mas obter resultados práticos imediatos, fazendo com que ela tenha ânimo e predisposição para ir ao encontro de teses estabelecidas. O efeito poderá ser maior nas mídias eletrônicas – rádio, TV, internet – em que o emissor e o receptor estão ligados de forma praticamente instantânea podendo, inclusive, interagir[82]. O mesmo efeito pode ser criado e sentido nas mídias digitais, quando ela é ao mesmo tempo mídia e ouvinte.

A retórica no passado repousava sua ênfase no orador, daí a importância do treinamento direcionado a uma apresentação ou discussão pública. A ênfase da nova retórica está no receptor, no recebedor da mensagem, chamado de *público*, audiência, leitor, ouvinte ou telespectador. Nisso reside a importância de conhecê-lo bem, de modo a empregar as linguagens corretas e adequadas à apresentação dos argumentos e seu convencimento, a fim de que aceite as razões do receptor[83].

Com o desenvolvimento dos meios de comunicação de massa até a revolução digital e a complexidade da vida moderna, multiplicam-se os tipos de discurso e dos públicos. O discurso, que antes se referia apenas a um pronunciamento público, ou peça de oratória, escrita ou falada, passou a representar o conjunto de características linguísticas, semânticas e retóricas que um indivíduo ou grupo utiliza para defender, aconselhar, elogiar, exercer suas atividades negociais.

## II.2 – Persuasão

Muitas dúvidas surgem quando se define retórica como a ciência que estuda a elaboração de discursos com fins persuasivos:

---

82. Idem. *Ibidem*, p. 48-49.
83. HALLIDAY. *O que é retórica. Op. cit.*, p. 68.

a partir de que ponto pode-se detectar a persuasão, e como ela se processa? Ela nasce com o autor ou com quem recebe a mensagem?

Na verdade, persuadir pressupõe um receptor que compreenda e saiba avaliar os argumentos de uma ou mais partes, o que implica em reconhecer seu valor como pessoa, com sua capacidade de tomar decisões.

O aspecto de suma relevância para que se construa uma situação propícia ao exercício retórico é a existência de um ambiente democrático, em que a liberdade dos interlocutores seja respeitada e, sobretudo, onde haja o reconhecimento do outro como capaz de receber argumentos e de ser convencido por eles[84].

Falar em persuasão implica em retomar a tradição do discurso clássico, que pode ser lido de muitas formas, que marcaram os estudos de linguagem. Retomando à história, na Grécia Antiga, o problema não era apenas falar, mas fazê-lo de modo elegante e convincente, unindo arte e espírito. Cabia à retórica mostrar o modo de constituir o discurso, visando a convencer o receptor acerca de determinadas verdades[85].

Como afirmava Aristóteles: *"Assentemos que a retórica é a faculdade de ver teoricamente o que, em cada caso, pode ser capaz de gerar persuasão"*[86]. Pode-se deduzir que retórica não é persuasão, mas um meio capaz de ajudar a alcançar a persuasão. A retórica pode aparecer nos discursos da medicina, da matemática, da história, do judiciário ou no ambiente familiar. Ela é analítica, ou seja, permite descobrir o que é próprio para persuadir. Em suma, é uma espécie de *"código dos códigos, está acima do compromisso estritamente persuasivo, pois abarca todas as formas discursivas"*[87].

Persuadir, antes de mais nada, é sinônimo de submeter, daí sua inequívoca vertente autoritária. Quem persuade leva o outro à aceitação de sua ideia. A etimologia da palavra: *per + saudere* =

---
84. KLÖCKNER. *Nova retórica e rádio informativo*. Op. cit., p. 34.
85. CITELLI. *Linguagem e persuasão*. Op. cit., p. 8
86. Idem. *Ibidem*, p. 10.
87. Idem. *Ibidem*, p. 11.

*aconselhar*, traduz uma certa ironia, pois o conselho não tem o peso da obrigatoriedade, mas o objetivo é este mesmo, convencer e fazer valer a ideia do orador. Possivelmente, o persuasor não esteja trabalhando com uma verdade, mas com algo que se aproxime ou simplesmente a esteja manuseando[88].

Com o passar dos séculos, a retórica vincula-se à perspectiva de embelezamento do texto, ou seja, a retórica apenas forneceria elementos para tornar o texto mais elegante. Por esta razão, persiste, ainda hoje, a noção negativa da retórica como sinônimo de um texto formalmente bem articulado, porém vazio de ideias.

O discurso persuasivo se vale de signos, marcados pela suposição, se beneficia de recursos de linguagem, objetivando convencer ou alterar atitudes e comportamentos já estabelecidos. Isso leva à dedução de que o discurso persuasivo é sempre expressão de um discurso institucional. As instituições falam, por meio de signos próprios, fechados, nos discursos de convencimento, por intermédio de uma linguagem pertinente, como faz a Igreja, a Justiça ou o Exército, por exemplo. Cada um destes acima possui símbolos de comunicação. As patentes hierárquicas das Forças Armadas são representadas por diferentes brasões, uniformes, e até mesmo o refeitório que utiliza. Os juízes do Supremo Tribunal Federal (STF) no Brasil vestem uma toga preta e quem se dirige a eles deve usar a mesma vestimenta. Fato idêntico ocorre com os paramentos dos padres, de seus auxiliares e de seus superiores, como bispos ou cardeais.

Pode-se, na análise ou na compreensão da persuasão, levar em conta três grupos organizacionais do discurso: o *polêmico*, o *lúdico* e o *autoritário*. O discurso lúdico seria a forma mais aberta e democrática, com uma força reduzida da persuasão, uma quase ausência do imperativo, da verdade única. Seria um discurso marcado pelo jogo de interlocuções, em que há menos verdade de *um*, menor desejo de convencer. O discurso lúdico compreende boa parte da produção artística, como a música e a literatura. Já no discurso polêmico o grau

---

[88]. Idem. *Ibidem*, p. 13.

de persuasão é significativamente maior. Os conceitos anunciados são dirigidos como num embate, há uma luta em que uma voz tende a derrotar a outra. A polêmica pode existir numa discussão entre amigos, num confronto político, numa defesa de tese, num editorial ou numa sala de aula[89]. Por último, o discurso autoritário é, por natureza, persuasivo, porém aqui encontramos todas as condições, para o exercício da dominação da palavra. O processo de comunicação de interação *eu-tu-eu* deixa de existir, visto que o *tu* se transforma em simples receptor, sem possibilidade de interferir sobre o que está sendo dito. É um discurso exclusivista, não permitindo mediações ou ponderações. O discurso autoritário repete uma fala já sacramentada, em que o monólogo venceu a guerra contra o diálogo. Ele pode ser encontrado na família, na igreja, no quartel, na comunicação em massa e, inclusive, no discurso publicitário[90].

## II.3 A análise do discurso

O paradigma de Harold Lasswell (1902-1978), pioneiro na investigação informacional, publicado em sua versão definitiva, em 1948, *The Structure and Function of Communication in Society* [*A Estrutura e a Função da Comunicação na Sociedade*], destaca que qualquer ato de comunicação pode ser convenientemente descrito mediante as respostas às perguntas: *quem, disse o quê, em que canal, para quem e com que efeito*[91].

**FIGURA 3 - PARADIGMA DE LASSWELL**

---

89. ORLANDI, 1996, p. 154.
90. Idem. *Ibidem*, p. 154-55.
91. SAPERAS, Endric. *La sociologia de la comunicación de masas en los Estados Unidos*. Barcelona: PPU, 1992, p. 75.

Na definição oferecida por Lasswell, ele se refere ao ato da informação e não ao processo de comunicação, em que o uso da expressão *ato* resulta decisiva para a compreensão do paradigma. Lasswell fundamenta sua análise na psicologia condutivista e nas experiências dos estímulos sobre os seres humanos. Ele pressupõe uma ideia estática dos componentes da comunicação, quando qualquer variável pode ser estudada isoladamente, de forma segmentada e parcial[92]. Partindo da identificação dos componentes do ato de informação, Lasswell procede a um planejamento da investigação, atribuindo a cada componente um tipo de análise específica. O desenvolvimento destes cinco tipos de abordagens seria multidisciplinar, relacionando Sociologia, Psicologia Social, Filosofia, Antropologia, Teoria Matemática da Informação, Ciência Política e Semiótica.

**FIGURA 4 - DEFINIÇÕES DE LASSWELL**

Um paradigma não requer, necessariamente, a homogeneidade das regras metodológicas ou da própria atividade de investigação, e acaba por estabelecer um marco geral para a compreensão do problema mais significativo. Lasswell ofereceu um modelo global para o desenvolvimento da investigação sobre comunicação.

A pesquisa sobre comunicação esteve, aliás, sob a influência da física e da matemática, por intermédio da teoria desenvolvida nos anos 1940 por Claude Shannon (1916-2001) e Warren Weaver (1894-1978), que buscaram uma descrição absolutamente científica do processo. O tema da comunicação foi estudado por físicos, no início da década de 1940, quando a inovação tecnológica permitiu a produção de máquinas capazes de processar um número crescente

---

92. Idem. *Ibidem*, p. 76.

de informações. Acabou sendo um reflexo da terceira revolução industrial, concentrada nos meios eletrônicos destinados a recolher, processar, transmitir e armazenar todo o tipo de informação[93].

Estes investigadores pretendiam estudar as condições gerais, que permitem a transmissão das mensagens, independentemente da natureza das mensagens emitidas. Desta forma, poderia-se estudar temas como a quantidade de informação, como emitir a máxima quantidade delas no menor tempo possível, com máxima clareza e menor redundância possível. A esta teoria foi dada o nome de *teoria matemática da informação*.

O paradigma de Shannon pode ser compreendido por meio de seis componentes: a fonte da informação, o transmissor, o canal, a fonte de ruído, o receptor e o destinatário. Em partes: fonte da informação é o componente do processo de informação que determina o grau de complexidade da mensagem a ser transmitida. Sua tarefa se caracteriza pela intenção comunicativa ou por uma programação prévia que atua segundo condições pré-determinadas. O transmissor é o meio técnico, que transforma a mensagem em sinais emitidos. O canal é o meio físico pelos quais os sinais podem ser transportados a uma determinada distância, grande ou pequena, e apresenta uma capacidade de transporte dos sinais, por unidades de tempo. A fonte de ruído aglutina deficiências no sinal. O receptor é aquele engenho mecânico que, uma vez recebidos os sinais, os transforma em mensagens originais. Por último, o destinatário, componente terminal da comunicação, que recebe a mensagem original da fonte da informação, sendo o elemento preponderante e soberano para avaliar a fidelidade da transmissão da informação. O destinatário pode interpretar e receber a mensagem mediante a capacidade de decodificação exercida pelo receptor[94].

Tanto os paradigmas de Lasswell quanto os de Shannon investigam a comunicação, porém de forma mais completa que o campo

---

93. Idem. *Ibidem*, p. 80-81.
94. Idem. *Ibidem*, p. 82-83.

da informação. É importante diferenciar *informação* de *comunicação*. Segundo Dominique Wolton, a comunicação é mais complexa por três motivos:

> Primeiro, porque, se não existe comunicação sem informação, a comunicação é sempre mais difícil; em segundo lugar, há uma contradição entre a legitimidade da informação e o descrédito da comunicação; e, por último, não há informação sem um projeto de comunicação[95].

É falso pensar que basta proporcionar mais informações para informar, uma vez que a onipresença da informação torna a comunicação ainda mais difícil. *"A informação é a mensagem, enquanto a comunicação é a relação, que é muito mais complexa"*[96].

O aumento da circulação de informações, marca registrada de nosso tempo, paradoxalmente não aumenta necessariamente a comunicação, já que sua concretização passou a ser raridade. A informação pode ser dividida em três categorias: a *oral*, a *imagética* e a *textual*. Por sua vez, a comunicação ocorre por três motivos principais: *compartilhar*, pois viver é comunicar-se e realizar trocas, de modo frequente e autêntico; *seduzir*, que é inerente às relações humanas; e *convencer*, ligada a todas as lógicas de argumentação. Comunicar está ligado ao compartilhamento, aos sentimentos e ao amor[97].

Partindo do pressuposto de que a comunicação é a troca de mensagens, entende-se que o processo é, antes de tudo, uma atividade objetiva. Ela ocorre por meio da linguagem, capacidade exclusiva do ser humano, e como o ser humano é um ser social, a comunicação é um fenômeno eminentemente social. Ela pode se dar na relação intrapessoal, dentro de um grupo ou de forma massiva, por meio da mídia, ou dos veículos de massa[98].

---

95. WOLTON, Dominique. *Informar não é comunicar.* Porto Alegre: Sulina 2010, p. 12.
96. Idem. *Ibidem*, p. 12.
97. Idem. *Ibidem*, p. 17.
98. HOHLFELDT, Antônio, "As origens antigas: A comunicação e as civilizações". *In:*

O processo evolutivo da comunicação se acelera no século XX, por intermédio da tecnologia. O telégrafo, a radiodifusão, o telefone, o fonógrafo e o cinema mudaram nossa forma de nos comunicar, imprimindo velocidade e diversidade de fontes de informação. Obviamente estamos falando do universo de Winston Churchill, mas imaginemos como seria Winston no Twitter. Ela deixaria de ser um elemento elitista e passaria a divertir e informar as massas, num processo contínuo e constante. A comunicação começa já nos primeiros dias de nossas vidas, e ao longo do tempo aprendemos as formas comunicativas de nossa cultura, reconhecendo os modelos com que nos defrontamos. A constante exposição aos meios de propagação faz deles práticas comuns e familiares, presentes em todos os aspectos da vida cotidiana. Todo esse processo se amplia ainda mais no século XXI.

Os paradigmas e as definições sobre comunicação continuam válidos para os dias atuais, mas o crescimento exponencial da quantidade de meios, dos canais e dos participantes das redes ainda obedece à lógica de uma mensagem transmitida por um meio para o receptor. A grande diferença é a origem da informação que não mais precisa ser de uma empresa formal, mas pode ser do próprio público receptor. Em que pesem todas as realidades, o problema da qualidade, pertinência e credibilidade do emissor permanece o mesmo. Ao sermos atingidos por informações das redes sociais, tratamos de entender de quem veio e, dependendo da origem, será ou não verdade.

## II.4 - A análise do discurso político

O entendimento do que seja um discurso político é desenvolvido por diferentes disciplinas, sem um ponto de vista único. A filosofia, a sociologia, a psicologia social, a antropologia, as ciências políticas e as ciências da linguagem se interessam pelo tema e propõem estudos próprios. Para um linguista do discurso, trata-se de tomar posição quanto

---

HOHLFELDT, Antônio; MARTINO, Luiz Claudio; FRANÇA, Vera Veiga. (Org.). *Teorias da Comunicação: Conceitos, Escolas e Tendências*. Petrópolis: Vozes, 2001, p. 61.

às relações entre linguagem, ação, poder e verdade, de modo que se possa determinar a problemática específica na qual será estudado.

O discurso político existe no campo político, onde as questões da *ação política*, de sua finalidade e de sua organização, as *instâncias* que são partes interessadas e os *valores* em nome das quais as ações são realizadas interagem simultaneamente.

Todo o ato de linguagem emana de uma pessoa em relação à outra, segundo um princípio de *alteridade* quando, sem a existência do outro, não existe consciência de si. Dessa relação nasce o princípio de *influência*, para que esse outro passe a pensar e agir segundo a intenção do primeiro. Para equilibrar os interesses das partes, a relação é regida por um princípio de *regulação*. Estes três princípios são os fundadores do ato de linguagem, os inscrevem em um cenário de ação[99], ato de linguagem que está ligado às relações de força que os sujeitos mantêm entre si, que acabam construindo, num mesmo tempo, o vínculo social.

É a ação política que, idealmente, determina a vida social ao organizá-la, tendo em vista a obtenção do bem comum. Concomitantemente, ela permite que uma comunidade tome decisões coletivas, pois se entende que as pessoas desejam viver em comunidade[100]. A instância política, que é de decisão, deve, portanto, agir em função do *possível*, sendo que a instância cidadã a elegeu para realizar o *desejável*. Por fim, os valores correspondem às ideias que defendemos neste espaço de discussão[101].

O estudo do discurso político *"trata de definir uma forma de organização da linguagem em seu uso e em seus efeitos psicológicos e sociais, no interior de determinado campo de práticas"*[102]. A análise do discurso político partilha de pontos de vista da filosofia política e das ciências políticas. A filosofia política discute que tipo de relação

---

99. CHARAUDEAU. *Discurso Político. Op. cit.*, p. 16.
100. Idem. *Ibidem*, p. 17.
101. Idem. *Ibidem*, p. 19-20.
102. Idem. *Ibidem*, p. 32.

deve existir entre um poder governante e o restante da sociedade, ou seja, entre o Estado e a cidadania, tendo por objeto as diferentes formas possíveis de racionalidade política.

Já a ciência política procura *"tornar evidentes as normas que se instauram como princípios de governança, revelar as razões que as instituem e medir seus efeitos sobre o estado das sociedades"*[103]. Desta forma, são estudados os comportamentos dos atores políticos, os processos que conduzem a reações e as escolhas diante dos acontecimentos sociais, estudos que têm por perspectiva não só tirar lições, mas antever o futuro.

As estratégias do discurso político trabalham na direção de gerar adeptos. O comportamento das massas depende de discursos simples, carregados de mitos e símbolos, que encontrem eco em suas crenças, suscetíveis de provocar uma adesão instantânea. O sujeito político procura se mostrar crível e persuadir o maior número de pessoas que compartilhem valores semelhantes. Ele deve, *"portanto, fazer prova da persuasão para desempenhar este duplo papel de representante e fiador do bem-estar social"*[104].

Volta-se, aqui, à relevância da retórica e da persuasão. As estratégias discursivas, empregadas pelo agente político para atrair a atenção e a simpatia do público, dependem de sua própria identidade social, da maneira com que se relacionam com a opinião pública e da posição dos concorrentes ou parceiros políticos. O sucesso do discurso político se dá quando, definida sua imagem como confiável, parte, por meio da sedução e da palavra com fins de persuasão, para apresentar e conquistar adesão ao seu projeto político[105].

No caso do discurso político em período de guerra, o líder deve buscar a motivação de suas tropas e das populações locais pela união para a destruição do inimigo, ou para a resistência, em luta pelos objetivos traçados, seja a conquista ou a liberação. A forma do

---

103. Idem. *Ibidem*, p. 34.
104. Idem. *Ibidem*, p. 79.
105. Idem. *Ibidem*, p. 84.

discurso, também, é adaptada à condição da luta e ao momento. Durante a Segunda Grande Guerra, Winston Churchill notabilizou-se por uma retórica envolvente, que visavamanter alto o moral do povo e das tropas inglesas, contra uma quase invencível máquina de guerra nazista. Do outro lado, Adolf Hitler atraía multidões para a causa nazista, espalhando o ódio a todos que não fossem arianos puros, especialmente contra os judeus. Mais ainda, Hitler conseguiu unir os alemães construindo inimigos comuns cujo interesse seria, segundo ele, a destruição do povo alemão – os vencedores de Versalhes, os judeus, os homossexuais, negros, ciganos, enfim, todos aqueles que se encaixavam na categoria de não arianos.

Em um discurso político não se pode confundir o que seja *"valor de verdade"* e *"efeito de verdade"*. É uma questão de verdade, sim, mas, essencialmente uma questão de crença. Verdade e crença estão intrinsecamente ligadas no imaginário, mesmo que sem uma definição universal. O valor de verdade, na sociedade ocidental judaico-cristã, depende da crença que ela já existe e sua manifestação se encontra no estado de pureza e inocência. A verdade seria exterior ao homem, mas este apenas poderia alcançá-la por meio de seu sistema de crenças.

A verdade é objetiva e pode ser definida como um conjunto de técnicas que permite a construção de um *ser verdadeiro*, erudito, baseado em textos pertinentes[106].

O efeito de verdade está mais ligado a uma sensação de *"acreditar ser verdadeiro"*. Surge da objetividade do sujeito em sua relação com o mundo. Ao contrário do valor de verdade, baseado em evidências, o efeito baseia-se na convicção. O que está em jogo, aqui, é a busca da credibilidade, aquilo que determina um direito à palavra de quem comunica e às condições de validade da informação emitida. Trazido para os dias de hoje, este *"acreditar ser verdadeiro"* se adequa às pessoas que acreditam em políticos com ideologias ultrapassadas e são incapazes de perceber os fatos e comparar as evidências com as

---

106. Idem. *Ibidem*, p. 49.

promessas. O *acreditar* leva à perpetuação de um mundo por vezes irreal. O filósofo e pensador americano Thomas Sowell (1930-) em uma de suas brilhantes observações comenta que *"o fato de tantos políticos de sucesso serem mentirosos sem vergonha não é apenas uma reflexão sobre eles, é também uma reflexão sobre nós. Quando as pessoas querem o impossível, apenas os mentirosos podem nos satisfazer"*[107].

## II.4.a - Imagem e mensagem

A mensagem, distribuída por meio dos discursos de Winston Churchill, ganha força e eficiência por intermédio da credibilidade do emissor. A construção da mensagem é paralela à credibilidade do orador, uma fortalece e retroalimenta a outra. A efetividade da mensagem se dá por meio da coerência do emissor, e da coerência dos elementos teóricos de que este lança mão.

Aristóteles propôs dividir os meios discursivos em três categorias: o *logos*, de um lado, que pertence ao mundo da razão e permite convencer; o *ethos* e o *pathos*, de outro lado, que pertencem ao domínio da emoção e, portanto, tornam possível emocionar. O *pathos* se volta para o auditório e o *ethos*, para o orador[108]. Os teóricos do discurso inserem o *ethos* no ato da enunciação, no próprio dizer do sujeito que fala, situando-o na aparência do ato de linguagem, naquilo que o sujeito falante dá a ver e a entender.

De fato, o *ethos*, enquanto imagem que se liga àquele que fala, não é uma propriedade exclusiva dele; é a imagem na qual se traveste o enunciador, a partir daquilo que diz. Para construir uma mensagem emitida por intermédio da imagem do sujeito que fala, o receptor se apoia, ao mesmo tempo, nos dados preexistentes ao discurso – o que ele sabe antes sobre o assunto e o locutor – e nos dados trazidos pelo próprio ato de linguagem[109]. A mensagem é dirigida a uma plateia e

---

107. https://www.42frases.com.br/frases-de-thomas-sowell. Acesso em 9/6/2023.
108. Idem. *Ibidem*, p. 113.
109. Idem. *Ibidem*, p. 115.

o locutor transmite seu conteúdo por meio de um canal para uma audiência, com o intuito de gerar um efeito.

Na medida em que o *ethos* está relacionado à percepção das representações sociais que tendem a consolidar esta visão, ele pode dizer respeito tanto aos indivíduos como aos grupos, que acabam por julgar outros grupos com base em um traço de sua identidade[110].

O *ethos* pode ser distinguido em duas categorias e depois subdividido novamente: primeiro, a *credibilidade*, definida por sua *seriedade*, *virtude* e *competência*; e depois, a identificação em *potência*, *caráter*, *inteligência*, *humanidade*, *liderança* ou *chefia* e *solidariedade*.

A *credibilidade*, assim como a *legitimidade*, resulta da construção de uma identidade discursiva pelo sujeito falante, de modo que os outros possam julgá-lo como *uma pessoa digna de crédito*. Alguém pode ser assim julgado se existirem condições de verificar que aquilo que ele diz efetivamente corresponde à realidade, se ele tem os meios de pôr em prática o que promete e se o que anuncia é aplicado de forma eficiente[111].

O *ethos* da virtude constrói-se quando o orador é quem dá o exemplo. Exige que o político demonstre sinceridade, fidelidade, transparência e honestidade pessoal, valores que só se edificam com o passar do tempo. O *ethos* da *competência* exige do possuidor saber e habilidade, conhecimento profundo de sua atividade. Ele deve provar que tem os meios, o poder e a experiência necessários para alcançar os objetivos propostos por meio de potência, caráter, inteligência e humanidade.

## II.5 – O Poder da palavra

Os doze discursos deste livro se distribuem pelo período compreendido entre 3 de setembro de 1939, na Câmara dos Comuns, em

---

110. Idem. *Ibidem*, p. 117.
111. Idem. *Ibidem*, p. 119.

Londres, e 26 de julho de 1945, em Downing Street, 10[112], Londres. O intervalo engloba o início da Segunda Guerra Mundial, logo após a invasão da Polônia pelas tropas nazistas, até a renúncia de Winston Churchill ao cargo de primeiro-ministro, derrotado nas eleições gerais de julho de 1945.

Cada um dos discursos foi realizado em um momento de substancial importância, e a contextualização busca descrever o momento, o local e as circunstâncias da ação. Desta forma, o leitor pode perceber a razão e os objetivos da fala específica e conferir a justa causa dos resultados, para que se possa entender a força das palavras, do discurso e de Winston Churchill. Afinal de contas, por que até hoje falamos em Churchill?

Nos desdobramentos, transcrevo o discurso e avalio o contexto e os impactos desta fala naquele momento, comentando e relacionando-os com outros fatos históricos relevantes, com o intuito de trazer luz ao poder das palavras, da retórica e da persuasão.

Por intermédio da teoria da análise dos discursos de Patrick Charaudeau, procuro traçar o entendimento das lógicas de construção das mensagens de Winston Churchill com o contexto histórico e social. Criei uma tabela para a análise que se baseia na desconstrução dos discursos e na busca dos sentidos das palavras e frases ao longo de cada um dos discursos escolhidos.

## II.6 - Dissecando discursos

Com base no método da Hermenêutica de Profundidade, desenvolvido por John Thompson, base teórica da minha dissertação, qual a importância destes doze discursos selecionados de Winston Churchill, ao longo da Segunda Guerra Mundial? Utilizei os princípios de análise do discurso de Patrick Charaudeau, relacionando

---

112. 10 Downing Street é o endereço oficial do escritório, residência e local de recepções onde os primeiros-ministros ingleses atuam desde 1735 (tradução do autor, retirado de http://www.number10.gov.uk/history-and-tour).

motivação e condições de produção com as causas e os efeitos buscados em cada um deles.

A análise proposta a partir do capítulo IV passa, primeiro, pela desconstrução de cada discurso, relacionando frases e palavras com intenções contextualizadas nas condições sócio-históricas em torno de cada referência. Destacam-se, aqui as palavras-chave que, combinadas entre si, constroem a mensagem principal que Churchill propõe. Num segundo momento, por meio da pesquisa histórica e de relatos bibliográficos, procurei idealizar possíveis resultados e o entendimento dos receptores.

Por último, cada discurso é novamente desmembrado, em frases ou palavras, e enquadrado numa grade que procura caracterizar as mensagens como positivas ou negativas e a quem são endereçadas: se aos políticos, à população, aos inimigos, aos aliados na guerra ou a todos eles. A grade pode ser observada abaixo, de forma esquemática:

**FIGURA 5 – GRADE DE ANÁLISE DE DISCURSOS**

|  | POSITIVO | NEGATIVO |
|---|---|---|
| Políticos |  |  |
| Povo |  |  |
| Inimigos |  |  |
| Aliados |  |  |
| Todos |  |  |

Partindo do que está exposto nas grades, pode-se novamente avaliar a intenção, o direcionamento e os possíveis efeitos procurados em cada um dos discursos. Isto foi realizado, inicialmente, na forma individual dos discursos e, ao final, reunindo todos eles, demonstrando como Winston Churchill utilizou suas palavras como arma de divulgação, propaganda, persuasão ou mobilização.

A premissa é de que a guerra foi ganha pelos Aliados, pela força das armas, pela determinação dos exércitos, mas, acima de tudo, pela resistência dos povos subjugados e sob ameaça. A liderança de Churchill ao longo da guerra foi essencial para que o esforço de guerra produzisse certa unidade mental e emocional das populações inglesa e europeia, mantendo, assim, a esperança na libertação e no retorno da democracia.

As análises estão assim organizadas: a apresentação do contexto histórico, na sequência segue a transcrição do discurso original e depois o desdobramento do discurso em parágrafos e frases e a análise do que Churchill esperava de efeitos. Seguem após os quadros com as diversas análises específicas e uma conclusão e avaliação para cada um dos doze discursos.

# CAPÍTULO III
## A Segunda Guerra Mundial e Winston Churchill

Qualquer processo de comunicação precisa estar atrelado e adequado ao contexto. Discursos e ações estão interligados aos fatos daquele momento e às intenções que querem gerar. Muitas vezes os efeitos não são os esperados, em vários sentidos: ou não atingem, ou geram repercussão, ou ultrapassam fronteiras ou são compreendidos de formas imprevistas pelo emissor. Esse é o risco inerente quando um discurso é proferido para audiências que o orador não conhece. Sob este aspecto, poucos homens daquele tempo compreendiam tão bem sua audiência quanto Winston Churchill, que soube entender as aflições e preocupações das massas e das elites, conseguindo unir todos no mesmo esforço de derrotar um inimigo maior. Churchill compreendeu a causa e reduziu sua mensagem a um tema central, a luta pela liberdade, valor mais importante para o homem, ao menos para aquele povo, ainda imperial e sob grande e visível ameaça. Agregou a vontade e a persistência, um senso de jamais aceitar a derrota, a fraqueza e a dúvida, embora existissem e até certo ponto, fossem constantes. Focou na luta pela liberdade e baseou a luta no sentimento de força e na dignidade dos britânicos.

Quando se analisa o contexto de forma sócio-histórica, o que pesa é a reconstrução das condições sociais e circunstanciais de produção, circulação e recepção das formas simbólicas. Estes símbolos são produzidos (falados, narrados, inscritos) e recebidos (vistos, ouvidos, lidos) por pessoas, em locais específicos, agindo e reagindo em tempos particulares e em situações dadas. A reconstrução desses ambientes é uma parte importante da análise[113].

A análise sócio-histórica permite contextualizar o fato, os discursos em meio à situação em que ocorreram. Aqui, se faz uma análise das situações espaço-temporais, dos campos de interação entre os fatos, o meio e as pessoas, as instituições sociais atuantes no período de análise, a estrutura social e os meios técnicos de transmissão da mensagem. A primeira fase é a análise sócio-histórica. Formas simbólicas não subsistem no vácuo. Elas são produzidas, transmitidas e recebidas em condições sociais e históricas específicas[114].

O uso de símbolos é um traço distintivo da humanidade. Os seres humanos não apenas criam, mas recebem expressões linguísticas significativas, como também conferem sentido a expressões não linguísticas – ações, obras de arte, objetos e matérias de diversos tipos.

## III.1 – Breve perfil de Winston Spencer Churchill

Winston Spencer Churchill nasceu em 30 de novembro de 1874, no Palácio de Blenheim, dois meses antes do previsto. Sua mãe era americana, Miss Jennie Jerome (1854-1921), e seu pai, Lord Randolph Churchill (1849-1895), político e membro da Câmara. Filho de um nobre inglês e de uma detentora de fartos recursos financeiros, Churchill desde cedo vive entre o ocaso de um império e o surgimento de outro.

Segundo um de seus mais conceituados biógrafos, Lord Roy Jenkins, a ascendência de Churchill era aristocrática, e muitos viram nisso a chave de sua carreira, mas ele foi demasiadamente facetado, idiossincrático e imprevisível para deixar-se enquadrar na circunstância estrita de seu nascimento.

---

113. THOMPSON, John B. *Ideologia e cultura moderna*. Teoria social crítica na era dos meios de comunicação de massa. Petrópolis: Vozes, 1995, p. 366
114. Idem. *Ibidem*, p. 366.

Estudou na Harrow School[115] e depois na Real Academia Militar de Sandhurst[116]. Serviu ao exército em diversas posições, entre 1895 a 1924, participando de campanhas, missões ou batalhas em Cuba, na Índia, no Sudão e na África do Sul.

Além de militar, atuou como correspondente para jornais da Inglaterra. No jornalismo e na literatura encontrou os meios de ganhar a vida e manter sua família por muitos anos, uma vez que a atividade parlamentar não era remunerada, até depois da Segunda Grande Guerra. Sua produção literária engloba 15 títulos, em 32 volumes. Por *The Second World War* [*Memórias da Segunda Guerra Mundial*], lançado entre 1948 e 1952, Churchill recebeu, em 1953, o Prêmio Nobel de Literatura.

Outro grande título que se pode destacar é *A History of the English-Speaking Peoples* [*A História dos Povos de Língua Inglesa*], obra publicada entre 1956 e 1958 que traça um panorama histórico da Inglaterra desde os tempos dos celtas, *vikings* e romanos, até a modernidade. O estadista desenvolveu ainda a pintura e trabalhou constantemente neste sentido. Em sua residência, em Chartwell, existe hoje um museu dedicado à sua memória, onde se pode encontrar um enorme acervo de pinturas de sua autoria.

Sua vida política começa cedo, e é de uma grandiosa produtividade. Eleito membro do Parlamento pela primeira vez em 1900, lá permaneceu até 1964, ausente somente por dois anos, entre 1922 e 1924. Participou de diversos gabinetes, como secretário para Assuntos

---

115. Harrow School – A escola foi fundada em 1572 por uma concessão dada pela rainha Elizabeth I (1533-1603) a John Lyon (1511-1592), um fazendeiro em Middlesex. Em 1615 novas edificações foram agregadas. Churchill entrou para a escola aos 12 anos, em abril de 1888, ali permanecendo até dezembro de 1892. Ver: BALL, Stuart. *Winston Churchill: Vidas Históricas*. Trad. Gleuber Vieira. Rio de Janeiro: Nova Fronteira, 2006.

116. Real Academia Militar em Sandhust – A Academia de Sandhurst, em Surrey, é onde todos os oficiais das Forças Armadas britânicas são formados e treinados para assumir as responsabilidades de liderança de tropas. Foi fundada em 1741, em Woolwich, para formar os cadetes da Real Artilharia e o Corpo de Engenheiros. Churchill, após três tentativas, ingressou em Sandhurst, em 1893, formando-se com louvor, em dezembro de 1894. Ver: BALL. *Winston Churchill*. *Op. cit.*

Internos, ministro das Finanças (*Lord of the Exchequer*), Lorde do Almirantado (o equivalente a ministro da Marinha), Secretário da Guerra, ministro de Munições, secretário da Aeronáutica e primeiro-ministro por duas vezes.

Político, membro do Parlamento, escritor, historiador, soldado, jornalista e pintor, Winston Churchill se destaca como personagem de ponta do século XX, participando de forma muito intensa, justamente pela paixão e pela presença em todos os eventos importantes da primeira metade do século passado.

*"Um grande homem se caracteriza pelo poder de deixar impressão duradoura nas pessoas que conhece"*, disse Churchill, certa ocasião. Pensaria em si mesmo? Indubitavelmente, ele tinha consciência da força de sua presença. Foi brindado com uma existência não foi apenas longa, diversificada e repleta – repleta de amigos e de inimigos, plena de ação e de criatividade, polêmica e implacável. Muitos o amaram, muitos o odiaram, e muitos o amaram e o odiaram ao mesmo tempo. Era exuberante e mimado, infantil, gentil e cruel, curioso, teimoso, trabalhador incansável e generoso, porém, presunçoso e disposto a ocupar o centro das atenções. Churchill foi tudo isso[117], um homem até certo ponto normal, com virtudes e defeitos como qualquer um de nós. Acertou e errou. Mas foi único por sua grandeza como ser humano, líder nas piores horas, por sua eloquência e presença de espírito.

Nascido no auge do período vitoriano, nobre e ator de um império, soube transcender e liderar no momento em que tais virtudes lhe foram exigidas. O homem certo, na hora certa, Churchill certa vez comentou que esteve se preparando, por toda a vida, para o que viria a ocorrer na Segunda Guerra.

*"Ele mobilizou a língua inglesa e a desdobrou para o combate"*, disse John F. Kennedy (1917-1963), então presidente dos Estados Unidos, em 1963, quando outorgou a Winston Churchill a cidadania americana. Há os que acreditam que durante a Segunda Guerra

---

117. ENRIGHT. *A Verve e o Veneno de Winston Churchill. Op. cit.*, p. 13.

Mundial foi o poder inspirador de seus discursos que sustentou o moral e, em última análise, conduziu os Aliados à vitória[118].

Churchill não era um homem fácil, tinha vários defeitos e cometeu grandes erros, como na Campanha de Galípoli, de 25 de abril de 1915 a 6 de janeiro de 1916, nos Dardanelos, na Primeira Guerra Mundial, e na avaliação estratégica da batalha da Noruega, travada entre 9 de abril e 10 de junho de 1940. Entretanto, uma frase proferida pelo marechal de campo, Sir Alanbrooke (1883-1963), chefe do Estado-Maior, durante a Segunda Guerra, ressalta o fascínio exercido por ele: *"É a pessoa mais difícil com quem já servi, mas agradeço a Deus por ter-me dado tal oportunidade"*[119].

Churchill, contudo, não gozou de aceitação irrestrita e constante em sua carreira. Foi alvo de críticas e de desconfiança. Um largo período de sua vida esteve sob *"o sol fraco da tarde"*[120] ou *"sozinho"*[121].

Depois da derrota nos Dardanelos, foi forçado a deixar o cargo de Primeiro Lorde do Almirantado. Descrevendo-se como um *"bode expiatório em fuga"*, ele imaginava ter terminado ali sua carreira política[122]. Em 1916, abriu mão de sua cadeira na Câmara dos Comuns e foi lutar nas trincheiras da França, em Flandres. Retornou em 1917 ao governo do novo primeiro-ministro Lloyd George (1863-1945), como ministro das Munições. Em 1924, no novo governo de Stanley Baldwin (1867-1947), ocupou a cadeira de *Lord of the Exchequer*, ou Chanceler do Tesouro. Reinstalou o padrão-ouro na economia, iniciativa que se mostrou péssima quando estourou a Crise de 1929 e a Grande Depressão.

Antes disso, em 1920, tomou partido contra a independência da Irlanda, quando conflitos entre os irlandeses liderados pelo Sinn Fein (Partido Republicano Irlandês) e tropas do governo britânico se

---

118. Idem. *Ibidem*, p. 14.
119. Idem. *Ibidem*, p. 62.
120. JENKINS. *Churchill. Op. cit.*, p. 313.
121. BALL. *Winston Churchill. Op. cit.*
122. CHURCHILL. *Jamais Ceder! Op. cit.*, p. 73.

agravaram[123]. Sua posição contra os irlandeses gerou críticas inclusive em casa, como nesta carta de sua esposa Clementine:

> Use sua influência, meu querido, agora, em favor de alguma moderação, de qualquer forma de justiça, na Irlanda – Ponha-se no lugar dos irlandeses – e se você fosse o líder deles, não se acovardaria com a severidade e certamente com represálias que caem como chuva dos céus sobre justos e injustos. [...] Fico infeliz e decepcionada toda vez que vejo você tendencioso a achar que vai prevalecer a moda dura, dos hunos, da mão de ferro[124].

No período que vai de 1929 até 1939, Churchill volta a escrever com frequência. Quando assume funções junto ao Tesouro, em 1924, já havia publicado o primeiro volume de *The World Crisis* [*A Crise Mundial*]. Em 1927, concluiria o segundo e terceiro volumes, editados naquele mesmo ano. Ainda ministro, publicou, em separado de *The World Crisis*, uma obra intitulada *The Aftermath* [*Consequências*]. Em 1930, publica *My Early Life* [*Minha Mocidade*][125].

Além de escrever, Winston Churchill realizou palestras nos Estados Unidos e no Canadá. Em uma de suas viagens, em 1933, vai à Califórnia, a convite do magnata das comunicações, William Randolph Hearst (1863-1951), onde visita os estúdios de cinema em Los Angeles e inicia relações de amizade que se tornaram intermitentes como, por exemplo, com Charles Chaplin (1889-1977). Esta atividade toda era, na verdade, sua fonte de renda e os negócios, neste sentido, iam muito bem.

A partir de maio de 1929, os liberais voltam ao poder em uma coalizão com o governo trabalhista, mas Churchill fica fora do governo por dez anos. Neste período, ele observa, à distância, os acontecimentos na Índia e a política de apaziguamento com a Alemanha. Com visão e clarividência, antecipa que o mundo

---

123. JENKINS. *Churchill. Op, cit.*, p. 330.
124. Idem. *Ibidem*, p. 331.
125. Idem. *Ibidem*, p. 384.

caminha para a catástrofe. Fez de tudo para alertar sobre os perigos da Alemanha nazista, mas não foi ouvido. Naquele momento, ele era apenas mais um nos assentos do Parlamento. Deixado de lado e ofendido como *"fomentador da guerra"*, durante este período, Churchill foi posto à prova.

Sobre a situação da Índia, previu que a remoção do poder britânico não só levaria à queda do Império, como fomentaria a rivalidade e a disputa entre muçulmanos e hindus – porém sua posição sobre o tema fez com que perdesse apoio no Partido Conservador[126].

Na Europa, a situação caminhava a passos largos e difusos para a guerra. Em 30 de janeiro de 1933, Adolf Hitler foi eleito chanceler da Alemanha e logo iniciou a implementação de um governo ditatorial. A política de apaziguamento foi permitindo que a Alemanha nazista, de forma deliberada, rasgasse paulatinamente as cláusulas do Tratado de Versalhes. Por sua vez, a antiga aliada da Primeira Guerra, a Itália, avançou, em 3 de outubro de 1935, sobre a Abissínia, na África Oriental[127].

Em abril de 1933, Churchill faz um impressionante discurso antevendo o que viria a ser a Alemanha de Hitler:

> O que se vê é uma ditadura – a mais severa ditadura. O que se vê são o militarismo e apelos a todas as formas de espírito belicoso, da reintrodução dos duelos nas universidades à recomendação por parte do ministro da Educação do uso da vara nas escolas elementares. O que se vê são manifestações marciais ou truculentas, e também a perseguição aos judeus, os quais muitos são cidadãos honoráveis. Os membros têm se manifestado, e apelo a todos os que sentem que homens e mulheres têm o direito de viver no mundo onde nasceram, e têm o direito de aspirar a uma vida que até então lhes foi garantida pelas leis onde nasceram [...][128].

---

126. CHURCHILL. *Jamais Ceder! Op. cit.*, p. 99.
127. Idem. *Ibidem*, p. 112.
128. McCARTEN, Anthony. *O Destino de Uma Nação: Como Churchill desistiu de um acordo de paz para entrar em guerra contra Hitler.* Trad. Eliana Rocha e Luis Reyes Gil. São Paulo: Crítica, 2017, p. 58.

Em 7 de março de 1936, as tropas de Hitler marcham sobre a Renânia[129], em claro desafio ao Tratado de Versalhes e de Locarno, não enfrentando resistência efetiva dos governos de Londres e de Paris. Para Churchill, é a confirmação dos alertas que vem fazendo, sobre a agressividade de Hitler[130].

Em 22 de fevereiro de 1938, Churchill lança uma extrema advertência sobre o custo do apaziguamento:

> Eu previ que chegaria o dia em que, sobre um ponto ou outro, sobre uma questão ou outra, os senhores teriam que se posicionar, e peço a Deus para que, quando chegue esse dia, não venhamos a descobrir que, mediante uma política insensata, temos que assumir essa posição sozinhos[131].

Em 11 de março de 1938, a Alemanha invade e anexa a Áustria, movimento que seria conhecido como o *Anschluss* (anexação). Churchill adverte, em 14 de março, na Câmara dos Comuns, para a importância do momento.

> A gravidade do evento de 11 de março não pode ser exagerada. A Europa se confronta com um programa de agressão, calculado e determinado no tempo, desvelando-se estágio por estágio. Só há uma escolha visível, não só para nós, mas para os outros países que estão infelizmente preocupados: ou nos submetemos, como a Áustria, ou então devemos tomar medidas efetivas, enquanto resta tempo para evitar o perigo e, se não puder ser impedido, para lidar com ele[132].

---

129. Trata-se da região em torno de ambas as margens do Rio Reno, que o Tratado de Versailhes transformara em zona desmilitarizada.
130. CHURCHILL. *Jamais Ceder! Op. cit.*, p. 118.
131. McCARTEN. *O Destino de Uma Nação. Op. cit.*, p. 61.
132. CHURCHILL. *Jamais Ceder! Op. cit.*, p. 132.

Ao longo de setembro e outubro de 1938, ocorre a crise dos Sudetos[133], na Tchecoslováquia. O primeiro-ministro Neville Chamberlain faz três viagens, em duas semanas, à Alemanha, numa tentativa de apaziguar Adolf Hitler e gerar um acordo duradouro de paz. Em 1º de outubro, Chamberlain retorna de um encontro com Hitler em Munique e, na saída do avião, balança euforicamente um papel em que constava o acordo: Alemanha e Inglaterra jamais se encontrariam em uma guerra novamente. Churchill, de forma dissonante à euforia que tomava conta do Parlamento e da imprensa, faz um duro discurso em 5 de outubro. Finaliza declarando:

> E não pensem que este é o fim. Este é apenas o começo do ajuste de contas. Este é apenas o primeiro trago, a primeira antecipação de uma amarga taça que será oferecida a nós ano a ano, a não ser que, por uma suprema recuperação de nossa saúde mental e nosso vigor militar, levantemo-nos de novo e mantenhamos nossa postura pela liberdade, como nos velhos tempos[134].

É necessário retroceder um pouco para entender o cenário anterior à guerra. Após a derrota da Alemanha, na Primeira Grande Guerra, os aliados assinaram um tratado para definir a paz. Os interesses variados, entre eles, acabaram criando o cenário para disputas futuras. A França, por meio do primeiro-ministro Georges Clemenceau (1841-1929), queria uma *"Alemanha menor, desarmada, esmagada por reparações tão pesadas que jamais voltaria a se erguer contra a França"*. Já o presidente americano Woodrow Wilson (1856-1924) queria uma *"paz sem vencedores ou vencidos"*. Como escreveu o historiador americano Thomas A. Bailey (1902-1983): *"O vitorioso pode ter a vingança, ou pode ter a paz, mas não pode ter ambos"*[135].

---

133. Províncias da Tchecoslováquia, onde se falava alemão, região montanhosa entre a Alemanha, Polônia e República Tcheca.
134. CHURCHILL. *Jamais Ceder! Op. cit.*, p. 150.
135. BUCHANAN, Patrick J. *Churchill, Hitler e "A guerra desnecessária"*. Trad. Vania Cury. Rio de Janeiro: Nova Fronteira 2009, p. 95.

O Tratado de Versalhes enunciava 24 pontos que, entre outros, devolviam parte do Tirol austríaco à Itália e criava um estado polonês, absorvendo grandes extensões de terra da Alemanha Oriental. Na África e no Pacífico, as colônias alemãs foram distribuídas entre os aliados. A Alsácia e a Lorena[136] foram incorporadas pela França; a Renânia foi desmilitarizada e à Alemanha foi imposta uma severa conta a pagar aos aliados, a título de reparações de guerra[137].

O ressentimento alemão constituía o instrumento que Hitler, vindo da obscuridade, utilizou para edificar um movimento de massa, valendo-se de um país desmoralizado. Hitler inicialmente despertou a atenção do público, depois atraiu multidões com um discurso constante e repetitivo sobre o Tratado de Versalhes. Os homens que redigiram os termos do tratado levaram para casa uma paz com vingança, a estrutura que os povos dos países vencedores queriam. A Segunda Grande Guerra nascia ali, na Galeria dos Espelhos do Palácio de Versalhes[138], o cenário da Segunda Guerra estava se erigindo sobre a amarga vitória de 1918.

*"Churchill foi o homem indispensável que salvou a civilização ocidental. Sem Churchill, teria sido possível um acordo de paz entre a Inglaterra e a Alemanha, em 1940"*[139]. Hitler poderia ter atacado a Rússia e vencido a guerra. Sem a recusa heroica e obstinada de Churchill em aceitar a paz ou algum tipo de armistício, Hitler teria vencido e o mundo ocidental teria desaparecido. *"Churchill foi o homem do destino, que inspirou a Inglaterra a lutar até que o Novo Mundo viesse em socorro ao Velho"*[140].

Em *Memórias da Segunda Guerra Mundial*, Churchill descreve a moral de sua obra em quatro linhas:

---

136. Alsácia e Lorena estão localizadas no sul da Alemanha e ao norte da Suíça. Suas cidades mais importantes são Strasbourg, Metz, Mulhouse e Nancy.
137. BUCHANAN. *Churchill, Hitler e "A guerra desnecessária"*. Op. cit., p. 95.
138. Idem. *Ibidem*, p. 96.
139. Idem. *Ibidem*, p. 305.
140. Idem. *Ibidem*, p. 305.

Na Guerra: Determinação
Na Derrota: Insurgência
Na Vitória: Magnanimidade
Na Paz: Boa Vontade

Trata-se de uma síntese poderosa de sua personalidade e caráter. Um resumo de sua forma de pensar e de agir. Churchill tinha a noção perfeita de que a paz com a Alemanha nazista seria abdicar da própria honra e de seu país, como expressou em certa ocasião:

> Que valor tem tudo isso [o esforço e a determinação pela guerra]? O único guia de um homem é sua consciência, o único escudo de sua lembrança é a retidão e a sinceridade de suas ações. É muito imprudente caminhar pela vida sem esse escudo, porque somos a todo instante desiludidos pelo fracasso de nossas esperanças e os obstáculos às nossas previsões; com esse escudo, porém, o que quer que as fadas tramem, marchamos sempre nas fileiras da honra[141].

Sua determinação na luta em defesa do modo de vida ocidental, pela liberdade e pela democracia, pode ser entendida nesta sentença, enunciada em 25 de junho de 1941, na Câmara dos Comuns: "*Se ganharmos, ninguém se importará. Se perdermos, não haverá ninguém para se importar*"[142].

## III.2 - Uma cronologia

A biografia de Churchill, escrita por Stuart Ball, para *The British Library* apresenta a cronologia que segue abaixo. Sua vida foi longa e produtiva. Ao longo de 91 anos, garantiu a sobrevivência do Ocidente e desenhou o século XX.

---

141. ROBERTS. *Hitler & Churchill. Op. cit.*, p. 185.
142. Idem. *Ibidem*, p. 162.

1874 - 30 de novembro: nasce no Palácio Blenheim, Oxfordshire.

1888 - Começa a frequentar a Harrow School, em abril.

1893 - Em setembro, ingressa no Royal Military College em Sandhurst.

1895 - Em 24 de janeiro morre seu pai, Lord Randolph Churchill e em fevereiro torna-se 2º tenente no 4º Regimento dos Hussardos, unidade de cavalaria.

1898 - Em março, publica seu primeiro livro, *The Story of the Malakand Field Force* e em 2 de setembro toma parte na batalha de Omburdam, próximo a Khartoum, no Sudão.

1899 - Em julho, é derrotado na eleição suplementar por Oldham, por pequena margem. Em novembro publica *The River War*, sobre a reconquista do Sudão e no mesmo mês, no dia 15, é aprisionado pelos Boers na guerra da África do Sul.

1900 - Em 1º de outubro é eleito deputado pelo Partido Conservador, os *tories*, na eleição geral.

1904 - Em 31 de maio deixa o Partido Conservador pelo Partido Liberal, por conta da discussão da reforma tarifária.

1905 - Em 10 de dezembro assume seu primeiro cargo no governo, como vice-ministro para as colônias no governo liberal de Sir Henry Campbell-Bannerman.

1906 - Em janeiro, é eleito deputado pelo Partido Liberal por Manchester North-West e publica uma aclamada biografia de seu pai, *Lord Randolph Churchill*.

1907 - Participa, a partir de 1º de maio, do Conselho Privado, agora como *Right Honourable* Winston Churchill.

1908 - Em 12 de abril integra o gabinete como ministro do Comércio, mas perde a eleição complementar em Manchester North--West. Em 9 de maio retoma sua cadeira no Parlamento pelo

Partido Liberal, na eleição suplementar em Dundee. Em 12 de setembro casa-se com Clementine Hozier.

**1909** – Em julho, nasce sua primeia filha, Diana. Suas outras filhas são Sarah (1914) e Mary (1922).

**1910** – Em 14 de janeiro é nomeado ministro do Interior.

**1911** – Nasce em maio seu único filho homem, Randolph. Em 24 de outubro é nomeado Primeiro Lorde do Almirantado, ou ministro da Marinha.

**1914** – Em 26 de julho ordena que a esquadra de guerra rume para suas bases de combate e em 3 de agosto é declarada a Primeira Guerra Mundial, inicialmente contra a Alemanha. Em outubro realiza uma tentativa de organizar a defesa da Antuérpia, na Bélgica.

**1915** – Em abril, as tropas inglesas desembarcam na península de Galípoli, na Turquia. Em 25 de maio, Churchill é rebaixado para Chanceler do Ducado de Lancaster, durante o governo de coaliazão de Asquith, e em 11 de novembro, renuncia ao gabinete.

**1916** – Durante os meses de janeiro a maio parte para a guerra como comandante de um batalhão na frente ocidental.

**1917** – Em 17 de julho é nomeado ministro de Material Bélico no governo de coalizão de Lloyd George.

**1919** – Volta ao gabinete, em 10 de janeiro, como ministro da Guerra e do Ar.

**1921** – É nomeado ministro para as colônias, em 15 de fevereiro.

**1922** – Em setembro, compra a propriedade de Chartwell em Westerham, Kent, sua residência até a morte. Em 19 de outubro fica fora do governo em função da queda da coalizão de Lloyd

George. Em 15 de novembro perde sua cadeira no Parlamento por Dundee, nas eleições gerais.

1923 – No mês de abril publica o primeiro volume de sua história da Primeira Guerra Mundial, *The World Crisis*. Em dezembro é derrotado na eleição geral como candidato liberal pelo distrito de Leicester West.

1924 – Em março, como candidato "constitucionalista", perde a eleição suplementar em Westminster Abbey por uma margem de 43 votos. Em outubro retorna ao Parlamento por Epping, já pelo Partido Conservador. Em 6 de novembro é nomeado ministro das Finanças por Baldwin.

1925 – Em abril, ao apresentar seu primeiro orçamento, anuncia o retorno da libra ao padrão-ouro.

1926 – Durante a greve geral de maio, dirige o jornal oficial, o *British Gazette*.

1929 – O Partido Conservador perde as eleições em maio, e Churchill deixa o governo.

1930 – Em outubro, publica o livro de memórias *Minha Mocidade*.

1931 – Em 27 de janeiro renuncia ao "gabinete-sombra" conservador por discordar da política de Baldwin para a Índia. Em agosto fica fora do governo, quando se forma a nova coalizão do Governo Nacional e em 31 de dezembro quase morre em um acidente de carro em Nova York.

1933 – Em março, pede mais verbas para a defesa aérea e em outubro publica o primeiro volume de *Marlborough*, biografia de seu famoso ancestral.

1934 – Em junho, a comissão parlamentar de isenções rejeita sua acusação de interferência do governo com relação a decisões referentes à Índia.

**1936** – Em 7 de dezembro é calado a gritos por seus colegas no Parlamento, quando se posicionava sobre a abdicação do rei Edward VIII.

**1939** – Declarada a guerra à Alemanha em 3 de dezembro, Churchill retorna ao governo como Primeiro Lorde do Almirantado.

**1940** – Em 10 de maio, é escolhido primeiro-ministro em nova coalizão com o Partido Trabalhista. Em junho, fala pela rádio e seus discursos elevam o moral abalado pela queda da França e retirada de Dunquerque. Em agosto, começa a batalha da Inglaterra e faz seu discurso sobre a dívida de tantos para "tão poucos".

**1941** – Em junho, declara apoio à Rússia após a invasão nazista. Entre 9 e 10 de agosto tem seu primeiro encontro com o presidente americano Franklin Delano Roosevelt, na baía de Placentia, Terra Nova (Canadá), e firmam a "Carta do Atlântico".

**1942** – Em fevereiro, Churchil recebe a notícia da queda de Singapura e reorganiza seu governo. Em 2 de julho vence uma moção de censura na Câmara dos Comuns por 475 votos a 25. Em novembro, comemora a vitória de El Alamein no Egito.

**1942** – Em janeiro, Churchill e Roosevelt encontram-se na Conferência de Casablanca. Em novembro, em Teerã, no Irã, a primeira reunião dos "três grandes": Churchill, Roosevelt e Stalin.

**1944** – Em 6 de junho, o Dia D, os aliados desembarcam na Normandia e iniciam a ofensiva da frente ocidental. Entre 9 e 10 de outubro encontra-se com Stalin em Moscou e fazem um acordo sobre os Balcãs.

**1945** – Entre 4 e 11 de fevereiro, os "três grandes" reúnem-se na Conferência de Yalta. Em 8 de maio a guerra termina na Europa com a rendição incondicional da Alemanha. Em 26 de julho, Churchill renuncia ao cargo de primeiro-ministro, depois da vitória trabalhista na eleição geral.

**1946** - Em 5 de março discursa no Westminster College, em Fulton, Missouri e imprime o conceito da "cortina de ferro".

**1948** - Em junho, publica o primeiro volume de *A Segunda Guerra Mundial*, intitulado *The Gathering Storm* [*Forma-se a Tormenta*].

**1951** - Em 26 de outubro torna-se primeiro-ministro pela segunda vez.

**1953** - Em maio, propõe uma reunião de cúpula de três potências, depois da morte de Stalin em março. Em 23 de junho sofre um derrame que é mantido em segredo para a imprensa. Em outubro, é agraciado com o Prêmio Nobel de Literatura, pelo conjunto de sua obra.

**1954** - É feito, em 14 de junho, Cavaleiro da Ordem da Jarreteira pela Rainha Elizabeth II e se torna Sir Winston Churchill. Rejeita o título de Lorde para poder manter seu sobrenome. Em junho, é recebido na Casa Branca, em Washington, pelo presidente Eisenhower.

**1955** - Em 5 de abril renuncia ao cargo de primeiro-ministro.

**1956** - Em abril, publica o primeiro volume de *Uma História dos Povos de Língua Inglesa*.

**1964** - Em outubro, deixa sua cadeira na Câmara dos Comuns.

**1965** - Em 24 de janeiro morre em sua casa, em Londres.

# CAPÍTULO IV
## Guerra

Ainda como membro do Parlamento, Winston Churchill professa sua convicção em lutar, constantemente, contra o nazismo, sustentando a tese de que a derrota de Adolf Hitler deveria ser incondicional. O primeiro-ministro, Neville Chamberlain, convida-o para ocupar o cargo de Primeiro Lorde do Almirantado – o equivalente, no Brasil, a ministro da Marinha. Após quase dez anos de ostracismo, Churchill volta à cena e à linha de frente. A mensagem enviada às tropas é: *"He is back"* [Ele está de volta][143].

Com quase sessenta e cinco anos, Churchill já experimentava o seu ocaso. Vivia a queda do briguento e, por vezes arrogante, irrequieto e errático velho. Ele sempre tinha uma briga para comprar e, segundo vários que o conheceram, era apenas uma forma de manter-se vivo e ativo. No entanto, Hitler vem, passo a passo, confirmando os temores de Churchill. Cada vez mais, seus comentários se tornavam verdades inconvenientes.

Chamberlain sabia que quase nada mudaria o curso da história. Provavelmente, ele já pressentia ou sofria o impacto do câncer que o levaria à morte, em 9 de novembro de 1940. A estratégia de apaziguamento[144] falhara, e Hitler avançava em suas conquistas, voraz e continuamente. As regiões desmilitarizadas da Alsácia e Lorena, o *Anschluss* (anexação) da Áustria, a tomada dos Sudetos da Boêmia

---

143. CHURCHILL. *Jamais Ceder! Op. cit.*, p. 163.
144. Idem. *Ibidem*, p. 143.

e, depois, de toda a Tchecoslováquia e Polônia, em 1º de setembro de 1939, significou que todas estas regiões foram encobertas pelo manto nazista, sem que nada fosse feito para evitar a derrocada. Churchill vinha alertando para as reais intenções nazistas desde a ascensão de Hitler ao poder, em 30 de janeiro de 1933.

A viagem de Chamberlain a Munique é um momento muito especial em minha vida. Meu avô, Sigfried Sondermann (1882-1949), que nunca conheci, decidiu, por conta deste evento, que era hora de sair da Alemanha e migrar. Meu tio, Kurt Sondermann (1913-2005) já havia migrado para o Brasil em 1936, fugindo de Ravensburg, a cidade de moradia dos Sondermann, por conta de uma querela na sua escola, quando se desentendeu e brigou com um colega cuja família era ligada aos nazistas. Sigfried, minha avó Hilda Sondermann (1889-1977), meu tio Rolf Sondermann (1919-2003) e meu pai Hans "João" Sondermann (1913-1976), fecharam a casa e migraram com seus pertences para iniciar uma vida nova em Montevidéu, no Uruguai. Não conseguiram se juntar a Kurt em Recife, uma vez que o Estado Novo, liderado pelo ditador Getúlio Vargas (1882-1954), já havia se alinhado, ao menos espiritualmente, ao fascismo italiano e ao nazismo alemão. As portas do Brasil já haviam se fechado. O aprofundamento da política do apaziguamento e a visão do *Opa* Sigfried, em última análise, são os fatores que me permitiram estar aqui, hoje escrevendo este livro.

O momento da profecia se aproximara e se concretizava. A guerra, mais uma vez, sangrava o solo europeu. A *"guerra desnecessária"*[145] prosseguia. Todas as tentativas anteriores de fazer com que não houvesse mais conflitos na Europa falharam, e mais uma vez uma lição não aprendida estava por começar. Em seu livro *O Destino de Uma Nação*, recentemente publicado, Anthony McCarten

---

145. Patrick J. Buchanan, em *Churchill, Hitler e a Guerra Desnecessária* cita uma frase de Churchill em suas *Memórias da Segunda Guerra Mundial*: *"Certo dia, o presidente Roosevelt perguntou-me como deveria chamar esta guerra. Retruquei: a guerra desnecessária"* (2009, p. XVII).

relata uma fala do líder trabalhista Clement Attlee criticando o governo quando diz que:

> O povo descobriu que esses homens, que erraram consistentemente em seu juízo sobre os acontecimentos, os mesmos que pensaram que Hitler não ia atacar a Tchecoslováquia, que acreditavam que Hitler podia ser apaziguado, parecem não ter percebido de que Hitler atacaria a Noruega[146].

O decorrer dos eventos produz uma corrente crescente de agressões e desenvolvimentos militares até 1º de setembro de 1939[147]. Em 10 de agosto, Herr Albert Foerster (1902-1952) – depois Governador de Danzig e da Prússia do Oeste – discursa para manifestantes antipoloneses, ameaçando que a Polônia pretendia anexar toda a Prússia Oriental e *"esmagar a Alemanha, numa guerra sangrenta"*. Em 13 de agosto, o sr. Carl Jacob Burckhardt (1891-1974), comissário de Danzig (hoje Gdansk) junto à Liga das Nações, é convidado por Adolf Hitler para uma conferência em Berchtesgarden. Neste mesmo dia, Winston Churchill está visitando a Linha Maginot, a convite do Estado Maior francês[148].

Em 22 de agosto, o ministro das Relações Exteriores da Alemanha, Joachim von Ribbentrop (1893-1946) prepara, em Moscou, um pacto de não agressão, com Viatcheslav Molotov (1890-1986), entre a Alemanha e a Rússia Soviética, conhecido como o Pacto Ribbentrop-Molotov, assinado em 24 de agosto. No dia 23, o rei Leopoldo III (1901-1983) da Bélgica veicula pelo rádio um apelo de paz. Em 24 de agosto, o Parlamento inglês aprova a Lei dos Poderes de Emergência. O Papa Pio XII (1876-1958) transmite uma *mensagem paternal de paz* e o presidente Franklin Delano Roosevelt (1882-1945)

---

146. McCARTEN. *O Destino de Uma Nação. Op. cit.*, p. 18.
147. CHURCHILL, Randolph. *Sangue, Suor e Lágrimas*. Trad. R. Magalhães Júnior e Lya Cavalcanti. Rio de Janeiro: José Olympio, 1941, p. 146.
148. Idem. *Ibidem*, p. 146.

apela ao rei Victor Emmanuel III (1900-1946) da Itália, para que ele ajude a manter a paz.

No dia 25 de agosto é assinado, em Londres, o Tratado de Assistência Mútua Anglo-Polonês. Roosevelt envia a Hitler dois apelos pela paz. Dois dias depois, Hitler recusa o pedido do primeiro-ministro francês, Edouard Deladier (1884-1970), para que se faça mais uma tentativa de negociação entra a Alemanha e a Polônia, e afirma que Danzig e o corredor polonês devem voltar ao Reich. Em 28 de agosto, Sir Neville Henderson (1882-1942) retorna a Berlim com a resposta britânica a um possível ataque à Polônia. A França fecha a fronteira com a Alemanha.

No dia seguinte, a rainha Guilhermina (1880-1948) da Holanda e o rei Leopoldo III da Bélgica se oferecem como mediadores. A Alemanha ocupa a Eslováquia. No dia 30, o governo britânico responde em termos duros à nova rota de Hitler. No dia 31, a Alemanha propõe um plano de dezesseis cláusulas para resolver as questões com a Polônia. O Papa Pio XII apela por uma trégua.

O dia 1º de setembro marca o início da guerra, quando a Alemanha invade a Polônia, sem uma declaração formal de guerra. Foerster declara o retorno de Danzig à Alemanha. Os embaixadores da França e da Inglaterra, em Berlim, recebem instruções para notificar o governo alemão de que, se as tropas não se retirassem imediatamente da Polônia, ambos cumpririam as obrigações de seu tratado. No mesmo dia, o Parlamento inglês aprova um crédito de emergência de 500 milhões de libras.

Dois dias depois, a Inglaterra apresenta um ultimato de duas horas à Alemanha, o qual expira às 11 horas da manhã. Às 11h15, a Grã-Bretanha declara guerra à Alemanha – e a França faz o mesmo às 17h. É nomeado o Gabinete de Guerra, com Winston Churchill como Primeiro Lorde do Almirantado.

Convidado para fazer parte do governo Chamberlain, Churchill anos depois escreve, em suas memórias:

Assim foi que voltei à sala que deixara com dor e tristeza há quase um quarto de século [...]. Mais uma vez, deveremos lutar pela vida e pela honra contra todo o poderio e fúria da valente, disciplinada e cruel raça germânica. Mais uma vez! Que seja assim![149].

A guerra eclodiu, como anteviu Churchill. Durante os anos que se passaram, entre o surgimento de Hitler, sua eleição como chanceler e a implementação das leis arianas, o desenho do conflito foi sendo traçado. Quando Hitler reiterada e continuamente ignorou e descumpriu as cláusulas do Tratado de Versalhes, com a ocupação da Renânia, a anexação da Áustria e da Boêmia, além do acordo da Tchecoslováquia em Munique, entre outras agressões, pavimentou a estrada para a invasão da Polônia e o início da guerra.

Como seguiu sendo a voz dissonante na Câmara dos Comuns, alertando sobre o avanço de Hitler, não restava a Chamberlain muita escolha a não ser convidar Churchill a fazer parte do governo.

## IV.1 - Discurso de 3 de setembro de 1939

"Nesta hora solene, é um consolo lembrar e pensar sobre nossos repetidos esforços pela paz. Todos foram mal-afortunados, mas foram também sinceros e dedicados. Isso é de grande valor moral no momento; e não só valor moral como valor prático, porque a sincera cooperação de milhões de homens e mulheres — cuja camaradagem e irmandade são indispensáveis — é o único alicerce sobre o qual as experiências e atribulações da guerra moderna podem ser enfrentadas e superadas.

Apenas esta convicção moral permite o ânimo sempre novo que reestabelece a força e a energia do povo em dias

---

149. CHURCHILL. *Jamais Ceder! Op. cit.*, p. 163.

sombrios, longos e difíceis. Lá fora, as tempestades de guerra podem soprar e as terras podem ser fustigadas com a fúria das ventanias, mas há paz em nossos corações nesta manhã de domingo. Nossas mãos podem estar em ação, mas a nossa consciência está em paz.

Não devemos subestimar a gravidade da tarefa ou a temeridade da experiência que temos pela frente, para a qual não devemos nos ver em desvantagem. Devemos, sim, esperar desapontamentos e muitas surpresas desagradáveis, mas podemos estar certos que a tarefa que aceitamos livremente não está acima do compasso e da força do Império Britânico e da República Francesa. O primeiro-ministro disse que era um dia triste — e isso certamente é verdade —, mas no momento há outra observação a ser feita, a que há um sentimento de gratidão de que, se estas dificuldades tamanhas estiverem para ser enfrentadas por nossa ilha, há aqui uma geração de bretões pronta para se mostrar digna dos dias de outrora e digna daqueles grandes homens, pais de nossa terra, que prepararam os fundamentos de nossas leis e moldaram a grandeza de nosso país.

Não é uma questão de lutar por Danzig ou lutar pela Polônia. Estamos lutando para salvar o mundo da epidemia da tirania nazista e em defesa de tudo aquilo que é mais sagrado para o homem. Esta não é nenhuma guerra de dominação, engrandecimento imperial ou ganho material. Não é uma guerra para tirar de qualquer país a luz do Sol ou os seus meios de progresso. É uma guerra, percebida em suas características, com o objetivo de estabelecer em rochas inexpugnáveis os direitos do indivíduo — é uma guerra para consolidar e reviver a grandeza do homem.

Talvez, possa parecer um paradoxo que uma guerra, conduzida em nome da liberdade e do direito, tenha de exigir, como parte necessária do processo, a desistência por algum tempo de muitos de nossos direitos e liberdades de tanto valor. Nestes últimos dias, a Câmara dos Comuns votou dezenas de leis que passam para o Executivo o poder sobre as mais valiosas liberdades tradicionais. Estamos seguros que estas liberdades estarão em mãos que não irão delas abusar, que não irão usá-las para interesses de classe ou partido, que irão cultivá-las e protegê-las e esperamos o dia, aguardando seguros e confiantes, em que as liberdades e os direitos nos serão restaurados e o dia em que seremos capazes de partilhá-los com os povos para os quais estas bênçãos são desconhecidas".

## IV.2 – Análise do discurso de 3 de setembro de 1939

Aqui proponho o desmembramento do discurso, que nesta fase, bem como nos discursos subsequentes, faz com que parágrafos, frases e sentenças sejam pinçados e comentados, assim como palavras e declarações consideradas importantes sejam grifadas. O propósito é dar entendimento para a força das ideias por intermédio das palavras e utilizar um enquadramento esquemático, propondo considerações específicas, na busca de causas e efeitos de sentido.

Nesta hora solene, *é um consolo lembrar e pensar sobre nossos repetidos esforços pela paz.* Todos foram mal-afortunados, mas foram também sinceros e dedicados. *Isso é de grande valor moral no momento*;

Há uma busca por salientar um momento diferenciado, a necessidade da formação de um novo contrato entre governo, políticos e nação, dado o senso de urgência da guerra recém-declarada. Um momento grave que vai exigir o resgate da dignidade, da estatura moral, dos valores individuais, da nobreza das atitudes e de novos compromissos. A Inglaterra está em guerra contra um inimigo que, apesar dos esforços prévios de apaziguamento, rompeu com todos os acordos.

[...] *esta convicção moral permite o ânimo* sempre novo que restabelece a força e a energia do povo *em dias negros, longos e difíceis*. Lá fora, as *tempestades de guerra* podem soprar e as terras podem ser fustigadas com a fúria das ventanias, *mas há paz em nossos corações* nesta manhã de domingo. *Nossas mãos podem estar em ação, mas a nossa consciência está em paz.*

Churchill prepara a audiência para a realidade da guerra, que vai exigir fortaleza moral. Será necessário fazer com que as pessoas compreendam o que está em jogo. O contraste entre a guerra e a paz está sendo definido: a guerra é contra um inimigo que se revela terrível e vingativo e a paz, inicialmente, é um estado de espírito individual e, numa instância maior, um universo de tolerância e compreensão entre os povos. O contraste entre paz e guerra corresponde à oposição dentro e fora.

*Não devemos subestimar a gravidade* [...]. *Devemos, sim, esperar desapontamentos* e muitas *surpresas desagradáveis.*

Novamente estão sendo preparados os espíritos para as dificuldades da guerra e a carga emocional de sofrimento que está por vir: morte, destruição e solidão.

[...] há aqui uma geração de bretões pronta para *se mostrar digna dos dias de outrora e digna daqueles grandes homens,* pais de nossa terra, que prepararam os fundamentos de nossas leis e moldaram a grandeza de nosso país [...]. *Estamos lutando para salvar o mundo* da epidemia da tirania nazista e em defesa de tudo aquilo que é mais sagrado para o homem. *Esta não é nenhuma guerra de dominação, engrandecimento imperial ou ganho material.* Não é uma guerra para tirar de qualquer país a luz do sol ou os seus meios de progresso. *É uma guerra, percebida em suas características, com o objetivo de estabelecer em rochas inexpugnáveis os direitos do indivíduo – é uma guerra para consolidar e reviver a grandeza do homem.*

Um discurso pode sofrer um enquadramento esquemático e de acordo com o Quadro 1, demonstra-se, aqui, a construção esquemática do discurso, pelo sentido das frases selecionadas para a construção de uma mensagem. Aqui enquadro frases indicando para qual público foi dirigido e se a colocação é positiva ou negativa, ou seja, se procura levantar o astral, alertar para perigos, informar vitórias ou derrotas, enfim, qual seria a intenção de Churchill e para quem se voltava. Obviamente isto é fruto de minha interpretação pessoal e subjetiva, mas afinal, é disso que estamos falando, dos *gaps* de percepção observados.

## QUADRO 1 - "GUERRA"

| | POSITIVO | NEGATIVO |
|---|---|---|
| **POLÍTICOS** | - Nesta hora solene, é um consolo lembrar e pensar sobre nossos repetidos esforços pela paz | Todos foram mal-afortunados, mas foram também sinceros e dedicados |
| **POVO** | - Isso é de grande valor moral no momento<br>- [...] a sincera cooperação de milhões de homens e mulheres – cuja camaradagem e irmandade são indispensáveis<br>- [...] convicção moral permite o ânimo sempre novo que restabelece a força e a energia do povo | - Não devemos subestimar a gravidade da tarefa<br>- [...] em dias negros, longos e difíceis |
| **TODOS** | - [...] há paz em nossos corações nesta manhã de domingo<br>- estamos lutando para salvar o mundo [...] e em defesa de tudo aquilo que é mais sagrado para o homem<br>- Esta não é nenhuma guerra de dominação, engrandecimento imperial ou ganho material<br>- É uma guerra, [...], com o objetivo de estabelecer em rochas inexpugnáveis os direitos do indivíduo – é uma guerra para consolidar e reviver a grandeza do homem | - Devemos sim esperar desapontamentos e muitas surpresas desagradáveis |

Churchill ainda não faz parte do governo e sua fala pretende despertar a nação, por meio do Parlamento. Apesar de ter sido um crítico da política de apaziguamento, ele entende a gravidade do momento e a força do inimigo. Percebe que a vitória só poderá resultar da união de todas as forças políticas inglesas. Esse senso de união para as grandes causas é um dos pontos da construção do império britânico. Uma frase de Churchill resume bem isso, proferida em 1947, quando não era mais primeiro-ministro. Ele diz: *"Quando estou no estrangeiro, tenho como regra jamais criticar ou atacar o governo de meu próprio País. Quando volto, tento recuperar o tempo perdido"*[150].

Ao dirigir palavras ao povo, chama a atenção para os ideais que fizeram da Grã-Bretanha um grande império – coragem, união, dignidade e liberdade. Fala da convicção moral como arma de luta e lembra o papel que terão de desempenhar – a luta para *salvar o mundo* [...] *"em defesa de tudo aquilo que é mais sagrado para o homem"*. É um discurso conciliatório no que toca ao panorama interno, que propõe estabelecer uma base comum para que a Inglaterra tenha chance concreta de vencer a guerra lá fora.

Existe a necessidade de evidenciar a diferença desta guerra com relação às anteriores. A Inglaterra formou seu império em lutas coloniais, agregando territórios e defendendo-os de outras nações ou em movimentos internos de independência. O que ocorre, neste momento, é a luta pela defesa da liberdade no mundo ocidental, a defesa do modo de vida no qual foi construída a sociedade judaico-cristã. A luta é pela defesa da humanidade contra uma força opressora, uma ditadura racial que, para Churchill, desde o princípio e de forma clara, demonstrou intenções destruidoras. O que está em jogo são as formas de governo e todas as nações europeias modernas.

Podemos, à luz dos dias de hoje, perguntar-nos: mas afinal, quando a Grã-Bretanha invadia territórios e conquistava suas colônias, não estava agindo de modo semelhante a Hitler? A resposta é simples e é *não*. As guerras coloniais buscavam mercados, fornecimento de

---

150. ENRIGHT. *A Verve e o Veneno de Winston Churchill*. Op. cit., p. 29.

matérias-primas e ampliação do poderio econômico. Não se trata de justificar as guerras coloniais nem defender a posição dos colonizadores, apenas traçar uma relação comparativa sem juízo de valor algum. A invasão nazista procurava realizar uma limpeza étnica por meio do extermínio completo de povos, raças ou religiões.

O discurso "Guerra" procura diferenciar o momento presente do passado, estabelecendo um novo contrato de comunicação e um senso de urgência, lembrando a grandeza e a altivez moral, presentes no modo de ser inglês. Os valores de nobreza individual e coletiva são recordados, e a fala pretende preparar todos para os momentos de dificuldades ainda desconhecidos e mais sombrios.

As razões da luta são demonstradas de forma objetiva e um cenário realista é apresentado. Há também uma explicação para a perda de certas liberdades constitucionais e a esperança da recuperação e ampliação destas, no futuro. De certa forma, observamos a mesma atitude quando o presidente George W. Bush toma medidas que restringem liberdades após o 11 de setembro de 2001 e nas operações de invasões digitais autorizadas pelo governo de Barack Obama, nos Estados Unidos, ou nas leis antiterror aprovadas pelo governo de Emmanuel Macron, na França.

Tomando-se por base a figura 5 (Grade de análise de discursos), pode-se estabelecer a situação retórica do discurso por meio das premissas da argumentação. Aqui, Churchill procura, a todo o momento, confortar a audiência, apelando para a opulência histórica do Império Britânico – o gênero persuasivo é deliberativo. Agora, a Inglaterra retoma a liderança, não para dominar, mas para sustentar ou manter o mundo livre.

Sua argumentação alterna o apelo à emoção e à lógica. O discurso é organizado de forma a criar uma atmosfera de motivação crescente, por intermédio de frases de efeito. O estilo é formal, porém não rebuscado ou repleto de adornos, que o tornaria artificial. Churchill expressa, por meio das palavras *"dignidade, honra, grandeza* e *convicção moral"*, a motivação para a união. Ao mencionar a *"salvação do que é mais sagrado"*, define o objetivo do discurso.

A construção de sua credibilidade é dividida na seriedade, virtude e competência da narração. Por intermédio da seleção de palavras e de uma locução austera, determina a seriedade do assunto. A virtude do orador transparece na forma sincera com que aborda os temas da guerra, na honestidade sobre as dificuldades e na clareza sobre os objetivos do discurso. A credibilidade ainda é alcançada pelo profundo conhecimento que Churchill tem da história inglesa e da experiência sobre os momentos das guerras.

Identifica-se o narrador, por meio de seu caráter, por sua força de espírito. Destaca-se, ainda, sua inteligência na admiração que pode gerar, na humanidade, por intermédio das emoções e nos sentimentos de intimidade que apresenta. Churchill mostra, mesmo não sendo ainda membro do governo, sua aptidão para a liderança como um guia profeta que, lembrando o passado, projeta o futuro, num duplo movimento de evocação e diferenciação.

Pode-se analisar os procedimentos expressivos e enunciativos da narração. Embora não haja, muitas vezes, o registro de áudio de todos os discursos, e nem eles estejam anexados a este livro, ainda assim, pode-se simular a expressão de Churchill com o *falar tranquilo*, em que expõe seu caráter, inteligência e espírito de liderança, promovendo um novo compromisso, com convicção, chamando para a ação.

# CAPÍTULO V
## Sangue, trabalho, lágrimas e suor

Em 10 de maio, Winston Churchill é convidado pelo rei George VI para compor um novo governo, em substituição a Neville Chamberlain, que havia renunciado, com base em sua débil liderança na condução da guerra. Churchill, então com sessenta e cinco anos, aceita o convite. Naquele mesmo dia, Adolf Hitler inicia sua *blitzkrieg* contra a Bélgica, a Holanda e a França, atacando esta última por trás de suas linhas de defesa – a fortificada linha Maginot. A Alemanha invade a Holanda e a Bélgica, fazendo com que o Exército Britânico atenda ao apelo do Rei Leopoldo III e encaminhe tropas para o norte da Bélgica. Três dias depois, a Família Real da Holanda chega a Londres.

Este discurso eletriza a nação. Sua mensagem não foi outra, senão: *"A Grã-Bretanha lutará até a morte!"*. Seu autor é aplaudido de pé[151]. John Lukacs, em um pequeno e importante livro, destaca esse discurso como *"um súbito golpe de luz sob – sob não, além do timbre sonoro da retórica de Churchill. Ele ilumina algo"*[152]. Sob a bravura de Churchill, estava seu entendimento de uma tragédia iminente, ainda inimaginável para a maioria: era tarde, provavelmente tarde demais, pois Hitler estava vencendo, quase vencendo a guerra.

Maio de 1940 evoca lembranças sombrias. As notícias eram assustadoras. A situação na Europa se deteriorava rapidamente, e Hitler

---
151. CHURCHILL. *Jamais Ceder! Op. cit.*, p. 167.
152. LUKACS. *Churchill e o Discurso que Mudou a História. Op. cit.*, p. 9.

impusera um novo tipo de guerra, rápida e arrasadora, atacando cidades e populações civis de forma deliberada. A *blitzkrieg* utilizava como estratégia o ataque indiscriminado às populações civis, não poupando ninguém. Essa guerra de terror mudava a arquitetura das batalhas e, como não havia previsão para isso, fez com que as nações fossem caindo, uma a uma, rapidamente. Porém, Churchill tornara-se primeiro-ministro e os ingleses estavam inspirados por sua determinação.

Hitler acreditava que o povo alemão tinha, agora, uma qualidade que superava de longe os seus inimigos. Era uma qualidade mental, não material, de natureza espiritual, não biológica. Resultava da aceitação do nacional-socialismo. Seus soldados eram melhores, não por terem sido bem treinados, mas por sua determinação, coragem e espírito superior. Robert Boothby (1900-1986)[153] relata que os nazistas *"representavam a incrível concepção de um movimento – jovem, viril, dinâmico e violento – que avançava irresistivelmente para derrubar um mundo velho e decadente"*.

A política do apaziguamento, anterior a setembro de 1939, falhara. Chamberlain era um bom homem, sentiam os ingleses, mas não um líder de guerra; não tinha entusiasmo pela empreitada. Churchill, ao contrário, representava o guerreiro. No crescente e trágico desenrolar dos primeiros dias de maio, a situação se complicara. Hitler avançava sobre a Holanda, Luxemburgo e Bélgica. A França situava-se no final desta escalada.

Winston Churchill não concentrava as preferências para assumir o cargo, mas E. F. L. Wood (1881-1959), o Lorde Halifax, que tinha o apoio do Partido Conservador, percebeu que, como membro da Câmara dos Lordes, sua aceitação geraria enormes dificuldades práticas e constitucionais. Lorde Halifax considerava que, estando fora da Câmara dos Comuns, poderia ser responsabilizado por tudo, sem a contrapartida de ter poder suficiente para guiar o plenário, de cuja confiança dependeria a vida do governo[154].

---

153. Idem. *Ibidem*, p. 13.
154. CHURCHILL, Sir Winston Spencer. *Memórias de Segunda Guerra Mundial*. Trad.

Seguindo a tradição britânica, o rei chama o futuro primeiro-ministro e o incumbe do trabalho. George VI não se sentia confortável, pois gostava de Chamberlain e, mais ainda, de Halifax. Em seu diário o Rei escreve:

> Pensei quão rude e injustamente ele (Chamberlain) tinha sido tratado e que eu estava terrivelmente triste que toda essa controvérsia tivesse acontecido. Então tivemos uma conversa informal sobre seu sucessor. Naturalmente, sugeri Halifax, mas ele disse que H não estava entusiasmado, porque, estando entre os lordes, só poderia atuar como uma sombra ou fantasma na Câmara dos Comuns, onde o trabalho de verdade acontecia. Fiquei desapontado com seu comentário, por que achava que H era o homem óbvio e que sua condição de nobre poderia ficar em suspenso. Então eu soube que só havia uma pessoa que poderia nomear para formar um governo que tivesse a confiança do país, e essa pessoa era Winston. Pedi a opinião de Chamberlain e ele me disse que Winston era o homem a ser nomeado[155].

O monarca, ao receber Churchill, para facilitar as coisas, disse com certa dose de humor: *"Suponho que não saiba por que mandei chamá-lo"?* Churchill respondeu: *"Senhor, não tenho a menor ideia".* O rei então manifestou-se: *"Quero que forme um governo"*[156]. Esse jogo de palavras, rápido e de certa forma humorado, reflete o respeito de Churchill à instituição Real, mas ao mesmo tempo ele lembra ao rei de suas obrigações com a Magna Carta, o Parlamento e o povo, que ele jurou servir e defender. Nada mais britânico.

Em suas memórias, Churchill se lembra de suas reflexões ao deitar-se naquela noite: *"Senti como se estivesse caminhando com o destino, e que toda a minha vida passada não tinha sido senão uma preparação para esta hora e para esta experiência"*[157].

---

Vera Ribeiro. Rio de Janeiro: Nova Fronteira, 1995, p. 254.
155. McCARTEN. *O Destino de Uma Nação. Op. cit.*, p. 74-75.
156. LUKACS. *Churchill e o Discurso que Mudou a História. Op.cit.*, p. 25.
157. CHURCHILL. *Memórias de Segunda Guerra Mundial. Op. cit.*, p. 258.

Por todo o país, as pessoas se sentiam confusas e alarmadas. Mesmo dentro de seu Partido Conservador, Churchill era visto com antipatia e desconfiança. Neste discurso, ele pediu à Câmara dos Comuns apoio para confirmar a nova administração e a formação de um governo de coalizão.

Ao entrar na Câmara dos Comuns, Churchill foi recebido com aplausos breves e pouco efusivos. Momentos antes, Chamberlain havia sido ovacionado por pelo menos dois longos minutos. Winston usava paletó escuro, calças com listras escuras, uma corrente de ouro presa ao colete, gravata borboleta pontilhada e uma cartola preta – uma visão eduardiana, imponente e sólida. Ele precisava silenciar seus críticos e gerar o apoio de que precisava desesperadamente. Em suma, tinha que ser um belo discurso.

Foi um de seus mais breves discursos. Ao final, trabalhistas e liberais o aplaudiram. Churchill redigia seus próprios discursos e o interessante é que, no texto datilografado, ele colocara aspas em *"sangue, trabalho, lágrimas e suor"*[158].

Em sua recente obra *O Destino de Uma Nação*, Anthony McCarten destaca as origens de *sangue, trabalho, lágrimas e suor,* que podem ser observadas no *De divinatione II*, de Cícero (106-43 a.C.), e na *História de Roma*, de Tito Lívio (59 a.C.-17 AD), quando *sudor et sanguis* ("suor e sangue") são citados e utilizados com frequência. Mais tarde, em 1611, em um poema de John Donne (1572-1631), pode-se ler: *"Que é inútil borrifar ou aliviar com tuas lágrimas, ou suor, ou sangue"*. No poema "Ixion", de Robert Browning (1812-1889), de 1883, estão as palavras: *"Lágrimas, suor, sangue – cada espasmo, horrível antes, agora glorificado"*. Quase cinquenta anos mais tarde, o presidente americano Theodore Roosevelt (1858-1919), em 1897, dizia: *"Por causa do sangue, suor e lágrimas, da labuta e da aflição, por meio dos quais, nos dias que já se foram, nossos ancestrais alcançaram triunfos"*[159]. A ideia básica do pronunciamento

---

158. LUKACS. *Churchill e o Discurso que Mudou a História*. Op. cit., p. 42.
159. McCARTEN. *O Destino de Uma Nação*. Op. cit., p. 115.

era uma referência ao italiano Giuseppe Garibaldi (1807-1882), que em 30 de junho de 1849, dissera a um grupo de seguidores: *"Não ofereço remuneração, nem alojamento, nem provisões. Ofereço fome, sede, marchas forçadas, batalhas e morte"*[160].

Churchill utilizou todos os instrumentos à sua disposição, lições de gregos e romanos e, especialmente de Cícero quando em um discurso, primeiro se desperta a simpatia por seu país, por si mesmo e seus argumentos e depois fazendo um apelo emocional direto – um *epílogo*, com a intenção de emocionar os ouvintes[161].

Churchill quis incutir nas pessoas – no povo e no Parlamento – a noção de que à frente não vinha uma Boa Guerra, de triunfos próximos ou distantes, ou uma *"Guerra gloriosa"*, mas a perspectiva de sofrimentos e desastres iminentes: à frente encontravam-se não promessas, mas ameaças. Naquele dia particular, os alemães cruzaram o Rio Meusse, enquanto o 9º Exército francês era derrotado. Esse evento foi decisivo para a conquista da Europa Ocidental e da França, pela Alemanha.

O que importava, para Churchill, era sua visão sobre aquilo que a Grã-Bretanha e a civilização ocidental sofreriam no futuro próximo, envolvendo sua convicção profunda de que, se as democracias ocidentais desistissem de lutar, ou se buscassem algum tipo de acordo com Hitler, seria decretado o fim, não só de sua independência, mas da civilização ocidental como um todo, e de forma definitiva.

Diferentemente de Hitler que imprimia seus discursos na primeira pessoa, Churchill destacava *"nós devemos"*. Seu trabalho era elogiar um povo assustado, colocando-o em um papel central no grande drama mundial. Apelava à longa tradição do estoicismo britânico.

## V.1 - Discurso de 13 de maio de 1940

"Na noite da última sexta feira, recebi a delegação de Sua Majestade para formar um novo governo. Foram evidentes

---

160. LUKACS. *Churchill e o Discurso que Mudou a História. Op. cit.*, p. 43.
161. McCARTEN. *O Destino de Uma Nação. Op. cit.*, p. 10.

os desejos e a vontade do Parlamento e da nação para que isso fosse concebido na base mais ampla possível e que incluísse todos os partidos, tanto aqueles que apoiaram o último governo quanto os da oposição. Completei a parte mais importante desta tarefa. Um Gabinete de Guerra foi formado com cinco membros, representando, com os liberais da oposição, a unidade da nação. Os três líderes dos partidos concordaram em servir ou no Gabinete ou nos altos cargos do Executivo. Os três postos das Forças Armadas foram preenchidos.

Foi necessário que isso tudo fosse feito em um único dia, por conta da urgência extrema e do rigor dos acontecimentos. Um bom número de outras posições, posições-chave, foi preenchido ontem — e estou submetendo uma lista adicional à Sua Majestade, hoje à noite. Espero completar a indicação dos principais ministros durante o dia de amanhã. A indicação dos outros ministros normalmente leva um pouco mais de tempo, mas confio que, quando o Parlamento se reunir de novo, esta parte de minha tarefa estará completa — e o governo estará formado em todos os sentidos.

Considerei de interesse público que a Casa deveria ser convocada para se reunir hoje. O presidente do Parlamento concordou e tomou as providências necessárias, de acordo com os poderes conferidos por resolução da Casa. Ao fim dos procedimentos de hoje será proposta a suspensão dos trabalhos do Parlamento até terça-feira, dia 21 de maio, incluindo naturalmente a provisão para uma reunião mais cedo, se houver necessidade. O assunto a ser considerado na próxima semana será notificado aos membros na primeira oportunidade. Agora, solicito ao Parlamento, pela moção que está em meu nome, que confirme a sua aprovação às medidas que tomei e que declare sua confiança no novo governo.

Formar um governo desta escala e complexidade é em si mesmo uma tarefa séria, mas devemos lembrar que estamos no estágio preliminar de uma das mais duras batalhas da história, que estamos em ação em muitos outros pontos na Noruega e na Holanda, que devemos nos preparar no Mediterrâneo, que a batalha aérea é contínua e que muitas providências — tais como as que foram indicadas pelo meu honrado representante e amigo das fileiras de baixo — têm de ser tomadas aqui. Em meio a esta crise, espero ser perdoado se não me dirijo à Casa com detalhes do dia de hoje. Espero que qualquer um de meus amigos e colegas, ou antigos colegas, influenciados pela reestruturação política, levem em conta e desconsiderem qualquer falta de cerimônia que tenha sido necessária para agirmos. Eu diria à Casa, como disse àqueles que se juntaram a este governo: nada tenho a oferecer exceto sangue, trabalho, lágrimas e suor.

Temos diante de nós um desafio dos mais graves. Temos diante de nós muitos, muitos e longos meses de luta e sofrimento. Vocês perguntam: qual é nosso plano de ação? Posso dizer: é travar a guerra pelo mar, pela terra e pelo ar, com todo nosso poder e com toda a força que Deus nos possa dar; travar a guerra contra uma monstruosa tirania jamais suplantada nos registros sombrios e lamentáveis do crime humano. Esse é o nosso plano de ação.

Vocês perguntam: qual é o nosso objetivo? Posso responder em uma palavra: é a vitória, a vitória a todo custo, a vitória a despeito de todo o terror, a vitória mesmo que a estrada seja longa e penosa — pois sem vitória não há sobrevivência. Que isto seja entendido: sem vitória não há sobrevivência para o Império Britânico, não há sobrevivência para tudo aquilo que o Império Britânico tem representado, não há sobrevivência para os ímpetos e para os estímulos daquelas épocas em que a humanidade se move para a frente, em direção aos seus objetivos.

Assumo minha tarefa com ânimo e esperança. Estou seguro que nossa causa não irá fracassar entre os homens. Neste momento, sinto-me autorizado a pedir a ajuda de todos, e digo: Venham, vamos em frente juntos, com a força de nossa união".

## V.2 - Análise do discurso de 13 de maio de 1940

Desmembrando o discurso, considerado por John Lukacs, o mais importante de Churchill, ou como o descreveu, *o discurso que mudou a história,* aqui surge o líder, até aquele momento visto apenas como um bufão, um homem velho, não confiável, polêmico e cansado. Churchill entende a oportunidade e trata de usar esta brecha para demonstrar sua forma de atuar e maneira de pensar.

> Na noite da última sexta-feira, recebi *a delegação de Sua Majestade para formar um novo governo.* Foram evidentes os desejos e a vontade do Parlamento e da nação para que isso fosse concebido na *base mais ampla possível e que incluísse todos os partidos*, tanto aqueles que apoiaram o último governo quanto os da oposição. *Completei a parte mais importante desta tarefa.* Um Gabinete de Guerra foi formado com cinco membros, representando, com os liberais da oposição, a unidade da nação.

Falando em primeira pessoa, Churchill traz para si, direta e imediatamente, a responsabilidade pela ação na guerra e na administração da nação. De forma humilde, respeitando a hierarquia constitucional e a democracia, parte para a construção de um governo de união nacional, imprescindível para enfrentar a Alemanha. Desde o princípio, ele coloca em prática suas crenças, especialmente a de que a guerra só poderá ser vencida se houver uma efetiva união de esforços de todos os ingleses concentrados para atingir o objetivo da vitória. Um governo de coalizão é a decisão coerente e fundamental para que, quaisquer que sejam as divergências internas, elas possam ser resolvidas rápida e internamente no ambiente do governo. Por isso, valoriza, de um lado, o Parlamento e, de outro, a nação.

> Formar um *governo desta escala e complexidade* é em si mesmo uma tarefa séria, mas devemos lembrar que estamos no *estágio preliminar de uma das mais duras batalhas da história*, que estamos em ação em muitos outros pontos na Noruega e na Holanda, que devemos nos preparar no Mediterrâneo, que a batalha aérea é contínua e que muitas providências têm de ser tomadas aqui. *Em meio a esta crise, espero ser perdoado se não me dirijo à Casa com detalhes* no dia de hoje.

O governo se encontra sob enorme pressão, pois precisa tomar decisões urgentes. Churchill demonstra humildade e um certo embaraço pela dureza e firmeza na tomada de decisões que podem estar ferindo sentimentos políticos. Ele é obrigado a formar um novo governo, e não há tempo para formalidades políticas ou manobras neste sentido. Ele precisa convocar os mais competentes e habilidosos políticos para preencher os cargos de seu gabinete. É interessante a ressalva, no parágrafo anterior, de que o Gabinete de Guerra é composto apenas por cinco membros. Ao longo da guerra, o gabinete será formado por treze ministros, sendo que Churchill acumula o cargo de primeiro-ministro e ministro da Guerra. Ao lembrar a importância e a complexidade de entrar em guerra, Churchill busca a aproximação com o povo para ratificar e determinar sua forma de agir.

> Eu diria à Casa, como disse àqueles que se juntaram a este governo: *nada tenho a oferecer exceto sangue, trabalho, lágrimas e suor*.

O anticlímax do discurso está no meio. A frase que mobilizou a opinião pública inglesa, na estreia do governo é dita de forma até certo ponto despretensiosa, mas com forte determinação, alertando para os sacrifícios pessoais. A frase correria o mundo e se tornaria como que a marca registrada de Churchill ao longo dos tempos. O líder assume seu compromisso pessoal para que todos assumam seus próprios compromissos pessoais com a vitória, quando por todos entende-se o povo, as forças armadas e as forças políticas. A declaração de seu envolvimento integral de trabalho e dedicação é o que ele espera de cada um dos membros do governo e do povo.

> Temos diante de nós um desafio dos mais graves. Temos diante de nós *muitos, muitos e longos meses de luta e sofrimento*. Vocês perguntam: *qual é nosso plano de ação?* Posso dizer: *é travar a guerra pelo mar, pela terra e pelo ar com todo nosso poder e com toda a força que Deus nos possa dar*, travar a guerra contra uma monstruosa tirania jamais suplantada nos registros sombrios e lamentáveis do crime humano. *Esse é o nosso plano de ação.* Vocês perguntam: *qual é o nosso objetivo?* Posso responder em uma palavra: *é a vitória, a vitória a todo custo, a vitória a despeito de todo o terror*, a vitória mesmo que a estrada seja longa e penosa – *pois sem vitória não há sobrevivência.*

É feita uma convocação para a unidade de todas as forças contra a tirania e pela liberdade. Churchill alerta para tempos penosos, para uma guerra de duração desconhecida, mas se sabe que será longa. Modela-se um novo contrato entre o líder e o povo, e uma nova realidade é apresentada. Não há alternativa para a Inglaterra senão a vitória e serão necessários determinação, sacrifício e mobilização para alcançá-la – exigências que devem ficar claras e serão repetidas inúmeras vezes ao longo da guerra, em diversos discursos. Churchill adota um recurso retórico que é a repetição de determinadas palavras, para dar força ao argumento. Não há uma busca de sinônimos para vitória e é pela repetição do vocábulo que ele ressalta o objetivo da fala.

> Que isto seja entendido: *sem vitória não há sobrevivência para o Império Britânico*, não há sobrevivência para tudo aquilo que o Império Britânico tem representado, *não há sobrevivência para os*

*ímpetos e para os estímulos daquelas épocas em que a humanidade se move para a frente*, em direção aos seus objetivos. *Assumo minha tarefa com ânimo e esperança*. Estou seguro que *nossa causa não irá fracassar* entre os homens. Neste momento, sinto-me autorizado a pedir a ajuda de todos, e digo: *venham, vamos em frente juntos, com a força de nossa união*.

Na primeira pessoa, Churchill traz para si a responsabilidade por meio da liderança e do posicionamento de comando pelo exemplo. Reitera sua determinação, esperança, confiança e compromisso com o povo e, desta forma, entre o coletivo e a nação. Fica clara a relação entre a vitória e a sobrevivência da Inglaterra e da humanidade, e mais uma vez o líder cumpre seu dever de motivar a todos pela união e a importância que esta união significa neste novo contexto: a política, o exército, o povo e a religiosidade compõem um só corpo.

Demonstra-se, aqui, no enquadramento esquemático, a construção do discurso, pelo sentido das frases selecionadas para a montagem da mensagem:

### QUADRO 2 - "SANGUE, TRABALHO, LÁGRIMAS E SUOR"

|  | POSITIVO | NEGATIVO |
|---|---|---|
| POLÍTICOS | - [...], recebi a delegação de Sua Majestade para formar um novo governo<br>- [...] para que isso fosse concebido na base mais ampla possível e que incluísse todos os partidos<br>- Completei a parte mais importante desta tarefa | - [...] espero que qualquer um dos meus amigos e colegas, [...] influenciados pela estruturação política, [...] desconsiderem qualquer falta de cerimônia<br>- Em meio a esta crise, espero ser perdoado se não me dirijo à Casa com detalhes |
| POVO |  | - [...] estamos no estágio preliminar de uma das mais duras batalhas da história |
| INIMIGOS | - [...] travar a guerra contra uma monstruosa tirania jamais suplantada nos registros sombrios e lamentáveis do crime humano. Esse é nosso plano de ação |  |

**TODOS**

- Vocês perguntam: qual é o nosso plano de ação? [...] é travar a guerra pelo mar, pela terra e pelo ar, com todo o nosso poder e com toda a força que Deus nos possa dar
- Vocês nos perguntam qual é o nosso objetivo? Posso responder em uma palavra: é a vitória, a vitória a todo custo, a vitória a despeito de todo o terror
- Assumo minha tarefa com ânimo e esperança. Estou seguro que nossa causa não irá fracassar entre os homens
- "Venham, vamos em frente juntos, com a força de nossa união"
- Temos diante de nós um desafio dos mais graves. Temos diante de nós muitos, muitos e longos meses de luta e sofrimento
- [...] pois sem a vitória não há sobrevivência. Que isso seja entendido: sem vitória não há sobrevivência para o Império Britânico
- Eu diria à Casa, como disse àqueles que se juntaram a este governo: *nada tenho a oferecer exceto sangue, trabalho, lágrimas e suor*

Churchill assume o governo e o comando da guerra, o ápice de sua carreira coincide com o momento mais terrível da história inglesa. O desafio é enorme, e só a vitória pode salvá-los, porém esta só será possível com a união de todos, do Parlamento, do governo, das forças armadas e da população. Para o povo, ele condiciona a solução emoldurada em uma guerra total, *"pelo mar, pela terra e pelo ar, com todo o nosso poder e com toda a força que Deus nos possa dar"*.

Este discurso passou para a história como um dos grandes momentos de Churchill, quando faz uma declaração pessoal de dedicação extrema e consegue sintetizar, em quatro palavras, o que deverá ser exigido de todos: *"sangue, trabalho, lágrimas e suor"*. Sangue – pois a guerra traz morte, desilusão e sofrimento. Trabalho – todos deverão debruçar-se em torno do esforço de guerra, o que inclui soldados, operários nas indústrias, guarda civil, entre tantas atividades cotidianas da sociedade, aumentando a cota de mais empenho e suor. Lágrimas – serão derramadas pelas perdas de vidas, de bens, do bem-estar e das rotinas de cada um. Não há caminho simples para vencer esta guerra e Churchill, desde o princípio, estabelece um novo acordo social, a começar por ele próprio. Só a vitória garante a sobrevivência, não há outra alternativa possível e ele deixa isso irremediavelmente claro.

Com uma nova e terrível realidade que se descortina, consolida-se um objetivo claro sobre o que deve ser alcançado: *"é a vitória, a vitória a todo custo, a vitória a despeito de todo o terror"*, [...] que será obtida *"com a força de nossa união"*.

Por vezes escuto ou leio no Brasil, o discurso que conclama ao sacrifício de *"sangue, suor e lágrimas"*. Esquecem do *"trabalho"*, e isso explica muita coisa sobre a *terra brasilis*.

Em "Sangue, trabalho, lágrimas e suor", Churchill chama a si a responsabilidade pelas decisões que serão tomadas. Por intermédio de um governo de unidade nacional, em torno dos valores ingleses e humanos, sua liderança vai, pouco a pouco, sendo construída. É um discurso feito em grande parte na primeira pessoa, visto que ele procura, por meio de seu compromisso pessoal, incentivar, convocar e motivar o compromisso de toda a nação para a luta contra o nazismo. Deve pensar que se *"eu não assumir essa tarefa, como farão os outros para assumirem as suas"*? No campo da gestão de empresas há uma grande diferença entre um chefe e um líder. Um chefe manda e nem sempre é obedecido, a não ser que o faça pela força ou pela intimidação. Um líder inspira e sugere, seus liderados compreendem e o seguem. Esse foi o ponto da virada.

De forma clara, direta e objetiva, Churchill enfatiza os objetivos da guerra, as dificuldades a serem enfrentadas e que estas persistirão até o final. Sua dedicação e promessa – *"sangue, trabalho, lágrimas e suor"* – são as palavras que resumem o esforço de seu governo e o que ele, de forma aberta, espera dos ingleses. A vitória apenas será viável com a união de todos e isto significa objetivos e motivações comuns.

Pode-se destacar que, dado o contexto histórico nas quais se produziu este chamamento, a premissa da argumentação é a necessidade de união. O acordo que Churchill procura, desde o princípio, é a união em torno de seu governo e da luta contra a Alemanha, *"em terra, no ar e no mar"*. O gênero de persuasão é deliberativo, tendo sido este discurso inicialmente feito na Câmara dos Comuns, em Londres, depois reproduzido nos jornais e gravado para ser retransmitido pelo rádio, dias depois.

A estrutura do discurso é edificada a partir da credibilidade do autor. Churchill assume a tarefa por ser o melhor homem no momento, mas precisa construir alianças para poder governar e liderar, ampliando sua aceitação. Há um apelo à razão, quando demonstra a realidade dos fatos, e à emoção, quando se refere a Deus.

A organização do discurso procura gerar três momentos épicos. Quando menciona *"sangue, trabalho, lágrimas e suor"*, chama a atenção para o meio do discurso e pode-se considerar este momento como o anticlímax, sua declaração pessoal de envolvimento. Posteriormente, quando repete *vitória* seguidas vezes, reforça o objetivo em mente. Ao final, quando conclama a *união*, encerra sua fala com um incentivo à forma de se alcançar os objetivos. É um discurso curto, intenso e pessoal, em que se consolida o compromisso e a forma de alcançar o propósito final e único: a mobilização para a vitória.

A estrutura lógica do discurso divide-se na identificação e na definição de diversos elementos – compromisso, objetivo e forma. Churchill é taxativo, demonstra de maneira clara o que quer do povo, das Forças Armadas, dos agentes políticos e da opinião pública.

Podemos considerar este discurso como de grande apelo emocional, quando Churchill inicia o processo de construção de sua credibilidade, por virtudes de sinceridade, transparência e competência, pela demonstração de que o líder sabe o que fazer, tem poder e experiência e prova, por meio da agilidade da montagem do governo. Procura identificar-se com humanidade, ao mostrar suas emoções e intimidade, e como líder, ao colocar-se como um comandante em ação, com as rédeas da situação às mãos.

Os procedimentos expressivos são de uma fala forte, quando expõe articulação e potência e uma fala tranquila, quando, apesar da grave situação, imprime sua liderança segura. A elocução é convincente e totalmente compromissada com o momento. Diz o que precisa ser feito, e não deixa dúvidas disso ao longo de toda a sua expressão.

"Sangue, trabalho, lágrimas e suor" passou para a história como um dos mais poderosos e emocionantes pronunciamentos políticos do Ocidente. O discurso eletriza a nação e a mensagem não é outra senão: *"A Grã-Bretanha lutaria até a morte!"*. Churchill é aplaudido de pé[162]. Cabe-me citar John Lukacs, quando destaca este discurso como *"um súbito golpe de luz sob – sob não, além do timbre sonoro da retórica de Churchill. Elas iluminam algo"*[163].

    Churchill sabia que em breve a guerra poderia estar perdida e terminada. Ele tentava, porém, ver além da derrota e sua coragem estava sendo demonstrada. Ele não temia por si, mas por seu país, seu povo e pela civilização ocidental[164]. Entretanto, estava confiante e precisava preparar a população para os próximos passos da guerra. Sabia que, se Hitler falhasse na invasão à Inglaterra, haveria uma chance de resistir, fazer o tempo passar e organizar-se para vencer[165].

---

162. LUKACS. *Churchill e o Discurso que Mudou a História. Op. cit.*, p. 8.
163. Idem. *Ibibem*, p. 9.
164. Idem. *Ibibem*, p. 72.
165. Idem. *Ibibem*, p. 92.

# CAPÍTULO VI
## O melhor momento

Naquele momento, Holanda, Bélgica, Noruega e França, no front ocidental, já haviam caído frente à tirania de Adolf Hitler. A Inglaterra estava sozinha, lutando contra um inimigo motivado, que conquistara praticamente toda a Europa Continental em apenas dez meses (O Reino Unido e o *Commonwealth* lutaram sozinhos, de maio de 1940 a dezembro de 1941, contando com suas tropas e os exércitos exilados de diversos países ocupados como Polônia, Tchecoslováquia e outros). Neste longo discurso, diante de uma Câmara lotada, Winston Churchill expõe a convicção de que, se fossem derrotados, toda a sociedade ocidental, assim como era conhecida, seria coberta por uma nova era de trevas. Ao final, conclui de forma entusiasmada: *"E saber que, se o Império Britânico e a Comunidade dos Estados Britânicos* (Commonwealth) *durarem mil anos, os homens ainda dirão: este foi seu melhor momento"*[166].

A Inglaterra recuperava-se da perda da França e de um dos momentos mais críticos de toda a guerra, que foi a retirada de mais de 330 mil soldados ingleses e aliados da Bélgica, encurralados no porto de Dunquerque. Aquela que foi conhecida como a maior retirada de tropas de todas as guerras acabou mostrando-se, no futuro, como um exemplo de tática, esforço e sorte bélica. As froças aliadas perderam grande quantidade de armamentos e equipamentos, porém salvaram a maior parte de seus soldados. Todos os tipos de embarcações

---

166. Idem. *Ibibem*, p. 88.

disponíveis foram utilizados para retirar as tropas das praias belgas. Churchill anotou, em suas memórias:

> Nós perdemos todo o equipamento do exército, que foram os primeiros frutos da produção que nossas fábricas nos deram:
>
> 7.000 toneladas de munição;
> 90.000 rifles;
> 2.300 canhões;
> 82.000 veículos;
> 8.000 metralhadoras;
> 400 canhões antitanques[167].

Em uma visita ao Imperial War Museum, em Londres, em 2011, vi um pequeno barco de madeira em exposição, bem no centro do andar térreo. Embaixo de dois majestosos aviões *Spitfire* e *Hurricane*, estava ali, pacificamente ancorado. Sua história é linda: ele foi utilizado para salvar soldados, embora fosse realmente pequeno. Digno como o *Endurance* de Ernest Schakelton (1874-1922)[168], o barquinho de madeira chamado *Tamzine*, com 4,5 metros, atravessou o Canal da Mancha e fez seu trabalho. Em que pese suas pequenas proporções, sua dimensão é gigantesca.

O desenrolar do mês é dinâmico. Em 5 de junho, os alemães haviam atacado o Somme e o Aisne. O primeiro-ministro francês, Edouard Deladier, deixa o gabinete no dia 6. No dia 10, a Itália declara guerra à França e à Inglaterra. Vale lembrar que na Primeira Guerra Mundial a Itália fora aliada da Inglaterra e da França. Vinte e quatro horas depois, a Royal Air Force ataca a Líbia e a Somália. Dia 12, caem Rouen e Reims. Em 13 de junho, o governo inglês

---

167. CHURCHILL, Sir Winston Spencer. *Second World War, Volume II: Their Finest Hour.* London: Reprint Society, 1952, p. 126.
168. Ernest Schakleton foi um explorador anglo-irlandês que em sua tentativa que alcançar o Polo Sul e cruzar a Antártida ficou retido no gelo e oportunizou uma emocionante saga relatada em seu livro *Endurance*.

promete à França o maior auxílio possível. No dia seguinte, 14 de junho, Paris cai e os nazistas avançam rapidamente através da região da Champagne. No dia 16, o primeiro-ministro francês Paul Reynaud (1878-1966) demite-se e o Marechal Henri Pétain (1856-1951) forma um novo governo. As tropas alemãs chegam a Dijon. No dia 17, o Marechal Pétain pede a paz.

A Inglaterra estava sozinha, a Europa Ocidental pertencia a Hitler, os Estados Unidos mantinham-se a distância e queriam a todo custo evitar o confronto direto. Churchill iria manifestar-se, em 4 de junho, da seguinte forma, já demonstrando sua determinação e como iria propor o caminho de resistência:

> Muito embora grandes faixas da Europa e muitas nações antigas e famosas tenham caído ou venham a cair sob o jugo da Gestapo e de todo o odioso aparato de dominação nazista, não esmoreceremos nem fracassaremos. Iremos até o fim. Combateremos na França, combateremos nos mares e oceanos, combateremos com confiança crescente e força crescente no ar. Defenderemos nossa ilha, seja a que custo for. Lutaremos nas praias, lutaremos nas pistas de aterrissagem, lutaremos nos campos e nas ruas, lutaremos nas montanhas; e ainda que, coisa em que não creio por um só momento, esta ilha ou grande parte dela fique subjugada e faminta, então, nosso Império, além dos mares, armado e protegido pela frota britânica, prosseguirá na luta, até que, quando Deus quiser, o Novo Mundo, com toda sua força e poder, avance para resgatar e libertar o Velho Mundo[169].

A situação se deteriorava rapidamente. A França caíra. Um governo fantoche, liderado pelo marechal Pétain, assumia uma nação colaboracionista e submissa aos nazistas. Churchill, de forma humorada e espirituosa comenta:

---
169. CHURCHILL. *Memórias de Segunda Guerra Mundial. Op. cit.*, p. 322.

Quando alertei [os franceses] de que a Inglaterra lutaria sozinha, independentemente do que eles fizessem, os generais [general Maxime Weygand (1867-1965) e marechal Henri Pétain] afirmaram para esse primeiro-ministro e para o Gabinete dividido: *"Em três semanas, a Inglaterra terá o pescoço torcido tal qual uma galinha"*. E eu digo: *"Tremenda galinha! E que pescoço!"* (*Some chicken, Some neck*)[170].

Em um crescente suceder de fatos e desdobramentos, Churchill faz a seguinte declaração pelo rádio, como era desejo do Gabinete, em 17 de junho de 1940:

As notícias vindas da França são muito ruins, e lamento pelo valente povo francês, atingido por esta terrível desgraça. Mas nada irá alterar nossos sentimentos em relação a ele ou nossa confiança em que o espírito da França voltará a se erguer. O que aconteceu na França não faz nenhuma diferença no que toca aos nossos atos e nosso propósito. Tornamo-nos os únicos paladinos atualmente em guerra em defesa da causa mundial. Faremos o melhor possível para sermos dignos dessa grande honra. Defenderemos nossa ilha em casa e, junto com o Império Britânico, prosseguiremos na luta, sem nos deixarmos conquistar, até que a maldição de Hitler seja retirada dos ombros da humanidade. Temos certeza de que, no fim, tudo sairá bem[171].

Naquele mesmo dia, 17 de junho, os ingleses trazem, em segurança, o general Charles De Gaulle (1890-1970) para a Inglaterra. No dia seguinte, e sob estas condições, Churchill faz o célebre discurso "O melhor momento".

## VI.1 - Discurso de 18 de junho de 1940

"Quando consideramos a heroica resistência feita pelo exército francês nesta batalha, contra todas as

---

170. ENRIGHT. *A Verve e o Veneno de Winston Churchill*. Op. cit., p. 56.
171. CHURCHILL. *Memórias de Segunda Guerra Mundial*. Op. cit., p. 366.

expectativas, as enormes perdas impostas sobre o adversário e a evidente exaustão do inimigo, pode-se achar que as 25 divisões com treinamento e equipamentos melhores poderiam ter mudado a situação. Todavia, o general Weygand teve que lutar sem isso. Apenas três divisões britânicas ou o equivalente foram capazes de manter a linha com os camaradas franceses. Sofreram severamente, mas lutaram bem. Mandamos todos os homens que podíamos à França, tão rapidamente quanto foi possível reequiparmos e transportarmos suas novas formações.

Não estou narrando estes fatos com o propósito de recriminação. Julgo isso completamente fútil e mesmo prejudicial. Não podemos nos permitir isso. Eu os relato a fim de explicar por que não tivemos, como poderíamos ter tido, entre doze e quatorze divisões britânicas lutando nesta grande batalha, em vez de três. Agora deixo isso tudo de lado. Deixo na prateleira onde os historiadores, quando tiverem tempo, irão selecionar os documentos para contar suas histórias. Temos de pensar no futuro e não no passado e isso também se aplica, de alguma forma, aos nossos próprios assuntos domésticos.

Há muitos que fariam um inquérito na Câmara dos Comuns sobre a conduta dos governos — e dos Parlamentos, pois eles também estão nisso — ao longo que levaram a esta catástrofe. Buscam indicar aqueles que foram responsáveis pelo comando de nossos assuntos. Isso também seria um processo tolo e pernicioso. Há muita gente nisso. Vamos deixar que cada homem examine sua consciência e os seus discursos. Eu examino os meus com frequência.

Tenho certeza de que, se abrirmos uma disputa entre o passado e o presente, descobriremos que perderemos o futuro. Portanto, não posso aceitar qualquer distinção entre os membros do governo atual. Este foi formado num momento de crise, a fim de unir todos os partidos e todos os segmentos de opinião. Recebeu o apoio quase unânime de ambas as Casas do Parlamento. Os membros do governo vão permanecer unidos e, com base na autoridade da Câmara dos Comuns, vamos governar o país e lutar na guerra. É absolutamente necessário, num momento como este, que seja respeitado todo ministro que procure fazer o seu dever — e seus subordinados devem saber que seus chefes não são homens sob ameaça, que podem estar aqui hoje e não amanhã, mas são homens cujas orientações devem ser obedecidas no momento certo e de forma fiel.

Sem este poder concentrado, não podemos enfrentar o que está diante de nós. Não seria vantajoso para a Casa prolongar o debate nesta tarde, sob as atuais condições de tensão pública. Muitos fatos não estão claros, mas estarão claros no curto prazo. Vamos ter uma sessão secreta na quinta e penso que esta seria uma oportunidade melhor para as muitas e respeitadas considerações que os representantes desejam fazer e para a Casa discutir assuntos vitais sem que os nossos perigosos inimigos leiam tudo nos jornais da manhã seguinte.

Os desastrosos fatos militares que ocorreram nos últimos quinze dias não chegaram a mim como surpresa. Na verdade, apontei à Casa, há duas semanas, tão claramente como podia, que as piores possibilidades estavam abertas — e falei perfeitamente claro naquele momento que qualquer fato que ocorresse na França não faria nenhuma diferença na determinação da Grã-Bretanha e do Império Britânico em lutar, se necessário por anos, se necessário sozinhos. Durante os últimos dias, fomos bem-sucedidos em trazer a maior parte de nossas tropas que tínhamos na França; e sete oitavos das tropas que mandamos à França desde o início da guerra — ou seja, em torno de 350 mil de um total de 400 mil homens — estão seguros de volta a este país. Outros ainda estão lutando ao lado dos franceses e lutando com considerável sucesso nos embates contra o inimigo.

Trouxemos de volta uma grande quantidade de equipamentos, rifles e munições de toda espécie, que tinham sido reunidos na França durante os últimos nove meses.

Temos, portanto, nesta ilha, hoje em dia, uma força militar grande e poderosa. Esta força compreende todas as nossas mais bem treinadas tropas, incluindo dezenas de milhares aqueles que já mediram forças com os alemães e não ficaram em nenhuma desvantagem. Temos, hoje, nesta ilha, 1.250.000 homens nas Forças Armadas, aproximadamente. Por trás deles, temos os voluntários da defesa local, em número de 500 mil, dos quais, no entanto, apenas uma porção já está armada com rifles ou outras armas de fogo. Incorporamos às nossas forças de defesa todos os homens para os quais temos uma arma. Esperamos amplos acréscimos às nossas forças em um futuro próximo e, em preparação a isso pretendemos imediatamente convocar, organizar e treinar um número ainda maior de homens.

Aqueles que não foram convocados estão trabalhando na vasta produção de munições, em todos os segmentos desta — e as ramificações são inumeráveis — e irão servir melhor ao país permanecendo no trabalho até serem chamados. Temos também por aqui os exércitos dos domínios britânicos. Os canadenses, de fato, desembarcaram na França, mas já foram retirados com segurança, muito desapontados, mas em prefeita ordem, com artilharia e equipamento. E estas forças de alta qualidade, provenientes dos domínios irão agora tomar parte da defesa da patria-mãe.

Temo que o relato que dei destas forças possa levantar a questão: por que não tomaram parte na grande batalha da França? Devo deixar claro que, ao lado das divisões que estão treinando e se organizando por aqui, apenas doze estavam equipadas para lutar de forma que justificasse mandá-las ao exterior, e este era precisamente o número que os franceses foram levados a esperar como disponíveis à França no nono mês da guerra. O restante de nossas tropas é importante para a defesa interna, que irá se fortalecer a cada semana. Portanto, a invasão da Grã-Bretanha exigiria, neste momento, o transporte pelo mar de exércitos hostis em grande escala que, depois de assim transportados, teriam de ser constantemente mantidos com a quantidade de munições e suprimentos exigidos por uma batalha contínua — já que esta certamente seria uma batalha contínua.

É aqui que chegamos à Marinha e, afinal de contas, temos uma Marinha. Algumas pessoas parecem esquecer que temos uma Marinha. Devemos lembrá-los disso. Nos últimos trinta anos, estive envolvido em discussões sobre as possibilidades de uma invasão marítima e tomei a responsabilidade, em nome do Almirantado, no começo da última guerra, de permitir que todas as tropas regulares fossem mandadas para fora do País. Aquela foi uma decisão muito séria, porque nossas defesas tinham acabado de ser convocadas e estavam quase sem treinamento. Portanto, esta ilha esteve por vários meses particularmente despida de tropas.

O Almirantado tinha confiança, naquele momento, na sua habilidade de evitar uma grande invasão, mesmo que os alemães tivessem uma força magnífica de batalha, na proporção de dez para dezesseis, e mesmo que eles fossem capazes de lutar diariamente um conflito. Agora, eles têm apenas um par de navios pesados dignos de ação — o Scharnhorst e o Gneisenau. A nós foi dito também que a Marinha Italiana irá surgir e obter superioridade nos mares. Se a Itália pretende seriamente fazê-lo, diremos que ficaremos encantados em oferecer ao Signor Mussollini uma passagem livre e protegida pelo estreito de Gibraltar, de modo que ele possa exercer o papel que tanto aspira. Há uma curiosidade geral na frota britânica em descobrir se os italianos se mantiveram no mesmo nível em que estavam na última guerra ou se decaíram ainda mais.

Portanto, no que diz respeito a uma invasão marítima em grande escala, estamos mais capacitados para enfrentá-la hoje do que estávamos em muitos momentos da última guerra e mesmo nos primeiros momentos desta guerra, antes que nossas tropas estivessem treinadas e enquanto a Força Expedicionária Britânica prosseguia no exterior. Agora, a Marinha nunca pretendeu ser capaz de evitar ataques de surpresa feitos por núcleos de 5 mil ou 10 mil homens lançados repentinamente de vários pontos da costa em uma noite escura ou numa manhã enevoada. A eficácia do poder marítimo, especialmente sob condições modernas, depende de uma força invasora de grande porte, e esta tem de ser de grande porte, em vista da nossa força militar, para ter alguma utilidade, e sendo de grande porte, então a Marinha terá algo para achar, encontrar e, se assim for, atacar.

Devemos lembrar que cinco divisões, mesmo ligeiramente equipadas, irão exigir 200 a 250 navios — e, em função do reconhecimento aéreo moderno, com fotografia, não seria fácil juntar uma frota assim, organizá-la e conduzi-la pelo mar sem poderosas forças navais para acompanhá-la. Haveria amplas possibilidades, para não dizer algo pior, de que esta frota armada fosse interceptada bem antes de atingir a costa e de que todos os seus homens fossem afogados no mar ou, pior, feitos em pedaços como seus equipamentos enquanto estivessem tentando desembarcar.

Temos também um amplo sistema de campos minados, reforçados recentemente, por meio do qual só nós conhecemos as rotas. Se o inimigo tentar descobrir as passagens por meio dos campos minados, será tarefa da Marinha destruir os detectores de minas e quaisquer outras forças empregadas para protegê-los. Não deve haver nenhuma dificuldade nisso, tendo em vista nossa superioridade no mar.

Estes são argumentos comuns, bem testados, bem demonstrados, com os quais temos contado durante muitos anos de paz e guerra. A pergunta é se há novos métodos pelos quais estas sólidas garantias possam ser burladas. Estranho como possa parecer, o Almirantado vem dando alguma atenção a isso, pois o seu principal dever é destruir qualquer ampla expedição marítima antes que esta atinja — ou no momento que esta atinja — as praias. Não seria bom entrar em detalhes sobre isso. Pode sugerir a outras pessoas ideias nas quais ainda não haviam pensado, pessoas que provavelmente não nos dariam nenhuma ideia em troca.

Tudo o que direi é que um incansável estado de vigilância e de exercício da mente deve ser dedicado sempre a este assunto, porque o inimigo é astuto, perspicaz e cheio de artimanhas e estratagemas. A Casa pode ficar segura que estamos trabalhando com o máximo de engenhosidade. A imaginação está sendo estimulada em um grande número de oficiais competentes, bem treinados em táticas e perfeitamente atualizados, para medir e contraproduzir novas possibilidades. Um incansável estado de vigilância e de exercício da mente está sendo, e deve ser, dedicado ao assunto porque, é bom lembrar, o inimigo é esperto e não há jogo sujo que não seja capaz de fazer.

Algumas pessoas perguntarão por que então é que a Marinha britânica não foi capaz de evitar o movimento de um amplo exército na Alemanha, na Noruega, pelo Skagerrak? As condições do Canal da Mancha e no Mar do Norte não são de modo algum como as que prevaleciam no Skagerrak. Por causa da distância, não podíamos dar suporte aéreo a nossos navios de superfície e, consequentemente, ficando como ficamos próximos do principal poder aéreo inimigo, fomos compelidos a usar somente nossos submarinos. Não pudemos impor um bloqueio decisivo, possível com navios de superfície. Nossos submarinos sofreram perdas pesadas, mas não puderam evitar a invasão da Noruega. No Canal e no Mar do Norte, por outro lado, nossas superiores forças navais de superfície, ajudadas por nossos submarinos, irão operar com ajuda aérea próxima e efetiva.

Isto me traz naturalmente à importante questão da invasão pelo ar e da iminente luta entre as forças aéreas da Grã-Bretanha e da Alemanha. Parece claro que nenhuma invasão, em escala acima da capacidade de nossas forças terrestres e capaz de esmagarem-nas com rapidez, possa acontecer pelo ar até que a nossa força aérea tenha sido definitivamente dominada. Por enquanto, pode haver ataques com tropas de paraquedistas e tentativas de desembarcar soldados transportados pelo ar. Nós devemos ser capazes de dar a esta turma uma recepção calorosa, tanto no ar como no solo, se chegarem em terra com alguma condição de continuar a disputa.

Mas a grande pergunta é: podemos destruir o poder aéreo de Hitler? É uma pena, é claro, que não tenhamos uma força aérea pelo menos igual a do nosso mais poderoso inimigo, ao alcance de atacar nossas costas. Mas temos uma força aérea muito poderosa, que se mostrou muito superior em qualidade — seja em homens ou em máquinas — à que encontramos até agora nas numerosas e ferozes batalhas aéreas que foram lutadas contra os alemães. Na França, onde estávamos em considerável desvantagem — perdemos muitas máquinas em terra estacionadas nos aeroportos — nos familiarizamos com a imposição ao inimigo de perdas aéreas de até dois, ou dois e meio, para cada uma nossa.

Na luta em Dunquerque, que era uma espécie de terra de ninguém, batemos indubitavelmente a força aérea alemã e ganhamos o domínio local dos céus, impondo dia após dia uma perda de três ou quatro para cada uma. Qualquer um que olhe as fotografias publicadas há uma semana, mais ou menos, do embarque de retorno, mostrando as tropas reunidas na praia, formando um alvo ideal por muitas horas, percebe-se que este embarque não teria sido possível a não ser que o inimigo tivesse renunciado a qualquer esperança de recuperar a superioridade aérea naquela hora e naquele lugar.

Na defesa desta ilha, as vantagens para os defensores serão muito maiores do que na luta em torno de Dunquerque. Esperamos melhorar a taxa de três ou quatro perdas para cada uma nossa que foi conseguida em Dunquerque. Além disso, todas as nossas máquinas danificadas e suas tripulações, que puderem pousar com segurança — e, surpreendentemente, uma boa parte das máquinas danificadas e das tripulações atacadas pousam com segurança nos combates aéreos modernos — todas irão cair, num ataque contra estas ilhas, em solo amigo e viverão para combater no outro dia, ao passo que as máquinas danificadas do inimigo serão perdas totais na guerra.

Durante a grande batalha da França demos uma ajuda intensa e contínua ao Exército Francês, tanto com aviões quanto com bombardeiros. Mas, a despeito de todo o tipo de pressão, jamais permitiríamos que toda a força metropolitana de combate da Força Aérea fosse consumida. Foi uma decisão dolorosa, mas correta, porque o destino da batalha da França não poderá ter sido influenciado, mesmo se tivéssemos colocado lá nossa força completa de aviões de guerra. Aquela batalha foi perdida pela desgraça da estratégia (alemã) inicial, que tinha por base o extraordinário e imprevisto poder das colunas blindadas e a grande preponderância do Exército germânico em números. Nossos aviões de guerra poderiam ter sido desperdiçados com um mero acidente naquela grande disputa — e então nós nos descobriríamos no momento em apuros muito sérios.

Assim como está, estou contente de informar à Casa que o nosso poder de combate aéreo é mais forte, no presente, em comparação ao dos alemães, que sofreram perdas terríveis, mais do que jamais tiveram. Consequentemente, acreditamos sermos detentores da capacidade de continuar a Guerra nos céus sob melhores condições das que experimentamos antes. Aguardo com confiança pelas proezas de nossos pilotos — estes homens esplêndidos, essa juventude brilhante — que terão a glória de salvar a terra natal, a ilha em que moram e tudo o que amam, do mais mortal de todos os combates.

Resta, é claro, o perigo dos ataques com bombas, os quais certamente serão feitos em breve pelos bombardeiros inimigos. É verdade que a força germânica de bombardeiros é superior em número à nossa, mas temos também uma grande força de bombardeiros que usaremos para atacar, sem trégua, alvos militares na Alemanha. Não subestimo de modo algum a severidade do desafio que a nós se apresenta, mas acredito que nossos compatriotas vão se mostrar capazes de enfrentá-lo, como fizeram os bravos homens de Barcelona. (Churchill faz menção ao bombardeio realizado pelas forças do general Franco na Guerra Civil Espanhola). Serão capazes de enfrentá-lo e seguir em frente, a despeito disso, tão bem quanto qualquer outra pessoa no mundo. Muita coisa está em jogo. Todos os homens e mulheres terão a chance de exibir as melhores qualidades de suas raças e prestar os mais altos serviços às suas causas. Para todos nós nesta hora, qualquer que seja nossa situação social, nossa posição, nossa ocupação, nossos deveres, será uma ajuda lembrar os famosos versos: 'Ele não fez nem quis dizer nada comum, diante daquela cena memorável'[172].

Acho que está certo, nesta ocasião, dar à casa e ao país alguma indicação a respeito dos fundamentos sólidos e

---

172. Do original: *"He nothing common did or mean, upon that memorable scene"*. Citação do texto *An Horation Ode upon Cromwell's Return from Ireland* do poeta metafísico britânico Andrew Marvell (1621-1678).

práticos sobre os quais baseamos nossa inflexível determinação para continuar a guerra. Há gente muito boa que diz: não interessa. Vencer ou perder, afundar ou nadar, é melhor morrer do que se submeter à tirania — e que tirania. Não me dissocio deles. Mas, posso assegurar-lhes que profissionais das três forças armadas recomendaram em conjunto que devemos continuar a guerra e que há, no fim, esperanças boas e razoáveis de vitória.

Temos informado e consultado todos os governos autônomos dos domínios britânicos, estas grandes comunidades, bem além dos oceanos, que foram construídas a partir de nossas leis e de nossa civilização. Eles estão completamente livres para escolher o seu caminho, mas estão completamente devotados também à antiga terra-mãe e se sentem inspirados pelas mesmas emoções que me fazem apostar tudo no dever e na honra. Nós os consultamos plenamente e seus primeiros-ministros, McKenzie King do Canadá, Menzies da Austrália, Frase da Nova Zelândia e do general Smuts da África do Sul — aquele homem maravilhoso com sua imensa e profunda inteligência e olhos capazes de analisar a distância todo o panorama dos assuntos europeus — recebi de todos estes homens iminentes —, todos representantes de governos eleitos, com votações amplas e que estão lá porque representam a vontade de seus povos, mensagens formuladas em termos comoventes, nas quais endossam a nossa decisão de lutar e se declaram prontos a partilhar o nosso destino e perseverar até o fim, e é isso o que vamos fazer.

Podemos perguntar a nós mesmos: de que maneira nossa posição piorou desde o início da guerra? Piorou pelo fato de que os alemães conquistaram grande parte da costa da Europa Ocidental e muitos países pequenos foram invadidos por eles. Isso agrava as possibilidades de um ataque aéreo e soma-se às nossas preocupações navais. Isso não diminui de modo algum — pelo contrário, definitivamente aumenta — o poder de nosso cerco de longa distância. De modo semelhante, a entrada da Itália na guerra também aumenta o poder de nosso cerco de longa distância. Nós temos impedido, com isso, os piores furos. Não sabemos se a resistência militar vai durar na França, mas, se isso acontecer, então naturalmente os alemães serão capazes de concentrar as suas forças, tanto militares quanto industriais, sobre nós. Porém, pelas razões que mostrei à Casa, essas forças não serão fáceis de ser empregadas. Se a invasão, por um lado, se tornou mais iminente, por outro, nós, ao ficarmos isentos da tarefa de manter um grande exército na França, passamos a ter forças mais numerosas e eficientes para enfrentar os alemães.

Se Hitler puder trazer para seu despótico controle as indústrias dos países que conquistou, isso vai se somar à sua já vasta produção de armamentos. Por outro lado, não ocorrerá imediatamente e nós estamos, neste momento, seguros do apoio intenso, contínuo e crescente dos Estados Unidos — com suprimentos e todo o tipo de munição — e, especialmente, com aviões e pilotos dos domínios britânicos, que cruzam os oceanos provenientes de regiões fora do alcance dos bombardeiros inimigos.

Não vejo como qualquer um destes fatores possa agir em nosso prejuízo antes da vinda do inverno. E o inverno vai impor pressões sobre o regime nazista, com toda a Europa padecendo e passando fome sob sua cruel dominação, o que vai afetá-lo duramente, mesmo com toda a sua brutalidade. Não podemos esquecer que, desde o momento em que declaramos a guerra, em 3 de setembro, sempre tem sido possível à Alemanha atirar toda a sua Força Aérea contra este país justamente com outros mecanismos de invasão que pudesse conceber — e a França poderia ter feito pouco ou nada para evitar que isso acontecesse.

Nós temos, portanto, convivido com o perigo desde o princípio e em formas sutilmente diferentes durante todos estes meses. Neste período, porém, melhoramos enormemente nossos métodos de defesa e aprendemos algo que não tínhamos como imaginar no começo, ou seja, que o avião e o piloto britânicos têm uma superioridade certa e definida. Portanto, ao analisar este alarmante balanço e ao contemplar nossos perigos com um olhar verdadeiro, vejo muitas razões para intensa vigilância e esforço, mas nenhuma razão para pânico ou desespero.

Durante os primeiros quatro anos da última guerra, os aliados experimentaram somente o desastre e o desapontamento. Este era o nosso medo constante: um golpe depois do outro, perdas terríveis, perigos horrendos. Tudo desandou. E, mesmo assim, ao fim daqueles quatro anos, o moral dos aliados estava mais alto do que a dos alemães, que iam de um rompante agressivo para outro, que em todos os lugares posavam de invasores triunfantes das terras que haviam violado. Durante aquela guerra, nós nos perguntávamos repetidas vezes: como vamos vencer? Ninguém era capaz de responder com muita precisão, até que, no fim, quase repentinamente, quase inesperadamente, nosso terrível inimigo desmoronou à nossa frente, e ficamos tão saturados com a vitória que, em nossa estupidez, a jogamos fora.

Ainda não sabemos o que vai acontecer na França, ou se a resistência será prolongada, tanto na França quanto no Império Francês além-mar. O governo francês está desperdiçando grandes oportunidades e expondo o seu futuro ao acaso se não continuar a guerra, de acordo com as suas obrigações no tratado[173], pelo qual não nos sentimos capazes de liberá-los. A Casa virá a ler a histórica declaração na qual, com o desejo de muitos franceses — e

---

173. Churchill faz referência ao "Anexo A" dos Tratados de Locarno (1925), pelo qual França e Grã-Bretanha assumiram compromissos de defesa em caso de agressão.

de nossos próprios corações —, proclamamos nossa vontade, no momento mais negro da história francesa, de concluir uma união comum de cidadãos nesse combate.

Como quer que os assuntos caminhem na França ou com o governo francês, ou com outros governos franceses, nesta ilha e no Império Britânico nunca perderemos nosso senso de camaradagem para com o povo francês. Se formos agora convocados para suportar o que eles têm sofrido, vamos imitar a sua coragem, e se a vitória final recompensar os nossos sacrifícios, eles irão partilhar os ganhos, sim, e a liberdade será restaurada para todos. Nós não diminuímos nada de nossas justas demandas, não vamos recuar nem sequer um rabisco ou um traço. Tchecos, poloneses, noruegueses, holandeses e belgas juntaram as suas causas à nossa. Todos serão recompensados.

Aquilo que o general Weygand chamou de "a batalha da França" acabou. A "batalha da Grã-Bretanha" está para começar. Desta batalha depende a sobrevivência da civilização cristã. Dela depende a própria vida britânica e a continuidade de nossas instituições e de nosso império. Toda a fúria e o poder do inimigo devem muito em breve se virar contra nós. Hitler sabe que terá de nos fazer sucumbir nesta ilha ou perder a guerra. Se nós pudermos enfrentá-lo, toda a Europa poderá ser livre e a vida do mundo poderá continuar na direção de campos amplos e ensolarados.

Mas, se nós falharmos, o mundo inteiro — inclusive os Estados Unidos, inclusive todos os que conhecemos e com quem nos importamos — irá afundar no abismo de uma nova era de trevas, tornada mais sinistra e talvez mais prolongada, pelas luzes da ciência pervertida. Vamos, portanto, nos unir em torno de nossos deveres. E saber que, se o Império Britânico e a Comunidade dos Estados Britânicos (Commonwealth) durarem mil anos, os homens ainda dirão: Este foi o seu melhor momento.

## VI.2 - Análise do discurso de 18 de junho de 1940

Proferido em 18 de junho de 1940, na Câmara dos Comuns, em Londres, este longo discurso procura traçar um panorama da situação da guerra e dos riscos que se corriam naquele momento. Os Aliados haviam se retirado, com sucesso, do continente, após a batalha de Dunquerque. Embora nenhuma derrota pudesse ser comemorada, a sobrevivência de mais de 330 mil soldados era algo a ser visto com alegria e alívio. No geral, a situação era desfavorável e os ataques à Inglaterra iminentes. Mostrava-se imperioso moldar esperanças e manter a união. O desdobramento do discurso segue desta forma:

> Falei outro dia sobre o *colossal desastre militar* que aconteceu quando o alto comando francês *deixou de retirar da Bélgica* as tropas do norte, no momento em que souberam que a *frente francesa estava decididamente esmagada* no Sedan e no Mosela[174].

Falando na primeira pessoa, Churchill relata a derrota da França e a situação naquele momento. Critica as decisões dos altos comandos francês e belga, bem como os prejuízos assim gerados, por permitirem a transferência de armamentos ao inimigo. Estabelece o contraste entre a coragem dos soldados e os equívocos dos líderes.

> Eu lhes relato [a retirada de Dunquerque][175] a fim de explicar porque não tivemos, como poderíamos ter tido, entre doze e quatorze divisões britânicas lutando nesta grande batalha, em vez de três. *Agora deixo tudo isso, tudo de lado. Deixo na prateleira onde os historiadores*, quando tiverem tempo, irão selecionar os documentos para contar suas histórias. *Temos de pensar no futuro, e não no passado*, e isso também se aplica, de alguma forma, aos nossos

---

174. Sedan: cidade francesa, uma subprefeitura do departamento de Ardennes. Mosela (em francês, Meuse): departamento do noroeste da França.
175. Nota do autor.

próprios assuntos domésticos. Há muitos que fariam um *inquérito na Câmara dos Comuns sobre a conduta dos governos* – e dos Parlamentos, pois eles também estão nisso – *ao longo dos anos que levaram a esta catástrofe*. Buscariam indicar aqueles que foram responsáveis pelo comando de nossos assuntos. Isso também seria um processo tolo e pernicioso. Há muita gente nisso. *Vamos deixar que cada homem examine sua consciência e os seus discursos. Eu examino os meus, com frequência. Tenho certeza de que, se abrirmos uma disputa entre o passado e o presente, descobriremos que perderemos o futuro.*

Até aquele momento, Churchill já percorrera uma longa trajetória política, ainda que com altos e baixos. Há o entendimento de que a dolorosa derrota e a retirada de Dunquerque seriam examinadas no futuro, à luz dos desdobramentos do presente. Indo diretamente ao ponto, Churchill, segue se expressando na primeira pessoa: desafia, contorna e propõe seguirem em frente, pois era imperioso resolver os dilemas imediatos da guerra. Como líder, em uma guerra sangrenta, as decisões eram urgentes e haveria espaço, no futuro, em outro momento, para discutir os caminhos tomados antes. Sugere deixar de lado as culpas do passado e do presente e optar por acertos no futuro. Pesa sobre ele a sombra de uma das piores derrotas inglesas, no massacre em Galípoli, na Primeira Guerra Mundial, sob sua responsabilidade, embora historiadores não lhe creditem culpa integral por essa derrota. A guerra agora está chegando à Inglaterra e são necessários preparativos da população, de ordem prática, para os acontecimentos iminentes. Churchill aposta no futuro, mas não deixa de registrar sua discordância em relação ao passado e ao presente.

Portanto, não posso aceitar qualquer distinção entre os membros do governo atual. Este *foi formado num momento de crise, a fim de unir todos os partidos e todos os segmentos de opinião*. Recebeu *o apoio quase unânime de ambas as Casas do Parlamento. Os membros do governo vão permanecer unidos* e, com base na autoridade da Câmara dos Comuns, *vamos governar o país e lutar na guerra.*

*É absolutamente necessário*, num momento como este, que seja *respeitado todo ministro que procure fazer o seu dever* – e [...] *são homens cujas orientações devem ser obedecidas* no momento certo e de forma fiel.

Churchill apela à unidade que originou o governo, numa tentativa de desestimular a dissensão política. Lembra que a responsabilidade é compartilhada entre todos e que precisam construir uma nova organização, após a retirada de Dunquerque. Deixa claro que sabe o que aconteceu, mas valoriza a todos, de forma magnânima, ao mesmo tempo em que passa por cima dos críticos. Segue a ordem, o tom e o posicionamento firme pela unidade e pelo respeito à hierarquia do governo, por quem se posiciona dentro ou fora do mesmo. Exerce a política, não enquanto algo provisório, mas de forma equilibrada, racional e firme. De maneira prática, encaminha as decisões de governo para que sejam respeitadas e criticadas no futuro, à luz dos desdobramentos e dos resultados. Churchill precisa alterar o ambiente político e deixar claro que todos partilham a mesma situação e que somente a sincera união de forças permitirá a sobrevivência de todos.

Vamos ter uma sessão secreta na quinta e penso que esta seria uma *oportunidade melhor para as muitas e respeitadas considerações que os representantes desejam fazer* e para a Casa *discutir assuntos vitais sem que os nossos perigosos inimigos leiam tudo nos jornais da manhã seguinte. Os desastrosos fatos militares* que ocorreram nos últimos quinze dias não chegaram a mim como surpresa.
Na verdade, *apontei à Casa, há duas semanas, tão claramente como podia, que as piores possibilidades estavam abertas* – e falei perfeitamente claro naquele momento que qualquer fato que ocorresse na França não faria nenhuma diferença na *determinação da Grã-Bretanha e do Império Britânico em lutar, 'se necessário por anos, se necessário sozinhos'*. Durante os últimos dias, *fomos bem--sucedidos em trazer a maior parte de nossas tropas* que tínhamos na França; e sete oitavos das tropas que mandamos à França desde

o início da Guerra – ou seja, *em torno de 350 mil de um total de 400 mil homens – estão seguros de volta a este país.*

Era essencial administrar a crise rapidamente, focar-se nas necessidades futuras, e manter a governabilidade. De forma alguma Churchill iria minimizar os acontecimentos – ele dá ciência de sua gravidade –, mas precisava da compreensão e da paciência dos membros do Parlamento. Ele faz o convite para uma sessão secreta, o fórum pertinente para uma discussão aberta e democrática, em tempos de guerra. Compreende a realidade, conhece a situação e precisa manter a determinação na perseguição da vitória e na valorização da Inglaterra, por seu acervo histórico e moral. Há uma busca dos pontos positivos, enfatizando-os acima de uma situação geral negativa. O discurso dá destaque para a organização das Forças Armadas britânicas que, mesmo num movimento de retirada, transformou uma derrota em vitória. A retirada bem-sucedida das tropas de Dunquerque permitiu que a Inglaterra mantivesse as perspectivas de vitória e o fato precisava ser lembrado e comemorado.

> *Temos, portanto, nesta ilha, hoje em dia, uma força militar grande e poderosa. Esta força compreende todas as nossas mais bem treinadas tropas,* incluindo dezenas de milhares daqueles que já mediram forças com os alemães e não ficaram em nenhuma desvantagem. Temos, hoje, nesta ilha, 1.250.000 homens nas forças armadas, aproximadamente. *Por trás deles, temos os voluntários da defesa local,* em número de 500 mil, dos quais, *no entanto, apenas uma porção já está armada* com rifles ou outras armas de fogo.
>
> [...] Temos também por aqui os *exércitos dos domínios britânicos.* Os canadenses, de fato, desembarcaram na França, mas já foram retirados com segurança, muito desapontados, mas em prefeita ordem, com artilharia e equipamento. *E estas forças de alta qualidade, provenientes dos [antigos] domínios [britânicos], irão agora tomar parte da defesa da pátria-mãe.*

Churchill faz um balanço de suas forças para o público, ressaltando o grau de competência de suas tropas. Com isso, contrasta a derrota e a retomada para a luta. O esclarecimento público enfatiza a busca de pontos positivos, destacando as possibilidades de lutar em iguais condições contra o inimigo. Desta forma, está motivando o público interno para os próximos enfrentamentos, por meio do Parlamento. O narrador faz uma descrição da disponibilidade militar da Grã-Bretanha, com realismo e sinceridade. Há um senso de união e valorização dos territórios além-mar do antigo Império Britânico. A sombra de suas decisões erradas no passado paira sobre a atual conjuntura. Churchill ainda não é o líder como o vemos hoje e sua administração passa pelo processo de construção. As dúvidas sobre sua capacidade persistem tanto que mais tarde é promovido um voto de desconfiança que consegue reverter.

> Tudo o que direi é que *um incansável estado de vigilância e de exercício da mente deve ser dedicado* sempre a este assunto, *porque o inimigo é astuto, perspicaz e cheio de artimanhas e estratagemas. A Casa pode ficar segura que estamos trabalhando com o máximo de engenhosidade.*
>
> A *imaginação* está sendo estimulada em um grande número de oficiais competentes, bem treinados em táticas e perfeitamente atualizados, para medir e contraproduzir novas possibilidades. Um incansável *estado de vigilância e de exercício da mente* está sendo, e deve ser dedicado ao assunto porque, *é bom lembrar, o inimigo é esperto e não há jogo sujo que não seja capaz de fazer.*

Após um longo relato sobre a situação do Exército, Marinha e Aeronáutica e da produção de armas e estoques em geral, Churchill reforça a compreensão que os ingleses devem ter sobre o inimigo e a atenção a movimentos estranhos, dentro do país. Este alerta é necessário, pois o controle de informações, o risco de sabotagens e a espionagem são armas de guerra em uso e o primeiro combatente contra isso é o povo nas ruas. O conhecimento sobre as forças inimigas reafirma a qualidade inglesa, a dedicação à inovação e a capacidade intelectual próprias, bem como a potencialidade de um novo exército, de motivação contínua por parte de um crescente número de soldados e o apoio das antigas colônias.

> No Canal [da Mancha] e no Mar do Norte, por outro lado, nossas superiores forças navais de superfície, ajudadas por nossos submarinos, irão operar com ajuda aérea próxima e efetiva.
> Isto me traz naturalmente *à importante questão da invasão pelo ar e da iminente luta entre as forças aéreas da Grã-Bretanha e da Alemanha.* Parece claro *que nenhuma invasão, em escala acima da capacidade de nossas forças terrestres e capaz de esmagarem-nas com rapidez*, possa acontecer pelo ar até que a nossa força aérea tenha sido definitivamente dominada. *Mas a grande pergunta é: podemos destruir o poder aéreo de Hitler?*

Há um importante alerta para a realidade e uma antecipação de fatos, demonstrando o conhecimento das táticas de guerra. Churchill usa ironia, humor, realismo e obstinação, fazendo o chamamento à luta, comparando suas táticas com o inimigo. Para que Hitler possa invadir a Inglaterra, é estratégico que ele destrua em um primeiro momento as defesas aéreas inglesas. O segundo passo seria a supremacia naval, para que as tropas alemãs pudessem cruzar o Canal da Mancha e desembarcar com segurança, ao mesmo tempo em que tivessem lançado paraquedistas em solo britânico, enfrentando a menor resistência possível em terra. Estas variáveis passavam pela obrigatória destruição da RAF. Churchill precisa deixar a nação e as tropas em estado máximo de alerta, mas também de confiança em suas forças. Essa luta se daria neste momento, no verão do hemisfério norte. O momento era agora e se a Inglaterra não sobrevivesse ao verão, poderia perder a guerra.

> *Mas temos uma força aérea muito poderosa, que se mostrou muito superior em qualidade – seja em homens ou em máquinas –* à que

> encontramos até agora nas numerosas e ferozes batalhas aéreas que foram lutadas contra os alemães.
> Na luta em Dunquerque, que era uma espécie de terra de ninguém, *batemos indubitavelmente a força aérea alemã* e ganhamos o domínio local dos céus, *impondo dia após dia uma perda de três ou quatro para cada uma. Na defesa desta ilha, as vantagens para os defensores serão muito maiores* do que na luta em torno de Dunquerque. *Esperamos melhorar a taxa* de três ou quatro perdas para cada uma nossa que foi conseguida em Dunquerque.

Churchill reafirma a competência inglesa, o orgulho de seus pilotos e suas armas. Promove sua crença na própria força e confia que, na batalha que se aproxima, os resultados podem ser ainda melhores. A habilidade da RAF [Força Aérea Britânica] já havia se mostrado efetiva nos céus da França, o que iria se comprovar definitivamente nos meses subsequentes. Ainda havia uma desconfiança do povo e das outras armas – Exército e Marinha, sobre o comportamento das forças aéreas em Dunquerque, quando Churchill resolve poupar aviões para a batalha que estava no horizonte da Inglaterra. Isso fica bem claro no filme *Dunkirk*, de 2017, quando os pilotos da RAF que retornam não são bem recebidos em casa.

> Assim como está, *estou contente de informar à Casa que o nosso poder de combate aéreo é mais forte*, no presente, em comparação ao dos alemães, que sofreram perdas terríveis, mais do que jamais tiveram. Consequentemente, *acreditamos sermos detentores da capacidade de continuar a guerra nos céus sob melhores condições* das que experimentamos antes.
> *Aguardo com confiança pelas proezas de nossos pilotos – estes homens esplêndidos, essa juventude brilhante –*, que terão a glória de salvar a terra natal, a ilha em que moram e tudo o que amam, no mais mortal de todos os combates.

A batalha na Inglaterra está por começar. Para que se consolide o espírito vencedor é necessário um ambiente de otimismo e de confiança. Churchill precisa gerar uma atitude positiva entre todos, o que faz por meio da certeza que tem na qualidade e na quantidade de suas armas e no estímulo aos pilotos. Sabendo antecipadamente da grandiosa tarefa que estes desempenharão neste primeiro momento da batalha, expressa sua gratidão e apoio. Coloca nos ombros dos pilotos a esperança de todo o país, não como um fardo a ser carregado, mas como uma missão honrosa e nobre.

> *Muita coisa está em jogo. Todos os homens e mulheres terão a chance de exibir as melhores qualidades* de suas raças e *prestar os mais altos serviços às suas causas.* Para todos nós, nesta hora, qualquer que seja nossa situação social, nossa posição, nossa ocupação, nossos deveres, será uma ajuda lembrar os famosos versos:

> *"Ele não fez nem quis dizer nada comum,
> Diante daquela cena memorável".*

Churchill alerta para a importância do que está por vir imediatamente. Será um momento de superação individual e coletiva. Cria uma atmosfera mítica e épica, construindo a união em torno do heroísmo individual, da honra e do senso comum. Nos versos que cita, deixa claro que, dada a relevância do momento, todos os feitos serão igualmente decisivos.

> Achei que está certo, nesta ocasião, *dar à Casa e ao país alguma indicação* a respeito dos fundamentos sólidos e práticos *sobre os quais baseamos nossa inflexível determinação para continuar a guerra.*
> Há gente muito boa que diz: *"Não interessa. Vencer ou perder, afundar ou nadar, é melhor morrer do que se submeter à tirania – e que tirania".* Não me dissocio deles. Mas, *posso assegurar-lhes que profissionais das três Forças Armadas recomendaram em conjunto que devemos continuar a guerra e que há, no fim, esperanças boas e razoáveis de vitória.*

Falando na primeira pessoa, Churchill dá conhecimento ao Parlamento dos objetivos do governo e das Forças Armadas. Ele acredita que a luta pode ser vencida por intermédio da união dos ingleses. De forma coerente com relação às falas anteriores, segue convencido e confiante nas possibilidades de vitória e persiste na construção deste ambiente. Em resumo, para vencer precisa-se de união e de esperança, e para que haja esperança deve haver confiança de que existem fatores concretos e reais para chegar à vitória. Esta segurança é dada pelas Forças Armadas.

> *Temos informado e consultado todos os governos autônomos dos domínios britânicos*, estas grandes comunidades, bem além dos oceanos, que foram construídas a partir de nossas leis e de nossa civilização. *Eles estão completamente livres para escolher o seu caminho, mas estão completamente devotados também à antiga terra-mãe* e se sentem inspirados pelas mesmas emoções que me fazem apostar tudo no dever e na honra.
> *Nós os consultamos plenamente e, recebi* de todos estes homens iminentes – [...] e que estão lá porque representam a vontade de seus povos, *mensagens formuladas em termos comoventes*, nas quais endossam a nossa decisão de lutar e *se declaram prontos a partilhar o nosso destino e perseverar até o fim*, e é isso o que vamos fazer.

A motivação da guerra é a luta pela liberdade e pelos valores humanistas. Churchill precisa do apoio material, de tropas e de todos aqueles dispostos a lutar pelos mesmos ideais. A convocação dos países que compõem o império é a forma pela qual pretende aumentar seu poder de fogo. A adesão de outros países irá fortalecer a união interna, mas precisa ser obtida de forma livre, pois de outro modo, não seria coerente com os princípios que se está defendendo. Canadá, Austrália, Nova Zelândia, Índia e África do Sul, entre outros, colocam-se à disposição. A Irlanda, contudo, declara-se neutra e afirma que não participará da guerra.

Por outro lado [falando da possível invasão alemã à Inglaterra], não ocorrerá imediatamente, *e nós estamos, neste momento, seguros do apoio intenso, contínuo e crescente dos Estados Unidos – com suprimentos e todo o tipo de munição* – e, especialmente, com aviões e pilotos dos domínios britânicos, que cruzam os oceanos provenientes de regiões fora do alcance dos bombardeiros inimigos.

Os acordos firmados com os Estados Unidos geram um elevado padrão de confiança, conferem segurança na capacidade aliada de manter uma guerra de longo prazo. Há otimismo de que, num horizonte de curto prazo, muito possa ser organizado antes do ataque alemão. Este momento de tensão serve para que a Inglaterra se organize, mobilize suas tropas e a população.

*Ainda não sabemos o que vai acontecer na França*, ou se a resistência será prolongada, tanto na França quanto no Império Francês além-mar. [...] *Como quer que os assuntos caminhem na França* ou com o governo francês, ou com outros governos franceses, nesta ilha e no Império Britânico *nunca perderemos nosso senso de camaradagem para com o povo francês.*

A sensação de frustração pela forma com que os franceses se conduziram na guerra e o descontentamento pelos equívocos cometidos persiste e é uma constante em toda a guerra. Seu relacionamento com o general De Gaulle, líder do Exército Francês livre, nunca foi bom. Certa vez disse que De Gaulle *"parece uma lhama fêmea surpreendida em pleno banho"*[176]. Destaca que era *"uma criatura inverossímil, tal e qual uma girafa humana, farejando com suas imensas narinas todos os mortais postados abaixo de seu olhar altivo"*[177]. Churchill reafirma, nesta passagem, sua preocupação com os caminhos que os governantes franceses tomaram e seguem tomando. Ele separa claramente sua decepção com os líderes franceses de

---

176. ENRIGHT. *A Verve e o Veneno de Winston Churchill. Op. cit.*, p. 72.
177. Idem. *Ibidem*, p. 73.

sua admiração pelo povo francês. Ao longo de toda a guerra este sentimento de frustração, raiva e admiração é explicitado e dirigido, respectivamente aos governantes e ao povo. Por isso, à decepção se segue a reiteração da Inglaterra à França.

> Aquilo que o general Weygand chamou de *a batalha da França* acabou. A *batalha da Grã-Bretanha* está para começar. Desta batalha depende a sobrevivência da civilização cristã. Dela depende a própria vida britânica e a continuidade de nossas instituições e de nosso império.
> *Toda a fúria e o poder do inimigo devem muito em breve se virar contra nós.* Hitler sabe que terá de nos *fazer sucumbir nesta ilha ou perder a guerra. Se nós pudermos enfrentá-lo, toda a Europa poderá ser livre e a vida do mundo poderá continuar* na direção de campos amplos e ensolarados. *Mas, se nós falharmos, o mundo inteiro – inclusive os Estados Unidos*, inclusive todos os que conhecemos e com quem nos importamos – *irá afundar no abismo de uma nova era de trevas*, tornada mais sinistra e talvez mais prolongada, pelas luzes da ciência pervertida.
> *Vamos, portanto, nos unir em torno de nossos deveres. E saber que, se o Império Britânico e a Comunidade dos Estados Britânicos* (Commonwealth) *durarem mil anos, os homens ainda dirão: "Este foi o seu melhor momento".*

Ao final do discurso, Churchill resume seus pensamentos e enfatiza a importância da luta, alertando para as dificuldades, a dura realidade e o que realmente está em jogo. Novamente, destaca a sobrevivência do modo de vida ocidental. Com uma mensagem de esperança, otimismo e motivação, lembra a união de forças e o apoio vital dos Estados Unidos para o fornecimento de armas e tudo o mais que a Inglaterra venha a necessitar. A sociedade ocidental corre o grave risco de desaparecer e é preciso a demonização do inimigo, um adversário que deve ser derrotado. O discurso chama para a grandiosidade, a glória e a unidade da civilização ocidental livre, seu sentimento de dever e de honra contra uma ameaça real e mortal. O melhor momento da história da Inglaterra ocorreria quando pudesse mostrar ao mundo que defendeu a liberdade e a democracia, num contexto histórico em que tais valores estavam sendo destruídos, e as nações estavam sendo escravizadas. Que momento poderia ser melhor que este? Que grande desafio que somente esta nação poderia vencer. Sem dúvida, este seria seu maior momento.

No quadro esquemático abaixo, demonstra-se a construção do discurso pelo sentido das frases selecionadas, para a transmissão de uma mensagem específica:

### QUADRO 3 - "O MELHOR MOMENTO"

| | POSITIVO | NEGATIVO |
|---|---|---|
| POLÍTICOS | - Agora deixo tudo isso tudo de lado. Deixo na prateleira onde os historiadores, quando tiverem tempo, irão selecionar os documentos para contar suas histórias. Temos de pensar no futuro, e não no passado<br>- Tenho certeza de que, se abrirmos uma disputa entre o passado e o presente, descobriremos que vamos perder o futuro<br>- Os membros do governo vão permanecer unidos e, [...], vamos governar o país e lutar na guerra<br>- É absolutamente necessário, num momento como este, que seja respeitado todo ministro que procure fazer o seu dever - e [...] são homens cujas orientações devem ser obedecidas<br>- [...] um incansável estado de vigilância e de exercício da mente deve ser dedicado [...], porque o inimigo é astuto, perspicaz e cheio de artimanhas e estratagemas. A Casa pode ficar segura que estamos trabalhando com o máximo de engenhosidade<br>- Mas temos uma força aérea muito poderosa, que se mostrou muito superior em qualidade – seja em homens ou em máquinas<br>- [...] dar à Casa e ao país alguma indicação a respeito dos fundamentos sólidos e práticos sobre os quais baseamos nossa inflexível determinação para continuar a guerra<br>- Posso assegurar-lhes de que profissionais das três Forças Armadas, [...] recomendaram em conjunto que devemos continuar a guerra e que há esperanças boas e razoáveis de vitória | - Falei outro dia sobre o colossal desastre militar<br>- Há muitos que fariam um inquérito na Câmara dos Comuns [...]. Vamos deixar que cada homem examine seus discursos e sua consciência. Eu examino os meus com frequência<br>- [...] apontei à Casa, há duas semanas, tão claramente como podia, que as piores possibilidades estavam abertas<br>- Durante aquela guerra (1ª. Guerra), nós nos perguntávamos: como vamos vencer? [...] nosso terrível inimigo desmoronou à nossa frente, e ficamos tão saturados com a vitória que, em nossa estupidez, a jogamos fora |

|  | **POSITIVO** | **NEGATIVO** |
|---|---|---|
| **POVO** | - [...] determinação da Grã-Bretanha e do Império Britânico em lutar, *se necessário por anos, se necessário sozinhos*<br>- Muita coisa está em jogo. Todos os homens e mulheres terão a chance de exibir as melhores qualidades de suas raças e prestar os mais altos serviços às suas causas<br>- [...] "Não interessa. Vencer ou perder, afundar ou nadar, é melhor morrer do que se submeter à tirania – e que tirania"<br>- Se nós pudermos enfrentá-lo (os nazistas), toda a Europa poderá ser livre e a vida no mundo poderá continuar na direção de campos amplos e ensolarados | Aquilo que o general Weygand chamou de *a batalha da França* acabou. A *batalha da Grã-Bretanha* está para começar. Desta batalha depende a sobrevivência da civilização cristã. Dela depende a própria vida britânica e a continuidade de nossas instituições e de nosso império<br>- Toda a fúria e o poder do inimigo devem muito em breve se virar contra nós<br>- Mas a grande pergunta é: podemos destruir o poder aéreo de Hitler? |
| **INIMIGOS** | - Temos, portanto, nesta ilha, hoje em dia, uma força militar grande e poderosa. Esta força compreende todas as nossas mais bem treinadas tropas, [...]. Por trás deles, temos os voluntários da defesa local<br>- Haveria amplas possibilidades (de saber os planos inimigos), [...] de que esta frota armada fosse interceptada bem antes de atingir a costa | - Nós devemos ser capazes de dar a esta turma (os para quedistas alemães) uma recepção calorosa, tanto no ar, como no solo<br>- Hitler sabe que terá de nos fazer sucumbir nesta ilha ou perder a guerra |
| **ALIADOS** | - Aguardo com confiança pelas proezas de nossos pilotos – estes homens esplêndidos, esta juventude brilhante -, que terão a glória de salvar a terra natal, a ilha onde moram e tudo o que amam, do mais mortal de todos os ataques<br>- Temos consultado e informado todos os governos autônomos dos domínios britânicos. [...] Eles estão completamente livres para escolher o seu caminho, mas estão totalmente devotados à terra-mãe e inspirados<br>- [...] e nós estamos, neste momento, seguros do apoio intenso, contínuo e crescente do Estados Unidos – com suprimentos e todo o tipo de munição<br>- Ainda não sabemos o que vai acontecer na França, [...] Como quer que os assuntos caminhem na França [...] nunca perderemos nosso senso de camaradagem para como o povo francês | - [...] ficaremos encantados em oferecer ao *Signor* Mussolini uma passagem livre e protegida pelo estreito de Gibraltar. Há uma curiosidade em descobrir se os italianos se mantiveram no mesmo nível em que estavam na última guerra |
| **TODOS** | - fomos bem-sucedidos em trazer a maior parte de nossas tropas [...] ou seja, em torno de 350 mil de um total de 400 mil homens – estão seguros de volta a este país<br>- Vamos, portanto, nos unir em torno de nossos deveres. E saber que, se o Império Britânico e a Comunidade dos Estados Britânicos durarem mil anos, os homens ainda dirão: "Este foi o seu melhor momento" | - Mas, se falharmos, o mundo inteiro – inclusive os Estados Unidos, [...] irá afundar no abismo de uma nova era de trevas, tornada mais sinistra e talvez mais prolongada, pelas luzes da ciência pervertida |

O "melhor momento" foi escrito numa passagem de profunda tensão. A guerra estava sendo perdida. O direcionamento das palavras é geral: políticos, povo, inimigos, aliados e a reunião de todos são foco de comentários positivos e negativos. Por vezes, notícias ruins são comunicadas para, justamente, causarem um efeito de coesão, e não de desalento. Um cenário verdadeiro e drástico é construído para que fosse entendida a real necessidade de se manter a coesão.

No meio político, Churchill descreve o cenário da guerra e propõe uma trégua nas discussões sobre as decisões tomadas. Quando diz que *"se abrirmos uma disputa entre o passado e o presente, descobriremos que vamos perder o futuro"*, pede claramente ao Parlamento que postergue a crítica imediatista ou politiqueira, abrindo espaço para a prática uma política maior, sem partidarismos, que contribua para o esforço de guerra. Ele relaciona os erros nos acordos de paz, após a Primeira Guerra, e avalia as possibilidades de vitória das forças inglesas.

Quando se dirige ao povo, é claro sobre o futuro. Demonstra que *"toda a fúria e o poder do inimigo devem muito em breve se virar contra nós"* e fala do fim da batalha da França. A vitória deve ser o objetivo principal e a luta pela liberdade é a causa pela qual vale a pena morrer. Isto fica claro quando impõe que *"é melhor morrer do que se submeter à tirania – e que tirania!"*. Há aqui uma crítica, por vezes velada, por vezes aberta, à forma com que a Bélgica e especialmente a França se portaram na Batalha da França. Por medo de bombardeios em Paris e que a cidade fosse danificada, o governo francês capitulou, fato que calou fundo em Churchill, que admitia preferir ver Londres em ruínas a vê-la nas mãos de Hiltler.

Embora respeite a força militar alemã, Churchill despreza tudo o que os nazistas representam. Sem misericórdia, ele declara que *"Hitler sabe que terá de nos fazer sucumbir nesta ilha ou perder a guerra"*, mobilizando a população a defender a Grã-Bretanha.

Churchill sabe que precisa contar com o apoio de tropas das nações da *Commonwealth*, associadas ao apoio em equipamentos, dos americanos. Os alicerces desta aliança são feitos respeitando a liberdade de escolha destas nações, mas a decisão precisa ser tomada rapidamente e em apoio à Inglaterra. A crítica aos generais franceses e belgas é direta, porém Churchill faz a distinção entre eles e a nação francesa e belga. Generais podem ser substituídos, não o apoio popular.

Ao final, chama a atenção para a altivez da cultura e das tradições britânicas, lembrando a história de conquistas, inovações e a relevância dos ingleses no contexto mundial moderno. A vitória será possível, desde que os Estados Unidos se engajem de alguma forma. A guerra dos ingleses não é só pelos seus interesses, mas pela liberdade. Fala diretamente aos americanos quando diz que, *"se falharmos, o mundo inteiro – inclusive os Estados Unidos... – irá afundar no abismo de uma nova era de trevas"*. A guerra é um sacrifício, mas também é nobre. Ao final, busca o clímax ao dizer que, *"se o Império Britânico e a Comunidade dos Estados Britânicos durarem mil anos, os homens ainda dirão: 'Este foi o seu melhor momento'"*.

O contexto em que foi pronunciado o discurso "O melhor momento" foi um dos mais críticos de toda a guerra. A Europa continental havia caído em mãos alemãs em menos de dez meses, inclusive a, até então, poderosa França. As perspectivas agora apontavam para um ataque direto da Alemanha à Inglaterra e sua invasão pelo mar.

É um discurso ao mesmo tempo deliberativo e epidíctico, ou seja, utiliza recursos estilísticos em abundância e procura convencer com exemplos e raciocínios. Realizado inicialmente na Câmara dos Comuns, traduz a intenção de chamar a atenção de todos os partidos para as responsabilidades de cada um na guerra. Porém, crente de que sua fala atingiria a opinião pública e os aliados além-mar, Churchill lembra a honra e o orgulho de ser inglês, o que isto representa e o que está sendo defendido. Ele apela para a ordem universal, construindo a imagem do mal sobre os nazistas.

A estrutura do discurso é claramente dividida. No início, os argumentos são apresentados na narração dos acontecimentos mais recentes. Churchill utiliza sua experiência e credibilidade para entrelaçar fatos, soma a emoção e a lógica dos argumentos para justificar suas decisões. No prosseguimento, usa uma argumentação clara, direta e sincera; sem a união de todos – políticos, militares, povo e aliados –, não será possível suportar os momentos graves que se vislumbram sem força de vontade e sem o perfeito entendimento do cenário futuro não se encontrarão energias para vencer o inimigo.

Por fim, a fala de Churchill é construída num crescente de razão e emoção, procurando manter a atenção e o entendimento de todas as plateias.

Em termos de argumentos quase-lógicos, quando contrapõe liberdade e tirania, identifica e define conceitos. Ao falar reiteradamente da França, separando seus governantes de seu povo, estabelece relações de reciprocidade, mostrando situações distintas, tratadas da mesma forma.

O discurso utiliza argumentos que fundam o real, valendo-se de exemplos, ilustrações e analogias. Ao encerrar seu raciocínio de que *"se o Império Britânico e sua* Commonwealth *durarem mil anos, os homens ainda dirão: 'Este foi o seu melhor momento'"*, Churchill incentiva a guerra nobre e a luta pela liberdade, pois pela honra inglesa é melhor morrer do que ser escravo. Se tudo der errado, este terá sido o momento ápice do povo inglês. Ao mesmo tempo, indica que se forem contemplados com a vitória terão sido protagonistas deste melhor momento.

Sua fala repousa em sua crescente credibilidade. A atitude provocadora, porém firme, de propor a análise de fatos polêmicos, num segundo momento e em outro foro (a sessão secreta), só é possível porque Churchill pode assumir esse risco político. Ele mostra competência, sabe o que deve ser feito e dá provas de seu conhecimento de forma honesta e direta, se identifica com as diversas audiências ao demonstrar sua humanidade, emoções, confissões e intimidade para com elas. Exerce o comando e assume as responsabilidades pessoalmente, apresentando-se como líder-pastor e guia-profeta.

O período é de evidente tensão na política interna inglesa e no *front* de batalha. Churchill precisa restringir as críticas que sofre em casa e mobilizar o Parlamento, as Forças Armadas, a população e seus aliados para a defesa da Inglaterra. Não há tempo a perder e seu empenho, coragem e capacidade para liderar ficam claros no discurso. O *"melhor momento"* não poderia ser outro, ou seja, uma grande crise que decidirá o futuro da Grã-Bretanha e exigirá que cada um dê o seu melhor.

# CAPÍTULO VII
## A guerra dos soldados desconhecidos

Uma série de discursos, proferidos entre maio e julho de 1940, abrange um período histórico de grande apreensão e risco de derrota. A França caíra, e a máquina de guerra alemã preparava a invasão da Inglaterra. Cabia ao primeiro-ministro inglês a árdua missão de manter o moral alto e preparar a população para o pior.

No transcorrer do mês, em 5 de julho, o governo colaboracionista do marechal Henri Pétain rompe relações diplomáticas com a Grã-Bretanha. No dia 8, a Marinha inglesa coloca fora de combate o novo encouraçado francês *Richelieu*, em Dakar, Senegal. Três dias depois, a Alemanha se apodera de todo o ouro e de todos os títulos financeiros e bônus do tesouro francês. No dia seguinte, a Grã-Bretanha acorda em fechar, por três meses, a rota de Burma ao tráfego de armamentos[178].

Winston Churchill, por diversas vezes, manifesta seu descontentamento com a forma com que os militares belgas e, depois, os militares franceses, haviam se rendido e abdicado da luta. Em seu discurso de 4 de junho de 1940, sobre a retirada de Dunquerque, declarou:

> Entretanto, no último momento, quando a Bélgica já havia sido invadida, o rei Leopoldo apelou para nosso auxílio, e mesmo no

---
178. CHURCHILL. *Sangue, Suor e Lágrimas. Op. cit.*, p. 275.

último momento, nós acorremos. Ele e seu bravo e eficiente exército, quase meio milhão de homens, protegiam o nosso flanco esquerdo e assim mantinham aberta nossa única linha de retirada para o mar. Subitamente, sem consulta prévia, sem o menor aviso, sem ouvir os seus ministros sobre uma resolução que tomou individualmente, o rei da Bélgica mandou ao Comando Germânico um plenipotenciário com a capitulação de seu exército, deixando assim exposto o nosso flanco esquerdo e cortada qualquer possibilidade de retirada[179].

Sobre a desistência dos franceses em lutar, os sentimentos são mesclados: respeito e apoio à população francesa, preocupação com as decisões militares futuras. No episódio conhecido como Batalha de Oran, a marinha inglesa ataca a marinha francesa articulando com o propósito de evitar que todo aquele poderio militar se transferisse para o controle alemão. As forças armadas francesas, leais e obedientes ao governo de Vichy, deveriam entregar suas armas a Adolf Hitler. Churchill, em 4 de julho de 1940, descreve para os deputados, na Câmara dos Comuns, o que o representante inglês, comandante Lancelot Hollander (1887-1941), dissera aos militares franceses aquartelados:

> Torna-se impossível para nós, que até agora fomos vossos leais companheiros, permitir que vossos excelentes navios caiam em poder do inimigo alemão ou italiano. Estamos determinados a prosseguir na luta até o fim e, se vencermos, como temos a convicção de que acontecerá, nunca esquecemos que a França foi nossa aliada, que os nossos interesses são os mesmos e que nosso inimigo comum é a Alemanha. [...] Para atingir este objetivo, precisamos de garantias de que os melhores navios da frota francesa não serão utilizados contra nós pelo inimigo comum[180].

---

179. CHURCHILL. *Sangue, Suor e Lágrimas*. *Op. cit.*, p. 243.
180. Idem. *Ibidem*, p. 271.

Prossegue o comandante inglês com as opções para que os franceses, cujos navios estavam ancorados em Mers-El-Kebir e Oran, pudessem decidir:

> Nessas condições, o governo de Sua Majestade permite que adotem uma das seguintes alterativas:
>
> **a)** Incorporem-se à nossa esquadra, para continuar a luta contra os alemães e os italianos;
> **b)** Dirijam-se, com tripulações reduzidas e sob nosso controle, para um porto britânico. Os tripulantes serão repatriados no menor prazo possível. Se uma destas alternativas for adotada, restituiremos vossos navios à França, assim que termine a guerra, ou pagaremos uma indenização correspondente ao seu valor, caso sejam danificados no curso das hostilidades;
> **c)** Ainda outra hipótese [...] podereis transportar vossos navios, com tripulações reduzidas, para um porto francês nas Índias Ocidentais – Martinica, por exemplo – onde possam ser desarmados [...];
> **d)** No caso de serem recusadas essas propostas leais, tenho o profundo pesar de solicitar-vos que afundeis vossos navios dentro do prazo de seis horas.
>
> Finalmente, se nenhuma destas alternativas for aceita, tenho ordens expressas do governo de Sua Majestade para fazer o uso da força que se tornar necessária, a fim de impedir que os vossos navios caiam em poder da Alemanha ou da Itália[181].

O almirante Marcel Gensoul (1880-1973), da Marinha francesa, recusou-se a aceitar as propostas inglesas e, numa intensa e rápida batalha, os ingleses afundaram um cruzador, um encouraçado, dois destroieres e um porta-aviões, além de provocar avarias em diversos outros navios. O sentimento de Churchill sobre a França se evidencia,

---

181. Idem. *Ibidem*, p. 271.

como revela seu discurso de 20 de agosto, transcrito a seguir. Embora a citação seja longa, entende-se que seja elucidativa:

> Embora a França metropolitana estivesse temporariamente dominada, não havia razão para que a Marinha francesa, uma boa parte do Exército francês, a Força Aérea e o Império Francês de além-mar não prosseguissem na luta ao nosso lado. [...] Protegida por esmagadora superioridade naval, possuidora de bases estratégicas de inestimável valor e de amplos recursos financeiros, a França poderia ter continuado como um dos grandes combatentes desta luta. Assim fazendo, teria preservado a continuidade de sua vida histórica, enquanto o Império Francês, lado a lado com a Grã-Bretanha, avançaria para salvar a independência e a integridade da Pátria-Mãe. [...] A maioria dos outros países vencidos até agora pela Alemanha resistiram brava e lealmente. Os checos, os poloneses, os holandeses, os noruegueses, os belgas ainda estão no campo de batalha, armas na mão, reconhecidos pela Grã-Bretanha e pelos Estados Unidos como as únicas autoridades representativas e os únicos governos legais de seus respectivos países. [...]
> O grande crime, não da França, não de uma grande e nobre nação, mas dos chamados *homens de Vichy*, foi permitir que só a França se deixasse prostrar sem resistir até o fim. Temos enorme simpatia pelo povo francês. A nossa antiga camaradagem com a França não morreu e continua concretizada na solidariedade do general De Gaulle e de seus bravos partidários. Esses franceses livres foram condenados à morte pelo governo de Vichy, mas há de chegar o dia, tão seguramente como o sol há de surgir amanhã, em que os seus nomes serão glorificados e gravados em pedra, nas ruas e nas aldeias de uma França restaurada, numa Europa que tenha reconquistado a sua liberdade e o seu antigo prestígio[182].

---

182. Idem. *Ibidem*, p. 281-92.

Para preparar o lançamento da Operação *Leão-Marinho* (Operation Sea Lion) – código para a planejada invasão da Grã--Bretanha –, Hitler ordenou um bombardeio aéreo pesado contra o país, com o propósito de destruir a Força Aérea Britânica. Em 10 de julho, começou a que viria a ser conhecida como a *Batalha da Grã-Bretanha*[183].

## VII.1 - Discurso de 14 de julho de 1940

"Hoje é 14 de julho, Dia Nacional da França. Há um ano, em Paris, eu assistia à parada suntuosa, pelos Champs Elysées, do Exército e do Império Francês. Quem pode prever o que os outros anos podem trazer? A fé nos foi dada para ajudar e confortar quando ficamos espantados diante do livro no qual se desenrola o destino humano. Proclamo minha fé de que alguns de nós viverão para ver um 14 de julho quando uma França libertada irá de novo se alegrar na grandeza e na glória, e uma vez mais se afirmar como defensora da liberdade e dos direitos do homem. Quando o dia de amanhecer, e amanhecer irá, a alma da França se voltará com compreensão e bondade para os franceses e francesas, onde quer que estejam e que, no momento mais difícil, não perderam as esperanças na República.

Agora, cabe a nós ficar sozinhos diante do que se rompeu e enfrentar o pior que o poderio e a inimizade do tirano podem fazer. Posicionando-nos diante de Deus, conscientes de que serviremos a um propósito revelador, estamos prontos para defender a nossa terra natal contra a invasão da qual está ameaçada. Estamos lutando sozinhos por nós mesmos, mas não estamos lutando sozinhos para nós mesmos.

Aqui, nesta forte cidade do refúgio, que santifica os títulos do progresso humano e que é de profunda importância

---

183. CHURCHILL. *Jamais Ceder! Op. cit.*, p. 183.

à civilização cristã; aqui, cercados por mares ou oceanos por onde reina a Marinha e protegidos lá em cima pela valentia e devoção de nossos aviadores — esperamos sem medo o ataque iminente. Talvez seja hoje à noite, talvez seja semana que vem. Talvez não aconteça nunca. Devemos nos mostrar igualmente capazes de enfrentar um repentino choque violento ou — o que talvez seja um teste mais difícil — uma vigília prolongada. Mas seja o desafio rápido ou longo, ou ambos, não vamos buscar acordos, não vamos tolerar negociação. Podemos mostrar misericórdia — não pediremos nenhuma.

Posso facilmente entender como alguns observadores simpatizantes do outro lado do Atlântico, ou como amigos ansiosos nos países ainda não violados da Europa — que não podem medir nossos recursos e nossa determinação — possam temer pela nossa sobrevivência, já que viram tantos Estados e Reinos serem despedaçados em poucas semanas ou mesmo em dias pela monstruosa força da máquina de guerra nazista. Hitler, no entanto, ainda não se impôs a uma grande nação que possua uma determinação semelhante à sua. Muitos destes países foram envenenados pela intriga, antes de serem destruídos pela violência. Foram apodrecidos por dentro antes de serem golpeados de fora. De que outra forma se pode explicar o que aconteceu na França — com o Exército francês, com o povo francês, com os líderes do povo francês? [...]

Temos um milhão e meio de homens armados no Exército Britânico hoje à noite — e a cada semana de junho e julho a organização, as defesas e o próprio poder de ataque foram avançando a passos largos. Nenhum elogio é demais para os oficiais e homens — sim, e civis — que proporcionaram esta imensa transformação num período tão curto.

Por trás dos soldados do exército regular, como forma de destruir parquedistas, invasores transportados pelo ar e quaisquer traidores que possam ser encontrados entre nós (mas não acredito que sejam muitos — malditos sejam, vão ser castigados); por trás do exército regular há mais de um milhão de voluntários da Defesa Local ou, como são mais bem chamados, a Guarda Interna. Estes oficiais e homens — dos quais uma grande proporção lutou na última guerra — têm o intenso desejo de atacar e estar perto do inimigo, onde quer que ele possa aparecer.

Se o invasor chegar à Grã-Bretanha, não haverá a acomodação plácida do povo em submissão, como vimos, sim, em outros países. Vamos defender cada aldeia, cada vila, cada cidade. A grande população de Londres, lutando rua a rua, poderia facilmente destruir um exército hostil inteiro — e nós preferiríamos ver Londres em ruínas e cinzas a ser mansa e abjetamente escravizada. Sou obrigado a declarar estes fatos porque é necessário informar ao povo as nossas intenções e, assim, renovar a confiança deles. [...]

Estou na liderança de um governo que possui representantes de todos os partidos no Estado — todos os credos, todas as causas, cada segmento reconhecido de opinião. Estamos situados logo abaixo da Coroa, na nossa antiga monarquia, apoiamo-nos em um Parlamento e em uma imprensa livre. Há, no entanto, um vínculo que nos une e nos sustenta aos olhos do público, como está ficando mais e mais notório, o de que estamos preparados para agir como um todo, para apoiá-lo e reforçá-lo. Hoje à noite, este é o elo de união em torno do governo de Sua Majestade. Somente assim, em tempos como estes, nações podem preservar a liberdade e, somente assim, podem sustentar a causa confiada aos seus cuidados.

Mas tudo depende agora da força de viver da raça britânica em todas as partes do mundo e de nossos povos amigos e simpatizantes em todo lugar, fazendo o máximo, noite e dia, dando tudo, ousando tudo, suportando tudo — ao máximo — até o fim. Esta não é uma guerra de líderes ou de príncipes, de dinastias ou de ambição nacional, é uma guerra de povos e de causas. Há um grande número de pessoas, não só nesta ilha, como em outras terras, que irão prestar um serviço dedicado nesta guerra, mas cujos nomes jamais serão conhecidos, cujas ações jamais serão registradas.

Esta é uma guerra de guerreiros desconhecidos: vamos todos nos esforçar, sem falhar na fé ou no dever, e a maldição das trevas de Hitler desaparecerá de nossa época.

## VII.2 - Análise do discurso de 14 de julho de 1940

O discurso "A guerra dos soldados desconhecidos", transmitido pelo rádio em 14 de julho de 1940, abrange um período histórico de grande apreensão e de eminente risco de derrota. A França caíra, e a Alemanha iniciava os preparativos para a invasão da Inglaterra. A Churchill cabia manter o moral geral elevado, mas ao mesmo tempo preparar a população para o pior cenário possível.

> *Hoje é 14 de julho, Dia Nacional da França.* Há um ano, em Paris, eu assistia à parada suntuosa, pelos Champs Elysées, do Exército e do Império Francês. *Quem pode prever o que os outros anos podem trazer?* [...] *Proclamo minha fé* de que alguns de nós viverão para ver um 14 de julho quando *uma França libertada irá de novo se alegrar na grandeza e na glória,* e uma vez mais se afirmar como defensora da liberdade e dos direitos do homem.

A França caíra em mãos nazistas, e Churchill faz um relato melancólico da realidade, das perspectivas e incertezas que o futuro reserva. Procura dar esperanças, evocando a grandeza de sentimentos, a fé no amanhã, apoiando e respeitando a história francesa. Apesar das ressalvas à falta de empenho das Forças Armadas francesas e sua rápida capitulação, Churchill é um admirador da cultura francesa (inúmeras vezes passou férias na França e parte de suas pinturas reproduzem paisagens francesas ou foram lá produzidas) e entende que a ação do governo e dos políticos franceses não traduz as aspirações da maioria de sua população. Os ideais da Revolução de 1789 e sua simbologia são referências do povo francês.

> *Agora, cabe a nós ficar sozinhos diante do que se rompeu e enfrentar o pior* que o poderio e a inimizade do tirano podem fazer. Posicionando-nos diante de Deus, conscientes de que serviremos a um propósito revelador, *estamos prontos para defender a nossa terra natal contra a invasão* da qual está ameaçada. *Estamos lutando sozinhos por nós mesmos, mas não estamos lutando sozinhos para nós mesmos*[184].

A Inglaterra está sozinha, mas Churchill não se sente só ou desesperado. Ao contrário, a luta ganha novos contornos quando joga com as palavras e dá o real sentido da luta britânica. É uma luta pela liberdade de todos, em que a Inglaterra seguirá sozinha. A dura situação é abordada sem meias palavras. Churchill reitera a necessidade de que todos estejam engajados e preparados. Este discurso liga-se com o anterior no sentido de que se estabelece um combate épico, cada vez mais difícil, mas que para os ingleses será cada vez mais nobre. A construção deste parágrafo une-se ao discurso anteriormente analisado. A narrativa é conectada e cada fala se baseia na anterior e de certa forma, prepara para a próxima.

> *Aqui, nesta forte cidade do refúgio*, que santifica os títulos do progresso humano e que é de profunda importância à civilização cristã; *aqui, cercados por mares ou oceanos por onde reina a Marinha e protegidos lá em cima pela valentia e devoção de nossos aviadores – esperamos sem medo o ataque iminente. Talvez seja hoje à noite,

---

184. A frase em inglês diz: *"we are fighting* by *ourselves alone, but we are not fighting* for *ourselves alone"*. Faz-se necessário dar o entendimento de que a luta estava sendo travada pelos ingleses sozinhos, não para eles somente, mas por eles sozinhos, para outros, além deles.

*talvez seja na semana que vem. Talvez não aconteça nunca.* Devemos nos mostrar igualmente capazes de enfrentar um repentino choque violento ou – o que talvez seja um teste mais difícil – uma vigília prolongada.

Trata-se uma declaração de resistência e de valentia, em tom de oração, que refaz os votos e a necessidade da unidade em defesa de valores universais. A defesa de Londres e da Inglaterra depende de uma nova motivação, a partir de ações individuais e coletivas. Um novo e eficiente exército está de prontidão e é importante que todos saibam disso. A *blitzkrieg* iniciada pelos alemães revolucionou as táticas de guerra. A população inglesa, conhecedora apenas de táticas antigas, precisa saber que seu País está preparado para este novo tipo de guerra e Churchill propõe isso neste parágrafo.

*Posso facilmente entender como alguns observadores simpatizantes do outro lado do Atlântico,* ou como amigos ansiosos nos países ainda não violados da Europa – que não podem medir nossos recursos e nossa determinação – *possam temer pela nossa sobrevivência,* já que viram tantos Estados e Reinos serem despedaçados em poucas semanas, ou mesmo em dias, pela monstruosa força da máquina de guerra nazista. Hitler, no entanto, ainda não se impôs a uma grande nação que possua uma determinação semelhante à sua. *Muitos destes países foram envenenados pela intriga, antes de serem destruídos pela violência. Foram apodrecidos por dentro, antes de serem golpeados de fora.*

Muitas pessoas, fora da Inglaterra, não tinham confiança na determinação inglesa de lutar e vencer e entendiam que em breve haveria uma nova ordem mundial. Porém Churchill rebate os que duvidam; com certa ironia e uma mensagem de força, confiança e esperança reitera sua postura desafiadora, fazendo uma comparação com outros países derrotados. Cada derrota se deve a uma causa, sobretudo interna – e esta mensagem estava direcionada ao caso francês, que carece do sentimento de unidade impregnado na cultura do Império Britânico. Se a Inglaterra mantivesse a coerência interna, seria capaz de vencer. Essa dúvida era muito forte especialmente nos Estados Unidos onde a desconfiança de que a Inglaterra cairia brevemente servia de argumento para os segmentos da sociedade que não queriam entrar no conflito.

> *Temos um milhão e meio de homens armados no Exército Britânico hoje à noite* – e a cada semana de junho e julho a organização, as defesas e o próprio poder de ataque foram avançando a passos largos. *Nenhum elogio é demais para os oficiais e os homens – sim, e os civis – que proporcionaram esta imensa transformação num período tão curto.* [...] por trás do exército regular há mais de um milhão de voluntários da Defesa Local ou, como são melhor chamados, a Guarda Interna. *Estes oficiais e homens* – dos quais uma grande proporção lutou na última guerra – *têm o* intenso *desejo de atacar e estar perto do inimigo*, onde quer que ele possa aparecer.

Churchill evidencia a organização de seu governo e o estado de prontidão da nação. Há um claro entendimento da realidade da guerra, e um alerta é feito à população para que observe os movimentos do inimigo em terras inglesas. A mobilização do cidadão comum no esforço de guerra se mostra vital para a defesa da ilha, o pensamento vitorioso é uma virtude inglesa, e este espírito de glórias dos britânicos é lembrado ao exército formal e aos voluntários da Guarda Civil. Churchill não cansa de elogiar, sempre que há razões para fazê-lo.

> Se o invasor chegar à Grã-Bretanha, *não haverá a acomodação plácida do povo em submissão, como vimos, sim, em outros países.* Vamos *defender cada aldeia, cada vila, cada cidade.* A grande população de Londres, *lutando rua a rua*, poderia facilmente destruir um exército hostil inteiro – e *nós preferiríamos ver Londres em ruínas e cinzas a ser mansa e abjetamente escravizada.*

Novamente, a lembrança do que aconteceu com outros povos da Europa é evocada. A memória da capitulação francesa e a queda de Paris sem luta são uma imagem que Churchill usa como lição de como os ingleses não deveriam agir. O sentimento de dever para com os franceses perdurará por toda a guerra, mas a crítica ao governo e ao exército da França é também uma referência negativa permanente. Preferir ver Londres em ruínas a ser escravizada é a ordem para que se conduzam diferentemente. Haverá luta e a defesa da Inglaterra será total, em que pesem as consequências da destruição.

*Sou obrigado a declarar estes fatos porque é necessário informar ao povo as nossas intenções e, assim, renovar a confiança deles.* Estou na liderança de um governo que possui representantes de todos os partidos no Estado – todos os credos, todas as causas, cada segmento reconhecido de opinião. Estamos situados logo abaixo da Coroa, na nossa antiga monarquia. *Apoiamo-nos em um Parlamento e em uma imprensa livre.*

Churchill reafirma a importância do segundo e quarto poderes, o legislativo e a imprensa. Portanto, ele deve prestar, com clareza e precisão, informações sobre a guerra. Uma comunicação franca e direta entre o líder e o povo ajuda na construção de uma relação de confiança e de união. Falando na primeira pessoa, Churchill assume a responsabilidade para o exercício pleno da democracia, de forma humilde e submissa à hierarquia dos poderes nela representados.

[...] *estamos preparados para agir como um todo*, [...] *este é o elo de união em torno do governo de Sua Majestade. Somente assim, em tempos como estes, nações podem preservar a liberdade* e, somente assim, podem sustentar a causa confiada aos seus cuidados.

Churchill tem claro que a única forma de vencer a guerra é por meio da união de todos – governo, políticos, Forças Armadas, povo e aliados, necessidade que se faz presente em todas as suas falas e pronunciamentos.

> *Mas tudo depende agora da força de viver* da raça britânica em todas as partes do mundo e de nossos povos amigos e simpatizantes em todo lugar, *fazendo o máximo, noite e dia, dando tudo, ousando tudo, suportando tudo – ao máximo – até o fim. Esta não é uma guerra de líderes ou de príncipes, de dinastias ou de ambição nacional, é uma guerra de povos e de causas.* Há um grande número de pessoas, não só nesta ilha, como em outras terras, que irão prestar um serviço dedicado nesta guerra, *mas cujos nomes jamais serão conhecidos*, cujas ações jamais serão registradas.

Churchill apela ao livre-arbítrio, para que os ingleses lutem com convicção pelos objetivos já apresentados. Tudo foi explicado, e as decisões são radicais. Ele procura influenciar a decisão dos indivíduos e transferir a todos a responsabilidade compartilhada direta pelos resultados do que irá acontecer. Ao destacar o indivíduo da massa, torna cada um, independente do que fizer, um membro ativo e comprometido com os acontecimentos. Este indivíduo deverá, para vencer, acreditar e entregar-se à luta, por um bem coletivo maior. Transfere-se, assim, a glória e a luta, o ônus e o bônus, ao cidadão comum. As guerras até então ocorriam por objetivos coloniais ou sonhos pessoais de reis e governos. Esta guerra, agora, é travada pela sobrevivência do modo de vida ocidental e por tudo em que acreditam os ingleses. As glórias, especialmente estas, serão dos indivíduos.

> *Esta é uma guerra de guerreiros desconhecidos: vamos todos nos esforçar, sem falhar na fé ou no dever*, e a maldição das trevas de Hitler desaparecerá de nossa época.

Em tom melodramático, carismático, porém objetivo e claro, Churchill encerra sua mensagem de fé na vitória, com o exorcismo do mal. No final do discurso, procura engrandecer o espírito da população, dando a importância devida aos guerreiros desconhecidos, não minimizando o fato de que sejam anônimos, mas ressaltando que todos são importantes, pois são todos participantes de uma luta vital. Novamente, ele expressa a essencialidade da união para uma guerra contra o mal. Pode ser que estejam lutando sozinhos, porém, não abandonados e sem preparo.

Quando tratamos do enquadramento esquemático, pode-se observar a construção do discurso através de frases selecionadas, para a definição da mensagem principal:

**QUADRO 4 - "A GUERRA DOS SOLDADOS DESCONHECIDOS"**

| | POSITIVO | NEGATIVO |
|---|---|---|
| POVO | - Proclamo minha fé de que alguns de nós viverão para ver um 14 de julho quando uma França libertada irá de novo se alegrar na grandeza e na glória<br>- Temos um milhão e meio de homens armados no Exército britânico hoje à noite<br>- Nenhum elogio é demais para os oficiais e os homens – sim, e os civis – que proporcionaram esta imensa transformação num período tão curto<br>- Sou obrigado a declarar estes fatos porque é necessário informar o povo sobre as nossas intenções e, assim, renovar a confiança deles | - Hoje é 14 de julho, Dia Nacional da França. Há um ano, em Paris, eu assistia à parada [...] no Champs Elysées. Quem pode prever o que outros anos podem trazer?<br>- Agora, cabe a nós ficar sozinhos diante do que se rompeu e enfrentar o pior que o poderio e a inimizade do tirano podem fazer |
| ALIADOS | - Muitos destes países foram envenenados pela intriga, antes de serem destruídos pela violência<br>- De que outra forma se pode explicar o que aconteceu com a França?<br>- Apoiamo-nos em um Parlamento e em uma imprensa livre | - Posso facilmente entender como alguns observadores simpatizantes [...] possam temer pela nossa sobrevivência, já que viram tantos Estados e reinos desaparecerem em semanas<br>- Muitos destes países foram envenenados pela intriga, antes de serem destruídos pela violência. Foram apodrecidos por dentro antes de serem golpeados de fora<br>- [...] não haverá a acomodação plácida do povo em submissão, como vimos, sim, em outros países |

| | POSITIVO | NEGATIVO |
|---|---|---|
| **TODOS** | - [...] estamos prontos para defender a nossa terra natal contra a invasão da qual está ameaçada. Estamos lutando sozinhos por nós mesmos, mas não estamos lutando sozinhos para nós mesmos<br>- Mas seja o desafio rápido ou longo, ou ambos, não vamos buscar acordos, não vamos tolerar negociação. Podemos mostrar misericórdia – não pediremos nenhuma<br>- Vamos defender cada aldeia, vila e cidade [...] e nós preferiríamos ver Londres em ruínas e cinzas a ser mansa e abjetamente escravizada<br>- Esta não é uma guerra de líderes ou príncipes, de dinastias ou ambição nacional, é uma guerra de povos e causas<br>- Esta é uma guerra de guerreiros desconhecidos: vamos todos nos esforçar [...] e a maldição das trevas de Hitler desaparecerá de nossa época | - Aqui, nesta cidade do refúgio, [...] esperamos sem medo o ataque iminente. Talvez seja hoje à noite, talvez seja na semana que vem. Talvez não aconteça nunca<br>- [...] fazendo o máximo, noite e dia, dando tudo, ousando tudo, suportando tudo – ao máximo – até o fim |

Dado o contexto histórico daquele momento específico, de preparação para a Batalha da Inglaterra que está por iniciar, eis um discurso voltado ao povo. A situação da guerra é cada vez mais crítica e os ataques a Londres já se iniciaram. O risco da invasão alemã é real. Churchill precisa manter a mobilização e o estado de alerta. Contudo, a queda das nações europeias se deve ao fato, como explica Churchill, de que *"muitos destes países foram envenenados pela intriga, antes de serem destruídos pela violência"*, o que em sua visão explica a tomada da França e lembra aos ingleses da necessidade de absoluta união contra o invasor.

Se os ingleses se dividirem, a derrota será facilitada. Logo, o empenho do líder reside em valorizar o esforço de cada inglês e chamá-los para o combate. Quando se diz que *"esta é uma guerra de guerreiros desconhecidos: vamos todos nos esforçar [...] e a maldição das trevas de Hitler desaparecerá de nossa época"*, retira a vitória de uma pessoa ou grupo e a coloca nas mãos de todos, ultrapassa assim a vaidade individual em benefício da glória coletiva.

Toda a fala traduz as dificuldades extremas, o fato de estarem lutando sozinhos, a garra que lhes será demandada se tiverem que lutar em Londres e defender a capital do império. Enfim, a intenção é preparar um cenário épico que exigirá qualidades excepcionais.

Este foi um discurso transmitido pelo rádio. Logo, seu foco é a persuasão dos ouvintes e a conquista de sua aprovação. O gênero é epidíctico, pois procura agradar, conquistar a audiência e apelar para a ordem universal.

Em relação aos cânones retóricos e à estrutura do discurso, as categorias que ele abrange são a invenção, a disposição, o estilo e a memória. A credibilidade de Churchill desponta como peso principal, pois é o líder que, com uma argumentação organizada e modo próprio de falar, se expressa com segurança e firmeza, de forma direta dirigida ao povo. Não há intermediários nesta conversa, é um momento de intimidade e de emoção. Ao longo de toda a guerra, Churchill e sua esposa, Lady Clementine, não se mudaram de Londres, e visitavam frequentemente as áreas bombardeadas, em contato direto com as pessoas. Assim também procedeu o rei, e esta atitude repercutiu favoravelmente na alma do povo, fortalecendo o sentimento de que efetivamente não estavam sós. Seus líderes os acompanhavam de perto.

Churchill trabalha com sua credibilidade adquirida até aquele momento, mas vai ampliá-la por intermédio do contato direto com o povo. A virtude de suas palavras parte de um interlocutor que fala com honestidade pessoal. A forma com que se apresenta a situação e os argumentos de por que devem lutar, e pelo que estão lutando, são claros. Ao longo dos discursos anteriores, ele vem mantendo a coerência de seus pedidos e, agora, precisa trazer a população para a luta real.

Seu conhecimento profundo, as provas de que sabe o que deve ser feito, o poder e a experiência são provas de sua competência. Churchill identifica-se com a energia de suas palavras ao procurar tocar a individualidade de cada um dos ouvintes, fenômeno que só o rádio permite. Demonstra sua liderança, como guia soberano, e sua humanidade, através da grandeza de espírito, intimidade e emoções abertas.

Churchill se expressa bem, fala tranquilo, demonstra liderança e inteligência, utiliza-se de procedimentos elocutivos ao qualificar os atos ocorridos e por ocorrer.

"A guerra dos soldados desconhecidos" é um clamor à participação popular, em um evento dramático. É preciso manter a motivação, a união e o moral elevado das pessoas frente aos eventos drásticos e terríveis que acontecerão. Em resumo, a Inglaterra será atacada diretamente, e uma tentativa de invasão está por acontecer. A única forma de ultrapassar este momento é lutar bravamente, o que só irá se consolidar se toda a população estiver comprometida neste esforço individual e coletivo.

A participação da população civil teve grande mérito na luta contra Hitler. Prendeu pilotos alemães abatidos em solo britânico, apagou incêndios, tirou escombros da rua, doou suas posses, enfim, fez toda sorte de sacrifícios. Há uma bonita história, em que dois renomados economistas precisam se revezar no teto de sua escola para alertar sobre a chegada de aviões alemães. De suas discussões, defendendo a Inglaterra, surge uma das frases mais emblemáticas do relacionamento entre Friedrich August von Hayek e John Maynard Keynes (1883-1946). Dos tetos do King's College, *"concordaram em discordar"*.

# CAPÍTULO VIII
## Os poucos

Este discurso foi proferido no auge da batalha da Inglaterra. Nos ares, a luta era travada entre a poderosa força aérea alemã, a *Luftwaffe*, contra uma força aérea inglesa menos numerosa, porém proprietária de aviões de última geração – os *Hurricanes* e *Spitfires*. Em menor número, os pilotos ingleses realizaram uma façanha incomparável, ao reduzir drasticamente a quantidade de aviões da força aérea alemã. A vitória nos ares permitiu a sobrevivência inglesa, e o domínio do espaço aéreo impediu Adolf Hitler de concretizar a invasão da ilha. Neste discurso, Winston Churchill agradece a estes poucos e tenazes pilotos, dizendo: *"Nunca, no campo do conflito humano, tanto foi devido por tantos a tão poucos"*. A frase ficou registrada para sempre na história humana.

Em 2 de agosto, Max Aitken (1879-1964), o Lorde Beaverbrook, fiel companheiro de Churchill, passa a ocupar, além do cargo de ministro da Produção Aérea, um assento no Gabinete de Guerra. No dia 4, Churchill alerta a população sobre os riscos de uma iminente invasão alemã. Nos dias 12, 14 e 16, a Real Força Aérea repele violentos ataques aéreos, derrubando 217 aviões alemães.

Em suas *Memórias da Segunda Guerra Mundial*, Churchill relembra[185] que, pelo trabalho de seus espiões, os ingleses já sabiam que o inimigo havia traçado planos para a invasão da ilha. O projeto previa que iriam cruzar o Canal da Mancha e entrar por Dover, ponto

---

185. CHURCHILL. *Memórias de Segunda Guerra Mundial. Op. cit.*, p. 393.

mais curto de cruzamento do mar. A Inglaterra, que tinha a vantagem de uma marinha maior e tropas na defensiva, em terra, deveria ser destruída pelo ar, e o domínio do espaço aéreo pela *Luftwaffe* era fundamental[186]. O destino da Inglaterra, naquele momento, dependia da vitória no ar.

Por diversas vezes, Churchill lamenta a indefinição francesa e os prejuízos que causava à defesa da Inglaterra. A rendição francesa e os termos do armistício com a Alemanha deixaram grande parte de sua frota naval à disposição das forças nazistas. O estrago só não foi maior pela iniciativa inglesa de destruir parte desta frota, na batalha do porto de Oran, em 3 de julho[187].

Uma grande vantagem é que a França ocupada permitia a decolagem de seus aviões em condições vantajosas. O fato de poderem rapidamente decolar e alcançar a Inglaterra aumentava seu poder de fogo e destruição, reduzindo tempo entre pousos, rearmamento e decolagem em relação ao requerido se tivessem que decolar da Bélgica, Holanda ou do oeste da Alemanha.

Winston Churchill descreve que a conversa de Adolf Hitler com o almirante Erich Raeder (1876-1960), em 31 de julho: *"Se, depois de oito dias de guerra intensiva, a Luftwaffe não tiver conseguido uma destruição considerável da Força Aérea, dos portos e das esquadras navais inimigas, a operação terá de ser adiada até maio de 1941"*[188]. Cabe lembrar que as janelas de oportunidade para estes movimentos precisavam ocorrer no verão europeu, quando as condições climáticas e do mar permitiam. Em agosto, a *Luftwaffe* havia reunido 2.669 aeronaves operacionais, que abrangiam 1.015 bombardeiros, 346 caças de mergulho, 933 caças e 375 caças com armamento pesado[189]. Os primeiros ataques maciços começaram em 10 de julho. Duas outras datas merecem ser evocadas por sua

---

186. Idem. *Ibidem*, p. 395.
187. CHURCHILL. *Sangue, Suor e Lágrimas. Op. cit.*, p. 267.
188. CHURCHILL. *Memórias de Segunda Guerra Mundial. Op. cit.*, p. 405.
189. Idem. *Ibidem*, p. 407.

suprema importância: 15 de agosto e 15 de setembro, que definiram fases distintas de ataques. Ao final da batalha, em setembro, os ingleses haviam batido a *Luftwaffe* na razão de dois para um. A RAF, longe de ser destruída, saiu triunfante. A famosa frase de Churchill, pinçada deste discurso, demonstra a gratidão da nação à bravura dos pilotos, evidencia a energia e a perseverança destes homens, indomáveis e supremos.

A Batalha da Inglaterra, temida e temível em seu início, gerou a primeira grande derrota da até então invencível máquina de guerra nazista. A Inglaterra continuou sendo bombardeada até o final da guerra e sofreu ataques de novas tecnologias, como as bombas V1 e V2, que causaram enormes prejuízos humanos e materiais. Ficou evidenciado, contudo, a certeza de que a Inglaterra não seria invadida. A Grã-Bretanha resistira, mandara o invasor embora, assim como a rainha Elizabeth I (1533-1603) havia feito com a poderosa armada espanhola em 1587 em Cádiz e no ano seguinte, nos mares do Norte. Surge um sentimento *"de que, sim, Hitler pode ser vencido, e nós podemos vencê-lo"!*

## VIII.1 - Discurso de 20 de agosto de 1940

"Quase um ano já se passou desde que a guerra começou. É natural dar uma pausa em nossa jornada neste marco histórico e avaliar o contexto, amplo e sombrio. É também útil comparar o primeiro ano desta segunda guerra contra a agressão alemã com o seu equivalente de um quarto de século atrás. Embora esta guerra seja uma continuação da última, há amplas diferenças aparentes na sua natureza. Na última guerra, milhões de homens lutaram arremessando enormes quantidades de aço uns contra os outros. "Homens e balas" era o lema — e a consequência foi um prodigioso massacre. Nesta guerra, nada semelhante ocorreu até agora. É um conflito de estratégia, organização, aparato técnico, ciência, mecânica e moral.

As baixas britânicas nos primeiros doze meses da Primeira Guerra chegaram a 365 mil. Nesta guerra, sou grato em dizer, os britânicos mortos, feridos, prisioneiros e desaparecidos, inclusive civis, não excederam 92 mil — e destes uma boa proporção está viva, mantida como prisioneiros de guerra. Olhando com extensão ao redor, pode-se dizer que, por toda a Europa, para cada homem ou ferido no primeiro ano, cinco foram mortos ou feridos em 1914-15.

O massacre é apenas uma pequena fração, mas as consequências para os beligerantes têm sido mais mortais. Vimos grande países, com poderosos exércitos, deixando de ter uma existência coerente em poucas semanas. Vimos a República Francesa e o renomado exército francês abatidos, em completa e total submissão, com um volume muito menor de baixas do que as sofridas em qualquer uma de meia dúzia de batalhas entre 1914 e 1918. O corpo inteiro — quase a alma — da França sucumbiu a efeitos físicos incomparavelmente menos terríveis do que aqueles que foram suportados com heroísmo e destemida força de vontade, há 25 anos.

Embora até o momento a perda de vidas tenha sido misericordialmente menor, as decisões tomadas no curso do conflito são mais profundas sobre o destino das nações do que qualquer coisa que algum dia tenha acontecido, desde os tempos da barbárie. Movimentos são feitos em planos estratégicos e científicos, vantagens são obtidas por meios mecânicos. Como resultado, dezenas de milhões de homens se tornam incapazes de resistir, ou se julgam incapazes de resistir, e um terrível jogo de xadrez, no qual pessoas infelizes parecem inevitavelmente envolvidas, segue do xeque ao xeque-mate.

Há uma outra diferença óbvia em relação a 1914. Tudo das nações em guerra está envolvido, não apenas soldados, mas a população inteira, homens, mulheres e crianças. As frentes estão em toda parte. As trincheiras são cavadas nas cidades e nas ruas. Cada aldeia é fortificada. Cada estrada está fechada. A linha de frente passa pelas fábricas. Os trabalhadores são soldados com armas diferentes, mas com a mesma coragem. Estas são diferenças amplas e bem distintas daquilo que muitos de nós vimos no combate há um quarto de século.

Ao que parece, tudo leva a crer que este novo tipo de guerra é bastante apropriada para a genialidade e os recursos da nação britânica e do Império Britânico. Uma vez que estamos adequadamente equipados e prontos, uma guerra deste tipo será mais favorável para nós do que os tristes massacres do Somme e de Passendale[190]. Se é o caso de termos toda uma nação lutando e sofrendo em conjunto, isso deve ser apropriado para nós — porque somos a mais unida de todas as nações, porque entramos na guerra pela vontade nacional e com nossos olhos abertos e porque fomos criados na liberdade e na responsabilidade individual e somos os produtos, não da uniformidade totalitária, mas da tolerância e da diferença. Se as qualidades se voltam, como está ocorrendo, para as artes da guerra, podemos mostrar coisas ao inimigo sobre as quais eles ainda não pensaram.

Como os alemães expulsaram os judeus e assim baixaram seus padrões técnicos, nossa ciência está definitivamente à frente. Nossa posição geográfica, o comando do mar e a amizade dos Estados Unidos permitem-nos retirar recursos do mundo inteiro e manufaturar armas de todo tipo, particularmente as de qualidade superior, numa escala até aqui praticada apenas pela Alemanha nazista.

---

190. A batalha do Somme (1916) foi uma das mais longas da Primeira Guerra Mundial e fez mais de um milhão de mortos. Somente em um dia, 1º de julho de 1916, 57 mil soldados britânicos foram mortos. Na batalha de Passendale (1917), pelo menos 250 mil britânicos morreram no confronto.

Hitler está espalhado por toda a Europa. Nossas investidas ofensivas estão sendo lentamente reduzidas. Devemos nos preparar com resolução e de forma metódica para as campanhas de 1941 e 1942. Dois ou três anos não são um tempo longo, mesmo nas nossas curtas e precárias vidas. Não são nada na história da nação. E quando estamos fazendo o que há de mais extraordinário no mundo, e temos a honra de ser o único defensor das liberdades em toda a Europa, não devemos nos ressentir destes anos ou nos cansar enquanto trabalhamos e lutamos.

Isso não significa que, nos próximos anos, nossas energias sejam exclusivamente confinadas à nossa defesa e às nossas posses. Muitas oportunidades podem ser abertas no campo na força anfíbia — e devemos estar preparados para tirar vantagens delas. Uma das maneiras de levar esta guerra a um fim rápido é convencer o inimigo não com palavras, mas com ações, de que temos a vontade e os meios — não só para continuar indefinidamente, mas também para realizar ataques pesados e inesperados. A estrada para a vitória pode não ser tão longa como se espera. Não temos, no entanto, nenhum direito de contar com isso. Seja longa ou curta, áspera ou suave, pretendemos chegar até o fim.

É nossa intenção manter e impor um cerco rígido não só à Alemanha, mas também à Itália, França e a todos os outros países que caíram sob o poder germânico. Leio nos jornais que Herr Hitler também proclamou um cerco rígido às ilhas britânicas. Ninguém pode queixar-se disso. Lembro-me do kaiser fazendo isso na última guerra. O que certamente poderia ser alvo de uma reclamação generalizada seria prolongar a agonia de toda a Europa, permitindo que alimentos fossem nutrir os nazistas e ajudar o seu esforço de guerra, ou permitir que os alimentos chegassem aos povos subjugados porque certamente seriam pilhados pelos seus conquistadores nazistas.

Há muitas propostas, com base nos motivos mais nobres, de que deveria ser permitido aos alimentos passar pelo bloqueio, para o alívio destas populações. Lamento termos de recusar esta solicitação. Os nazistas dizem que criaram uma nova economia unificada na Europa. Eles dizem repetidamente que possuem amplas reservas de alimentos e que podem alimentar os povos cativos. Numa transmissão de rádio na Alemanha, em 27 de junho, foi dito que, apesar do plano do senhor Hoover — para aliviar a situação na França, na Bélgica e na Holanda — ser merecedor de aplausos, as forças germânicas já tinham tomado as medidas necessárias. Sabemos que, na Noruega, quando chegaram as tropas germânicas, havia um suprimento e alimentos para um ano. Sabemos que a Polônia, embora não seja um país rico, normalmente produz comida suficiente para seu povo. Além disso, nos outros países invadidos por Herr Hitler, todos mantinham consideráveis estoques quando os alemães entraram — e são eles mesmos, os alemães, em muitos casos, produtores substanciais de alimentos. Se toda esta comida não está disponível agora, só pode ser porque foi retirada para alimentar o povo da Alemanha e lhes dar provisões maiores — para variar — durante os últimos poucos meses. Nesta estação do ano e pelos próximos meses, não há a mínima chance de escassez, já que a safra acabou de ser colhida. As únicas interferências que podem causar fome em qualquer parte da Europa, agora e durante o próximo inverno, são as extorsões ou falhas da Alemanha em distribuir os suprimentos que controla.

Há outro aspecto. Muitos dos mais valiosos alimentos são essenciais para a manufatura de material de guerra. Gorduras são utilizadas para explosivos. Batatas fazem o álcool para a energia dos motores. Os materiais plásticos, agora tão amplamente utilizados na construção de aviões, são feitos de leite. Se os alemães usam estas mercadorias para ajudá-los a bombardear nossas mulheres e crianças, em lugar de alimentar as populações que as produzem, podemos estar certos que os alimentos importados iriam pelo mesmo caminho, direta ou indiretamente, ou então seriam empregados para aliviar o inimigo das responsabilidades que assumiu de forma tão imoral.

Vamos deixar que Hitler assuma suas responsabilidades por completo. Vamos deixar que os povos da Europa, que geme debaixo de sua opressão, colaborem da forma que for para a chegada do dia em que esta opressão será rompida. Enquanto isso, nós podemos e vamos nos organizar para uma entrada rápida de alimentos em qualquer área escravizada, no momento em que esta área estiver livre das forças germânicas e tiver recuperado novamente sua liberdade. Vamos fazer o melhor para encorajar a formação de reservas de alimentos em todo o mundo, a fim de que esteja sempre claro para os povos da Europa, incluindo — e digo deliberadamente — os povos da Alemanha e da Áustria, a certeza de que a ruína do poder nazista irá trazer comida, liberdade e paz.

Pouco mais de um trimestre se passou desde que o novo governo chegou ao poder neste país. Que cascata de desastres desabou sobre nós desde então! Os confiantes holandeses subjugados, com seu amado e respeitado soberano levado ao exílio, com a pacífica cidade de Roterdã sendo palco de um massacre tão repugnante e brutal como qualquer outro na Guerra dos Trinta Anos[191]. A Bélgica invadida e batida. A nossa Força Expedicionária, chamada pelo rei Leopoldo para o seu socorro, foi bloqueada e quase capturada, escapando somente por um milagre, e com a perda de todo seu equipamento. Nosso aliado, a

---

191. Guerra dos Trinta Anos: guerras religiosas na Europa Central entre 1618 e 1648. Termina com o tratado de Westfália (1648), considerado o marco fundador das Relações Internacionais por trazer em si o princípio da ideia de soberania.

França, de fora. A Itália dentro, contra nós. Toda a França em poder do inimigo, com todo o seu arsenal e vastas quantidades de material militar, convertidas ou conversíveis, para o uso do inimigo. Um governo fantoche organizado em Vichy, que pode a qualquer momento ser forçado a ser nosso inimigo. A costa ocidental da Europa, do Cabo Norte até a fronteira espanhola, nas mãos dos alemães. Todos os portos e todos os aeroportos nesta imensa frente podendo ser empregado, contra nós, como trampolins potenciais para uma invasão. Além disso, o poderio aéreo germânico, até agora numericamente superior ao nosso, foi trazido para tão perto de nossa ilha que aquilo que costumávamos temer tanto já foi ultrapassado, e os bombardeiros hostis não só atingem a nossa costa em poucos minutos, e vindos de muitas direções, mas ainda são escoltados por caças.

Bem, senhores, se tivéssemos sido confrontados no começo de maio com tal perspectiva, teria parecido incrível que — ao fim do período de horror e desastre, ou neste momento, em um período de horror e desastre — pudéssemos permanecer erguidos, seguros de nós mesmos, senhores de nosso destino e com a convicção da vitória final queimando de forma insaciável em nossos corações. Poucos teriam acreditado que poderíamos sobreviver. Ninguém teria acreditado que nos sentiríamos não só mais fortes hoje como mais fortes do que éramos anteriormente.

Vejamos o que aconteceu do outro lado da moeda. A nação britânica e o Império Britânico, ao se descobrirem sozinhos, se mantiveram sem medo do desastre. Ninguém se acovardou ou tremeu. Ao contrário, alguns que anteriormente pensavam na paz agora só pensam na guerra. Nosso povo está unido e determinado como nunca esteve antes. A morte e a ruína se tornaram coisas pequenas, comparadas com a vergonha da derrota e do fracasso no dever. Não podemos dizer o que vem pela frente. Pode ser que até mesmo experiências ainda piores estejam à nossa frente. Vamos enfrentar o que quer que venha até nós. Estamos seguros de nós mesmos de nossa causa, e este é o fato supremo que surgiu nestes meses de provação.

Nesse ínterim, fortalecemos os nossos corações e a nossa ilha. Rearmamos e reconstruímos nossos exércitos em um grau que seria considerado impossível há alguns meses. Transportamos pelo Atlântico, pelo mês de julho, graças aos nossos amigos de lá, uma enorme quantidade de munições de todos os tipos: canhões, rifles, metralhadoras, cartuchos e balas, todos trazidos à terra com segurança, sem a perda de um revólver ou uma bala. O produto de nossas fábricas, trabalhando como nunca trabalharam antes, está sendo alocado às nossas tropas.

A totalidade do exército britânico está em casa. Hoje à noite, mais de dois milhões de homens determinados têm rifles e baionetas em suas mãos — e três quartos estão em formações militares normais. Nunca antes, em nossa ilha, tivemos exércitos como estes em tempos de guerra. A ilha inteira se enfurece contra invasores do mar ou do ar. Como expliquei à Casa em meados de junho, quanto mais forte for o exército em casa, tanto maior pode ser a expedição invasora — e quanto maior a expedição invasora, mais fácil será a tarefa da Marinha de detectar o agrupamento e de interceptá-lo e destruí-lo em movimento, e mais difícil ainda seria alimentar e suprir os invasores de algum dia estes cheguem a terra, diante de um contínuo ataque naval e aéreo sobre as suas comunicações.

Tudo isso é doutrina clássica e venerável. Como no tempo de Nelson[192], prevalece a máxima: nossa primeira linha

---

192. Horatio Nelson (1758-1805). Herói militar britânico, ficou famoso por suas participações nas Guerras Napoleônicas, especialmente na batalha de Trafalgar.

de defesa é o porto inimigo. Agora, o reconhecimento aéreo e a fotografia trouxeram para um velho princípio uma nova e poderosa ajuda.

Nossa Marinha está muito mais forte do que estava no começo da guerra. O grande fluxo de novas construções iniciadas na deflagração da guerra começa a dar resultado. Esperamos que nossos amigos do outro lado do oceano nos mandem um reforço tempestivo para preencher o hiato entre as flotilhas da paz de 1939 e as flotilhas da guerra de 1941. Não há dificuldade em mandar esta ajuda. Os mares o os oceanos estão abertos. Os submarinos alemães estão contidos. A mina magnética está sendo, até agora, utilizada com eficiência. A tonelagem mercantil e sob bandeira britânica, depois de um ano de guerra contra os U-boats (submarinos), depois de oito meses de intenso ataque com minas, é maior do que quando começamos.

Além disso, temos sob nosso controle quatro milhões de toneladas da marinha mercante dos países subjugados, que se refugiaram aqui ou nos portos do império. Nossos estoques de alimentos de todos os tipos são mais abundantes do que nos dias de paz, e um programa grande e crescente de produção de alimentos está de pé.

Por que digo tudo isso? Não é, seguramente, para ostentar. Não é, seguramente, para dar o mínimo de apoio à complacência. Os perigos que enfrentamos ainda são enormes, mas assim também são as nossas vantagens e os nossos recursos. Eu os relato porque o povo tem o direito de saber que há fundamentos sólidos para a confiança que sentimos e que temos boas razões para acreditarmos que somos capazes, como eu disse, há dois meses, em um momento sombrio, de continuar a guerra se necessário sozinhos, se necessário durante anos. Digo também porque o fato de o Império Britânico permanecer invencível — e de que ainda há resistência contra o reino nazista — irá reacender a centelha de esperança no peito de centenas de milhões de homens e mulheres, humilhados ou desesperados por toda a Europa e além de seus limites. Destas centelhas surgirá a chama que limpa e consome.

A grande batalha aérea que vem sendo travada sobre esta ilha nas últimas semanas se tornou recentemente mais intensa. É muito cedo para tentar prever, seja sua escala ou sua duração. Devemos esperar que o inimigo faça novos esforços acima de qualquer um que tenha feito até agora. Aeroportos hostis estão sendo construídos na França e nos Países Baixos, e a movimentação de esquadrões e de aparato para nos atacar prossegue.

É óbvio que Herr Hitler não admitiria uma derrota no seu ataque aéreo à Grã-Bretanha sem incorrer num prejuízo muito sério. Se depois de toda a sua ostentação, suas horripilantes ameaças, e seus pavorosos relatos, anunciados pelo mundo afora sobre os danos que ele tem nos imposto, sobre os vastos números de nossos aviões derrubados, assim ele diz, e com tão poucas perdas para ele; se, depois de história sobre a Grã-Bretanha em pânico, esmagada, amaldiçoando o Parlamento plutocrático que a levou ao apuro; se, depois de tudo isso, o ataque aéreo fosse facilmente forçado a se retirar, a reputação do Führer e a veracidade de suas declarações poderia ficar seriamente impugnada. Podemos estar certos, portanto, de que ele continuará a tentar, enquanto ainda tiver poder para fazê-lo, e enquanto as preocupações que possa ter a respeito da Força Aérea Russa ainda o permitam.

Por outro lado, as condições e a evolução da ilha têm sido até agora favoráveis a nós. Há dois meses, eu disse à Casa que, se na França nossos aviões de guerra eram capazes de impor perdas numa base de duas ou três para cada um sobre os alemães, e no conflito de Dunquerque — que era uma espécie de terra de ninguém — perdas de três ou quatro para uma, esperávamos que, num ataque contra a ilha, pudéssemos conseguir um resultado ainda melhor. Isso certamente se tornou verdade. Deve-se lembrar que todas as máquinas e pilotos do inimigo, derrubados na ilha ou nos mares que a circundam, ou são destruídos ou são capturados — enquanto uma proporção considerável de nossas máquinas, a também de nossos pilotos, é poupada e em muitos casos volta a agir.

Um vasto e admirável sistema de recuperação, dirigido pelo ministério da Produção Aérea, garante o mais rápido retorno das máquinas danificadas à linha de combate — e o mais cauteloso e rápido uso de todas as peças e materiais sobressalentes. Ao mesmo tempo, o espantoso — mais, o esplêndido — aumento na produção e no reparo de aviões e motores britânicos, conseguido por Lorde Beavenbrook com talento de organização e iniciativa — parecendo mágica — nos tem dado superabundantes reservas de todos os tipos de avião e um fluxo sempre crescente de produção, tanto em quantidade como em qualidade.

O inimigo é, naturalmente, bem mais numeroso. Mas, nossa nova produção, de acordo com as informações que recebo, já é maior do que a deles — e a produção americana está apenas começando a chegar. É um fato, como vejo pelos meus relatórios diários, que nossa frota de bombardeiros e aviões de guerra é agora, após todo este combate, maior do que jamais fora. Seremos capazes de prosseguir na luta aérea indefinidamente, enquanto o inimigo quiser; e quanto mais continuar, mais rápido estaremos perto, primeiro da paridade e depois daquela superioridade nos céus que, em grande medida, define o destino da guerra.

A gratidão de cada casa em nossa ilha, em nosso império, e certamente de todo o mundo, exceto nas moradias dos culpados, vai para os pilotos britânicos que, sem temer as chances e incansáveis no desafio constante e no perigo mortal, estão mudando o curso dos acontecimentos da guerra, com valentia e devoção.

Nunca, no campo do conflito humano, tanto foi devido por tantos a tão poucos. Todo o nosso afeto vai para os pilotos, cujas ações brilhantes vemos com os nossos próprios olhos, dia após dia. Mas não devemos nunca nos esquecer de que o tempo todo, noite após noite, mês após mês, os nossos esquadrões de bombardeiros viajam para dentro da Alemanha, acham os seus alvos na escuridão, com a mais elevada habilidade de navegação, miram os seus ataques com deliberado cuidado discriminatório — frequentemente sob fogo pesado, frequentemente com sérias perdas — e impõem golpes destrutivos sobre toda a estrutura técnica de guerra do poder nazista. Em nenhuma outra parte da Real Força Aérea, o peso da guerra cai de forma mais expressiva do que nos bombardeios à luz do dia — que irão representar um papel inestimável no caso de invasão e cujo zelo tem sido necessário por enquanto, em várias ocasiões, conter.

Somos capazes de verificar o resultado do bombardeio de alvos militares na Alemanha não só por relatórios que nos chegam por meio de muitas fontes, mas também, é claro, por fotografia. Não tenho nenhuma hesitação em dizer que este processo de bombardear as indústrias militares, as comunicações da Alemanha e as bases aéreas e armazéns de depósitos de onde somos atacados — processo que vai continuar em escala crescente até o fim a guerra e que pode em mais de uma não atingir dimensões até então inimagináveis — fornece uma das mais certas e curtas de todas as estradas em direção à vitória.

Mesmo que as legiões nazistas se posicionem triunfantes no Mar Negro, ou mesmo no Mar Cáspio, mesmo que Hitler estivesse nos portões da Índia, isto não lhe serviria de nada se, ao mesmo tempo, o aparato econômico e científico do poder da guerra germânico estivesse aos pedaços e pulverizado em casa.

O fato de que a ampla invasão desta ilha se tornou uma operação bem mais difícil a cada semana que se passou desde que poupamos nosso Exército em Dunquerque — e por causa de nossa grande preponderância no poder marítimo — nos permite voltar os nossos olhos e a nossa força para o Mediterrâneo, contra aquele inimigo (a Itália) que, sem a mínima provocação, fria e deliberadamente, por ambição e lucro, golpeou a França pelas costas, no momento da sua agonia, e que agora marcha contra nós na África.

A derrota da França tem sido, é claro, profundamente danosa para a nossa posição no que é chamado, de um modo estranho, de Oriente Médio. Na defesa da Somália, por exemplo, estávamos contando com um ataque das poderosas forças francesas contras os italianos, a partir de Djibuti. Contávamos com o uso das bases aéreas e navais dos franceses no Mediterrâneo, particularmente na costa do norte da África. Contávamos com a frota francesa. Muito embora a França metropolitana tenha sido temporariamente invadida, não havia razão para que a Marinha Francesa, parte substancial do Exército Francês, a Força Aérea Francesa e o Império Francês no além-mar não continuassem a lutar do nosso lado.

Protegida por um esmagador poderio marítimo, possuidora de inestimáveis bases estratégicas e de amplos recursos, a França poderia ter permanecido como um dos grandes combatentes do conflito. Ao fazer isso, a França teria continuado viva e o Império Francês teria avançado com o Império Britânico para o resgate da independência e da integridade da terra-mãe francesa. Em nosso próprio caso, se tivéssemos sido colocados na posição terrível da França — uma contingência agora felizmente impossível

—, embora fosse dever de todos os líderes da guerra lutar até o fim em casa, teria sido também o seu dever, como indiquei em meu discurso de 4 de junho, preparar-se tanto quanto possível para a segurança naval do Canadá e dos outros domínios, e garantir que estes tivessem os meios para continuar a luta de lá, além dos oceanos.

Muitos dos outros países que foram invadidos pela Alemanha perseveraram valente e fielmente. Os tchecos, os poloneses, os noruegueses, os holandeses, os belgas ainda estão no campo, espada na mão, reconhecidos pela Grã-Bretanha e pelos Estados Unidos com as únicas autoridades representativas e os governos legítimos de seus respectivos Estados.

Que a França esteja prostrada, neste momento, é um crime, não de uma grande e nobre nação, mas dos que são chamados os homens de Vichy. Temos profunda simpatia pelo povo francês. Nossa velha camaradagem com a França não está morta. Com o general De Gaulle e sua corajosa equipe, esta camaradagem toma uma forma efetiva. Estes franceses livres foram condenados à morte por Vichy, mas o dia virá, tão certo como o sol nascerá amanhã, em que seus nomes serão honrados e gravados em pedra nas ruas e aldeias da França restaurada, numa Europa liberada, em plena liberdade e em paz com a sua imagem histórica.

Mas esta convicção que tenho do futuro não pode influenciar os problemas imediatos com que nos confrontamos no Mediterrâneo e na África. Tinha sido decidido, antes do começo da guerra, que não defenderíamos o protetorado da Somália. Esta política foi modificada nos primeiros meses do conflito. Quando os franceses se entregaram e nossas pequenas forças ali instaladas — alguns batalhões, algumas armas — foram atacadas pelas tropas italianas, com duas divisões que haviam antes enfrentado os franceses em Djibuti, foi correto retirar os nossos destacamentos, virtualmente intactos, para que pudessem agir em outros lugares.

Operações bem maiores, sem dúvida, são iminentes no teatro do Oriente Médio — e certamente não tentarei discutir ou profetizar sobre os seus prováveis rumos. Temos grandes exércitos e muitos meios de reforçá-los. Temos o completo comando do leste do Mediterrâneo. Pretendemos fazer nossos melhores esforços para dar conta do recado e desobrigarmo-nos fielmente, com determinação, de todos os nossos deveres naquela parte do mundo. Acho que é isso o que a Casa gostaria de me ouvir dizer no momento.

Um bom número de pessoas tem escrito a mim pedindo para que eu faça, nesta ocasião, uma declaração mais completa dos nossos propósitos na guerra — e do tipo de paz que queremos ter depois da guerra — do que aquela que está contida na considerável declaração feita no início do outono. Desde então, fizemos acordos com a Noruega, a Holanda e a Bélgica. Reconhecemos o governo no trecho do doutor Benes[193] e dissemos ao general De Gaulle que nosso sucesso irá acarretar na restauração da França.

Não acho que seja prudente no momento, enquanto a batalha é intensa e a guerra ainda está lá, talvez, somente no estágio inicial, embarcar em especulações sobre a forma futura que deve ser dada à Europa ou sobre as novas garantias que devem ser concebidas para que a humanidade seja poupada das misérias de uma Terceira Guerra Mundial. O terreno não é novo, tem sido frequentemente analisado e explorado — e muitas ideias são tidas em comum por todos os homens bons e livres. Contudo, antes que possamos levar adiante a tarefa da reconstrução, temos não só de estar nós mesmos convencidos, mas também

---

193. Eduard Benes (1884-1948): líder do movimento de independência e segundo presidente da Tchecoslováquia. Em 1940 organizou o Governo Provisório no Exílio da Tchecoslováquia em Londres e se tornou presidente em exílio no país.

de convencer todos os outros países de que a tirania nazista será no fim derrotada. O direito de orientar o curso da história do mundo é o preço mais nobre da vitória. Ainda estamos na subida da montanha. Ainda não atingimos o topo. Ainda não podemos estudar a paisagem ou mesmo imaginar qual será a sua situação quando aquela tão esperada manhã chegar.

A tarefa que há imediatamente à frente é mais prática, mais simples e mais severa. Espero — de fato, rezo — para que não sejamos indignos da vitória se, depois de todo este trabalho e atribulação, esta nos for concedida. O que resta é que temos que vencer. Esta é nossa tarefa.

Há, porém, um caminho no qual é possível ver à frente de forma um pouco mais clara. Temos de pensar, não só por nós mesmos, mas pela duradoura segurança da causa e do princípio pelo qual estamos lutando e pelo futuro no longo prazo da Comunidade dos Estados Britânicos.

Há alguns meses, chegamos à conclusão que os interesses dos Estados Unidos e do Império Britânico em conjunto exigiam que os Estados Unidos tivessem instalações para a defesa naval e aérea do hemisfério ocidental, contra o ataque de um poder nazista de pudesse ter obtido o controle temporário, porém longo, de grande parte da Europa ocidental e dos seus formidáveis recursos.

Tínhamos decidido espontaneamente — sem termos sido solicitados ou sem receber qualquer incentivo — informar ao governo dos Estados Unidos que ficaríamos contentes em colocar tais instalações de defesa à disposição deles, por intermédio de um arrendamento de lugares adequados, em nossas possessões transatlânticas, para uma segurança mais garantida contra os perigos sem limites do futuro. O princípio de união de interesses para objetivos comuns entre Grã-Bretanha e Estados Unidos desenvolveu-se antes mesmo da guerra. Vários acordos foram feitos com relação a algumas pequenas ilhas no Oceano Pacífico, que se tornaram importantes pontos de abastecimento aéreo. Em toda esta linha de pensamento, nos encontramos em perfeita harmonia com o governo do Canadá.

No momento, uma certa ansiedade é sentida nos Estados Unidos com relação à defesa aérea e naval de sua costa Atlântica — e o presidente Roosevelt recentemente deixou bem claro que gostaria de discutir conosco, com o domínio do Canadá e de Newfoundland, o desenvolvimento de instalações navais e aéreas americanas em Newfoundland e nas Antilhas.

Não há, logicamente, nenhuma questão relativa à transferência de soberania — isso nunca foi sugerido — ou a qualquer ação que possa ser tomada sem o consentimento ou contra a vontade das várias colônias envolvidas. Mas, de nossa parte, o governo de Sua Majestade está inteiramente de acordo em ceder instalações de defesa aos Estados Unidos, numa base de arrendamento por 99 anos — e termos certeza de que nossos interesses, não mais do que os deles, e os interesses das colônias do Canadá e de Newfoundland, serão bem servidos com isso.

Estas são medidas importantes. Sem dúvida alguma, este processo significa que estas duas grandes organizações democráticas de língua inglesa, o Império Britânico e os Estados Unidos, terão de estar interligadas em muitos de seus assuntos para benefício geral e mútuo. De minha parte, olhando para o futuro, não vejo este processo com nenhum temor. E não poderia impedi-lo se assim quisesse — ninguém pode impedi-lo. Como o Mississipi, apenas flui. Que continue fluindo. Que continue fluindo à plena correnteza, de forma inexorável, irresistível, benigna, em direção a terras mais amplas e dias melhores".

## VIII.2 – Análise do discurso de 20 de agosto de 1940

No discurso "Os poucos", de 20 de agosto de 1940, na Câmara dos Comuns, em Londres, Churchill faz um pronunciamento em meio à chamada *Batalha da Inglaterra*, quando Hitler havia iniciado sua campanha para invadir a ilha. A guerra travada nos ares, entre a RAF e a *Luftwaffe*, foi um dos momentos épicos da Segunda Guerra. A vitória da força aérea inglesa mostrou que a até então invencível Alemanha podia ser derrotada.

> *Quase um ano já se passou desde que a guerra começou.* É natural dar uma pausa em nossa jornada neste marco histórico e avaliar o contexto, amplo e sombrio. É também útil comparar o primeiro ano desta segunda guerra contra a agressão alemã com o seu equivalente de um quarto de século atrás.
> *Embora esta guerra seja uma continuação da última, há amplas diferenças aparentes na sua natureza.* Na última guerra, milhões de homens lutaram arremessando enormes quantidades de aço uns contra os outros. *Homens e balas* era o lema – e a consequência foi um prodigioso massacre. *Nesta guerra*, nada semelhante ocorreu até agora. *É um conflito de estratégia, organização, aparato técnico, ciência, mecânica e moral.*

Churchill conduz o agendamento do tema em tom solene e enquadramento temporal. Há uma contagem do tempo para que um desenvolvimento histórico seja constituído, preparando uma análise mais aprofundada da situação. O entendimento de que esta guerra era a continuação da iniciada em 1914 é uma visão particular. A análise histórica é utilizada para a construção do cenário da narração. A diferenciação entre as guerras sugere uma avaliação importante, pois mede riscos e orienta decisões. Quando se fala de uma guerra de estratégia, do aparato técnico e da ciência, entende-se que, no longo prazo, a vitória será possível, uma vez que o suprimento de armas está garantido pelos americanos, cujas fábricas não estão sendo nem serão bombardeadas. Quando se fala de moral, propõe-se uma guerra por ideologia, acima de vaidades ou conquistas pessoais.

> *Vimos grande países, com poderosos exércitos, deixando de ter uma existência coerente em poucas semanas. Vimos a República Francesa e o renomado Exército Francês abatidos, em completa e total submissão*, com um volume muito menor de baixas do que as sofridas em qualquer uma de meia dúzia de batalhas entre 1914 e 1918.
> *O corpo inteiro – quase a alma – da França sucumbiu* a efeitos físicos incomparavelmente menos terríveis do que aqueles que foram suportados com heroísmo e destemida força de vontade há 25 anos.

Novamente a flagrante desilusão e ressentimento pela forma com que a França havia caído são lembrados, e Churchill, apesar de ser um apreciador da cultura francesa, não deixa de criticar, aberta e veladamente, a falta de empenho francês, traduzindo a rivalidade histórica entre Grã-Bretanha e França. Churchill nunca se cansou de evocar tais relações entre as nações, e demonstra quão profunda era a ferida e o papel da Inglaterra como libertadora da sociedade ocidental. Registre-se, de certo modo, um esforço de Churchill em fazer da França uma devedora da Inglaterra, fato que De Gaulle posteriormente raramente reconheceria.

> Há uma outra diferença óbvia em relação a 1914. *Tudo das nações em guerra está envolvido, não apenas soldados, mas a população inteira, homens, mulheres e crianças.* [...] *A linha de frente passa pelas fábricas.* Os trabalhadores são soldados com armas diferentes, mas com a mesma coragem.
> Ao que parece, tudo leva a crer que este novo tipo de guerra é bastante apropriado para a genialidade e os recursos da nação britânica e do Império Britânico. *Uma vez que estamos adequadamente equipados e prontos, uma guerra deste tipo será mais favorável para nós* do que os tristes massacres do Somme e de Passendale.

Churchill desenha um novo horizonte de guerra, em comparação com o conflito entre 1914 e 1918, da qual também fora protagonista. Ele insiste no tema do envolvimento da população, da manutenção de ânimo e moral elevados, fazendo com que todos se sintam responsáveis pelo esforço de guerra. Churchill sabe da capacidade inventiva e de resistência de seu povo, pois fala para uma audiência forjada num grande império, com relevantes conquistas tecnológicas e territoriais. Implicitamente, e talvez em seu íntimo, ele se sinta seguro por contar com o apoio industrial-militar dos Estados Unidos. Ele evoca a tradição da revolução industrial, que coloca a Inglaterra na condição de líder do mundo moderno até o início do século XX. Por isso, o contraste entre a luta corpo a corpo da Primeira Guerra é tão valorizada em relação ao aspecto tecnológico deste segundo conflito.

> Se é o caso de termos toda uma nação lutando e sofrendo em conjunto, isso deve ser apropriado para nós – porque *somos a mais unida de todas as nações*, porque entramos na guerra pela vontade nacional e com os nossos olhos abertos e *porque fomos criados na liberdade e na responsabilidade individual e somos os produtos, não da uniformidade totalitária, mas da tolerância e da diferença.* Se as qualidades se voltam, como está ocorrendo, para as artes da guerra, podemos mostrar coisas ao inimigo sobre as quais eles ainda não pensaram.
> *Como os alemães expulsaram os judeus e assim baixaram seus padrões técnicos, nossa ciência está definitivamente à frente.*

Como no parágrafo anterior, porém com uma linguagem ainda mais épica, Churchill expressa enfaticamente as razões da luta – a liberdade e a democracia, a diferença entre eles e o inimigo. Registra o ganho competitivo que Inglaterra e Estados Unidos tiveram ao receberem cientistas judeus expulsos da Alemanha. Ao final da guerra, a Sociedade para a Proteção da Ciência e da Cultura, em Londres, registrou 2.541 acadêmicos de origem judaica refugiados. Nesta contabilidade, não estavam relacionados músicos, artistas e escritores, entre outras atividades criativas e eruditas[194]. Ao longo da década de 1930, inúmeros cientistas e pensadores judeus migraram para a Inglaterra e Estados Unidos, tais como Albert Einstein (1879-1955), Sigmund Freud (1856-1939), Enrico Fermi (1901-1954) e Erwin Schrödinger (1887-1961) [ambos cristãos], Otto Frisch (1904-1979) e Ludwig von Mises, apenas para mencionar alguns nomes.

> E, quando estamos fazendo o que há de mais extraordinário no mundo, e *temos a honra de ser o único defensor das liberdades em toda a Europa*, não devemos nos ressentir destes anos ou nos cansar enquanto trabalhamos e lutamos.
> *A estrada para a vitória pode não ser tão longa como se espera.* Não temos, no entanto, nenhum direito de contar com isso. *Seja longa ou curta, áspera ou suave, pretendemos chegar até o fim.*
> *É nossa intenção manter e impor um cerco rígido* à Alemanha, Itália, França e todos os países que caíram sob o poder germânico.

Churchill traduz o senso de grandeza e união da nação e o papel da Grã-Bretanha como defensora do mundo ocidental. Há um compartilhamento das estratégias com a população e a preparação dos espíritos para o futuro, de forma direta e honesta. Não é uma guerra diplomática, como se acreditava. Pouco a pouco, Churchill começa a vislumbrar um possível cenário de vitória.

> *Vamos deixar que Hitler assuma suas responsabilidades por completo*. Vamos deixar que os povos da Europa, que gemem debaixo de sua opressão, colaborem da forma que for para a chegada dos dias em que esta opressão será rompida.
> *Enquanto isso, nós podemos e vamos nos organizar* para uma entrada rápida de alimentos em qualquer área escravizada, no

---

194. MEDAWAR, Jean & PYKE, David. *O presente de Hitler: Cientistas que escaparam da Alemanha nazista*. Trad. Antonio Nogueira Machado. Rio de Janeiro: Record, 2003, p. 13.

momento em que esta área estiver livre das forças germânicas e tiver recuperado novamente sua liberdade.

É dada uma longa explicação sobre o suprimento dos alimentos às populações subjugadas pela Alemanha e por que a Inglaterra não desempenha um papel de maior preponderância neste aspecto. Churchill entende que isto não seria militarmente possível e aposta na construção da imagem negativa do inimigo e num futuro papel salvador dos ingleses. Há um reforço dos ideais pelos quais se está lutando, o humanismo inglês contra a tirania nazista, em que pese a situação não permitir muitas ações humanitárias.

Pouco mais de um trimestre se passou desde que o novo governo chegou ao poder neste país. *Que cascata de desastres desabou sobre nós deste então!* [...] Bem, senhores, se tivéssemos sido confrontados no começo de maio com tal perspectiva, teria parecido incrível que – ao fim do período de horror e desastre, ou neste momento, em um período de horror e desastre – *pudéssemos permanecer erguidos, seguros de nós mesmos, senhores de nosso destino e com a convicção da vitória final* queimando de forma insaciável em nossos corações.
*Poucos teriam acreditado que poderíamos sobreviver.* Ninguém teria acreditado que nos sentiríamos não só mais fortes hoje como mais fortes do que éramos anteriormente.

Começam a se dissipar os horizontes sombrios do início da guerra. A forma com que os alemães conquistaram a Europa, rápida e violentamente, começou a mudar e um horizonte mais claro se anunciava. Na visão de Churchill, o pior havia passado, e era hora de organizar-se para enfrentar o inimigo em condições de igualdade. No planejamento de longo prazo de Churchill, o suprimento de armas e de gêneros de primeira necessidade estavam garantidos pelos comboios norte-americanos. As tropas estariam asseguradas com o apoio das nações da *Commonwealth* e dos exércitos livres das nações ocupadas. Sua confiança se baseia no desenrolar positivo dos acontecimentos, fruto da união que tanto apregoava e do desempenho das forças armadas aliadas. Os erros da administração anterior iam sendo gradualmente corrigidos e ultrapassados.

> Vejamos o que aconteceu do outro lado da moeda. *A nação britânica e o Império Britânico, ao se descobrirem sozinhos, se mantiveram sem medo do desastre. Ninguém se acovardou ou tremeu.* Ao contrário, alguns que anteriormente pensavam na paz, agora só pensam na guerra. *Nosso povo está unido e determinado como nunca esteve antes. A morte e a ruína se tornaram coisas pequenas, comparadas com a vergonha da derrota e do fracasso no dever.*
> Não podemos dizer o que vem pela frente. Pode ser que até mesmo experiências ainda piores estejam à nossa frente. Vamos enfrentar o que quer que venha até nós. Estamos seguros de nós mesmos e de nossa causa, e este é o fato supremo que surgiu nestes meses de provação. *Nesse interim, fortalecemos os nossos corações e a nossa ilha.* Rearmamos e reconstruímos nossos exércitos em um grau que seria considerado impossível há alguns meses.

O momento ainda é de extrema gravidade, mas a lembrança do espírito vencedor da nação inglesa é uma mensagem para quem defendia o apaziguamento com os nazistas que, de certa forma estimulou a Alemanha a iniciar a guerra. União e determinação é a mensagem que Churchill apresenta reiteradamente, vencer Hitler é o único caminho proposto. Compreendendo que o futuro ainda se mostra incerto, o soldado se empenhará mais, a população entenderá os problemas e a construção da união será possível. Ciente da realidade, a população saberá aceitar a dureza e perseguir a vitória. Suas palavras fortalecem a coragem e a esperança dos ingleses.

> *A totalidade do exército britânico está em casa.* [...] Nunca antes, em nossa ilha, tivemos exércitos como estes em tempos de guerra. *A ilha inteira se enfurece contra invasores do mar ou do ar.* [...]

Nossa Marinha está muito mais forte do que estava no começo da guerra. [...] O grande fluxo de novas construções iniciadas na deflagração da guerra começa a dar resultado. *Os mares o os oceanos estão abertos. Os submarinos alemães estão contidos.*

A lembrança da retirada exitosa de Dunquerque, poucas semanas antes deste discurso, representa uma constante força motivacional. Os ataques aéreos e a invasão nazista por mar são temores reais. É preciso manter mobilizadas as tropas e a população para o que está por vir, mas Churchill desenha um cenário positivo das linhas de defesa. Como havia dúvidas sobre a atuação dos pilotos no apoio à retirada de Dunquerque, Churchill faz questão de abordar o assunto.

Por que digo tudo isso? Não é, seguramente, para ostentar. Não é, seguramente, para dar o mínimo de apoio à complacência. *Os perigos que enfrentamos ainda são enormes, mas assim também são as nossas vantagens e os nossos recursos.*
Eu relato isso porque *o povo tem o direito de saber que há fundamentos sólidos para a confiança* que sentimos e que *temos boas razões para acreditarmos que somos capazes,* como eu disse, há dois meses, em um momento sombrio, de *continuar a guerra, se necessário, sozinhos, se necessário, durante anos.*
Digo também porque o fato de o Império Britânico permanecer invencível – e de que ainda há resistência contra o reino nazista – irá reacender a centelha de esperança no peito de centenas de milhões de homens e mulheres, humilhados ou desesperados por toda a Europa e além de seus limites. *Destas centelhas, surgirá a chama que limpa e consome.*

Nesta passagem, Churchill mais uma vez, evoca a realidade, mas desta vez acena com melhores expectativas. Ressalta que a liberdade de expressão possibilita que todos tenham, senão a mais perfeita noção da realidade, ao menos uma percepção nítida do que está acontecendo. Destaca a capacidade inglesa de lutar, ao dizer que poderiam continuar lutando durante anos. Churchill sabe que, além dos ingleses, precisa manter a esperança de libertação nos países subjugados, e esta mensagem, transmitida pelo rádio, chegará até eles. Os discursos eram reproduzidos para todo o planeta, por meio da tecnologia já disponível, demonstrando o protagonismo assumido pela Grã-Bretanha.

> *A grande batalha aérea que vem sendo travada* sobre esta ilha nas últimas semanas *se tornou recentemente mais intensa.* É muito cedo para tentar prever, seja sua escala, seja sua duração. *Devemos esperar que o inimigo faça novos esforços acima de qualquer um que tenha feito até agora.* Aeroportos hostis estão sendo construídos na França e nos Países Baixos, e a movimentação de esquadrões e de aparato para nos atacar prossegue. *É óbvio que Herr Hitler não admitiria uma derrota*, no seu ataque aéreo à Grã-Bretanha sem incorrer num prejuízo muito sério.

A Batalha da Inglaterra já está acontecendo e os bombardeios nazistas atingem fábricas, cidades e a população civil de forma indiscriminada, causando destruições e mortes. Precisa-se estar preparado para esta sequência de momentos dramáticos, antes que a situação possa se reverter, sobretudo porque Hitler utiliza os países invadidos como base para os ataques à Inglaterra.

> Por outro lado, as *condições e a evolução da ilha têm sido até agora favoráveis a nós.* […] Isso certamente se tornou verdade. Deve-se lembrar que todas as máquinas e pilotos do inimigo, derrubados na ilha ou nos mares que a circundam, ou são destruídos ou são capturados – enquanto *uma proporção considerável de nossas máquinas, e também de nossos pilotos, é poupada e em muitos casos volta a agir.*
> *Um vasto e admirável sistema de recuperação*, dirigido pelo ministério da Produção Aérea, *garante o mais rápido retorno das máquinas danificadas à linha de combate* – e o mais cauteloso e rápido uso de todas as peças e materiais sobressalentes.

Ao mesmo tempo, o espantoso – mais, o esplêndido – aumento na produção e no reparo de aviões e motores britânicos, conseguido por Lorde Beavenbrook com talento de organização e iniciativa – parecendo mágica –, nos tem dado *superabundantes reservas de todos os tipos de avião e um fluxo sempre crescente de produção, tanto em quantidade como em qualidade.* O inimigo é, naturalmente, bem mais numeroso. Mas, nossa nova produção, de acordo com as informações que recebo, já é maior do que a deles – *e a produção americana está apenas começando a chegar.*

É essencial a construção de um ambiente otimista e realista das possibilidades de defesa. Sentimentos como otimismo, realismo, expectativa de vitória, eficiência, liderança, organização e gestão reforçam a solidez do governo e sua liderança. A cada vez mais indispensável ajuda americana é usada como fator de conforto e segurança. Existe um aspecto logístico em favor dos ingleses, que repousa no fato de lutarem em seu território. Em que pese a destruição das cidades e indústrias, as perdas inglesas em número de pilotos e de aviões é menor do que a do inimigo, não só pela destreza e motivação dos mesmos, mas pelo fato de que, quando abatidos, são resgatados pelas populações locais e rapidamente recuperados para voltar ao combate. Os pilotos alemães, quando abatidos, são transformados em prisioneiros de guerra.

*A gratidão de cada casa em nossa ilha*, em nosso império, e certamente de todo o mundo, exceto nas moradias dos culpados, *vai para os pilotos britânicos* que, sem temer as chances e incansáveis no desafio constante e no perigo mortal, *estão mudando o curso dos acontecimentos da guerra, com valentia e devoção.*
*Nunca, no campo do conflito humano, tanto foi devido por tantos a tão poucos.*
*Todo o nosso afeto vai para os pilotos,* cujas ações brilhantes vemos com os nossos próprios olhos, dia após dia. Mas não devemos nunca nos esquecer de que o tempo todo, noite após noite, mês após mês, os nossos esquadrões de bombardeiros viajam para

dentro da Alemanha, acham os seus alvos na escuridão, com a mais elevada habilidade de navegação, miram os seus ataques com deliberado cuidado discriminatório – frequentemente, sob fogo pesado, frequentemente, com sérias perdas – *e impõem golpes destrutivos sobre toda a estrutura técnica de guerra do poder nazista.*

A vitória no espaço aéreo era fundamental para a sobrevivência da Inglaterra e necessária para garantir apoio aos pilotos e incentivar o alistamento na RAF. Churchill explicita este apoio, o agradecimento, incentivo e reconhecimento aos pilotos, em nome de toda a nação. A frase: "nunca tanto foi devido por tantos a tão poucos", ficou inscrita na memória coletiva da humanidade, por seu efeito multiplicador, pela humildade, sinceridade e força, ao lembrar a dedicação de quem está na linha de frente, defendendo a nação. Toda a Inglaterra se encontrava em dívida para com estes pilotos, de cuja coragem dependia a defesa da Inglaterra e, em última instância, a sobrevivência da nação. Sem defesas aéreas eficientes, a marinha alemã teria condições de cruzar o Canal da Mancha com suas tropas, e a *Luftwaffe* poderia lançar paraquedistas. Graças ao desempenho destes pilotos, a Inglaterra partia da defesa para o ataque, adotando uma atitude agressiva e proativa, ainda que, como Churchill destaca, procurando poupar as populações civis. Com isso, novo contraste se estabelece entre a Alemanha e a Inglaterra, já que os nazistas não se preocupavam com tal fato. Pelo contrário, a estratégia de guerra nazista, baseada em espalhar o terror na população, tinha dado certo ao derrotar Bélgica, Holanda, Polônia e França.

*A derrota da França tem sido, é claro, profundamente danosa para a nossa posição* no que é chamado, de um modo estranho, de Oriente Médio. [...] *Contávamos com o uso das bases aéreas e navais dos franceses* no Mediterrâneo, particularmente na costa do norte da África. *Contávamos com a frota francesa.* Muito embora a França metropolitana tenha sido temporariamente invadida, *não havia razão para que* a Marinha Francesa, partes substanciais Exército Francês, a Força Aérea Francesa e o Império Francês no além-mar *não continuassem a lutar do nosso lado*.

Protegida por um esmagador poderio marítimo, possuidora de inestimáveis bases estratégicas e de amplos recursos, *a França poderia ter permanecido como um dos grandes combatentes do conflito*. Ao fazer isso, a França teria continuado viva e o Império Francês teria avançado com o Império Britânico, para o resgate da independência e da integridade da terra-mãe francesa.

*Muitos dos outros países que foram invadidos pela Alemanha perseveraram, valente e fielmente*. Os tchecos, os poloneses, os noruegueses, os holandeses, os belgas ainda estão no campo, espada na mão, reconhecidos pela Grã-Bretanha e pelos Estados Unidos como as únicas autoridades representativas e os governos legítimos de seus respectivos Estados.

*Que a França esteja prostrada, neste momento, é um crime*, não de uma grande e nobre nação, mas dos que são chamados os *homens de Vichy. Temos profunda simpatia pelo povo francês. Nossa velha camaradagem com a França não está morta*.

*Com o general De Gaulle e sua corajosa equipe, esta camaradagem toma uma forma efetiva*. Estes franceses livres foram condenados à morte por Vichy, mas *o dia virá*, tão certo como o sol nascerá amanhã, em que *seus nomes serão honrados* e gravados em pedra nas ruas e aldeias da *França restaurada, numa Europa liberada, em plena liberdade e em paz com a sua imagem histórica*.

A decisão dos militares franceses, nas colônias de além-mar, de não lutar ao lado dos Aliados, tem sido tema de discussão constante entre os historiadores da Segunda Guerra. Churchill expressa mais uma vez seu desapontamento, em críticas frequentes, pois, para ele, o centro da defesa da Europa era a aliança entre Inglaterra e França. Pode-se entender o medo dos franceses em entrar em uma nova guerra total, pois a memória da destruição causada pela Primeira Guerra ainda estava presente. Ao fim, a crítica é clara, uma vez que tropas livres de todos os países conquistados lutavam ao lado dos ingleses contra a Alemanha. A Inglaterra abrigava em suas fileiras os exércitos livres da Polônia, Holanda, Checoslováquia, entre tantos outros, excetuando os soldados da França e de suas colônias. Churchill busca uma explicação e direciona as críticas às autoridades colaboracionistas francesas, excetuando o povo francês, e expressa claro apoio à Resistência, diferenciando-a dos homens de Vichy. Churchill não era particularmente simpático a De Gaulle e certa vez transbordou toda sua ironia ao declarar: *"parece uma lhama fêmea surpreendida em pleno banho"*. Também o descreveu como *"uma criatura inverossímil, tal e qual uma girafa humana, farejando com suas imensas narinas todos os mortais postados abaixo de seu olhar altivo"*[195]. Nunca foram bons amigos, e Churchill nunca considerou a hipótese de trazê-lo junto para as discussões com Roosevelt e Stalin.

> *Não acho que seja prudente* no momento, enquanto a batalha é intensa e a guerra ainda está lá, talvez, somente no estágio inicial, *embarcar em especulações sobre a forma futura que deve ser dada à Europa* ou sobre as novas garantias que devem ser concebidas *para que a humanidade seja poupada das misérias de uma Terceira Guerra Mundial*. O terreno não é novo, tem sido frequentemente analisado e explorado – e muitas ideias são tidas em comum por todos os homens bons e livres. Contudo, antes que possamos levar adiante a tarefa da reconstrução, temos não só de estar nós mesmos convencidos, mas também de convencer todos os outros países de que a tirania nazista será no fim derrotada.
>
> *O direito de orientar o curso da história do mundo é o preço mais nobre da vitória. Ainda estamos na subida da montanha. Ainda não atingimos o topo.* Ainda não podemos estudar a paisagem ou mesmo imaginar qual será a sua situação quando aquela tão esperada manhã chegar.
>
> *A tarefa que há imediatamente à frente é mais prática, mais simples e mais severa*. Espero – de fato, rezo – para que não sejamos indignos da vitória se, depois de todo este trabalho e

---

195. ENRIGHT. *A Verve e o Veneno de Winston Churchill. Op. cit.*, p. 72-73.

atribulação, esta nos for concedida. *O que resta é que temos que vencer. Esta é nossa tarefa.*

Do ponto de vista político, fundamental era manter a esperança, em que pairassem dúvidas sobre o futuro, e enaltecer a convicção no objetivo da guerra, até a completa destruição do nazismo. Essa constatação pertinente, vinda de um homem criado e forjado em um grande império, é uma verdade dita de forma surpreendentemente transparente. Mas o mais interessante desta passagem é a franqueza com que antecipa o papel do vencedor, pois uma vez finda a guerra caberá a ele formatar novos rumos para o mundo, uma verdade incontestável: após a guerra, de um lado a União Soviética coloca os países do Leste Europeu em sua esfera de influência e, de outro, americanos e ingleses tratam de influenciar outras nações a manterem regimes democráticos e economias capitalistas. A frase vislumbra a dura e crua realidade que o mundo viverá no pós-guerra. O discurso, evidentemente, mostra um avanço e nova ênfase: não é mais só a esperança de vitória, é a questão prática do que fazer após a vitória.

*Há, porém, um caminho no qual é possível ver à frente de forma um pouco mais clara.* Temos de pensar, não só por nós mesmos, mas pela *duradoura segurança da causa e do princípio pelo qual estamos lutando* e pelo futuro no longo prazo da Comunidade dos Estados Britânicos.

No momento, *uma certa ansiedade é sentida nos Estados Unidos com relação à defesa aérea e naval de sua costa Atlântica* – e o presidente Roosevelt recentemente deixou bem claro que gostaria de discutir conosco, com o domínio do Canadá e de Newfoundland o desenvolvimento de instalações navais e aéreas americanas em Newfoundland e nas Antilhas.

*Estas são medidas importantes.* Sem dúvida alguma, este processo significa que estas duas *grandes organizações democráticas de língua inglesa*, o Império Britânico e os Estados Unidos, *terão de estar interligadas em muitos de seus assuntos para benefício geral e mútuo*. De minha parte, olhando para o futuro, não vejo este processo com nenhum temor.

Na luta pela manutenção do Império Britânico, Churchill cede áreas, no Canadá, para a instalação de bases americanas, o que exige explicações sobre os acordos a que se sujeitou para continuar recebendo apoio norte-americano. Ele precisa do suporte interno do Parlamento e do povo para concretizar os acordos com os Estados Unidos, não há muito o que possa fazer, além de convencer os políticos e a opinião pública inglesa sobre tais decisões. Os Estados Unidos, muitas vezes, colocaram os ingleses em situações adversas de negociação. O próprio acordo *Lend-lease*[196] foi duramente criticado em função dos sacrifícios financeiros impostos aos ingleses, resultado disso é que ao final da guerra a Inglaterra estava financeiramente arruinada e os Estados Unidos se transformaram em credores do mundo.

A construção do discurso pode ser entendida por meio do quadro 5, quando uma seleção de frases auxilia no entendimento:

## QUADRO 5 – "OS POUCOS"

| | POSITIVO | NEGATIVO |
|---|---|---|
| POLÍTICOS | - As baixas britânicas nos primeiros doze meses foram [...] de para cada homem morto ou ferido agora, cinco foram mortos ou feridos entre 1914-15<br>- Poucos teriam acreditado que poderíamos sobreviver<br>- [...] condições e a evolução da ilha têm sido até agora favoráveis a nós<br>- [...] nossa produção já é maior do que a deles (Alemanha) [...] e a produção americana está apenas começando a chegar<br>- O direito de orientar o curso da história do mundo é o preço mais nobre da vitória | - Hitler está espalhado por toda a Europa. Nossas investidas ofensivas estão sendo lentamente reduzidas<br>- Há muitas propostas [...] de que deveria ser permitido aos alimentos passar pelo bloqueio (de alimentos para as nações ocupadas). [...] Lamento termos que recusar esta solicitação |

---

196. *Lend-lease* – acordo pelo qual os ingleses, e depois outros povos, receberam empréstimos para a compra de armamentos e bens de consumo necessários ao esforço de guerra. O acordo foi assinado em 11 de março de 1941.

|  | **POSITIVO** | **NEGATIVO** |
|---|---|---|
| **POVO** | - Embora esta guerra seja uma continuação da última, há amplas diferenças aparentes na sua natureza. [...] é um conflito de estratégia, organização, aparato técnico, ciência, mecânica e moral<br>- Poucos teriam acreditado que poderíamos sobreviver<br>- [...] por que fomos criados na liberdade e na responsabilidade e somos os produtos, não da uniformidade totalitária, mas da tolerância e da diferença<br>- Nunca antes, em nossa ilha, tivemos exércitos como estes em tempos de guerra<br>- [...] há fundamentos sólidos para a confiança de que podemos seguir a guerra [...]" se necessário sozinhos, se necessário durante anos"<br>- O que resta é que temos de vencer. Esta é a nossa tarefa<br>- A nação britânica [...] ao se descobrirem sozinhas, se mantiveram sem medo do desastre. Ninguém se acovardou ou tremeu | - Vimos grande países, com poderosos exércitos, deixando de ter uma existência coerente em poucas semanas. Vimos a República Francesa e o renomado Exército Francês abatidos, em completa e total submissão, [...] O corpo inteiro – quase a alma – da França sucumbiu<br>- Devemos esperar que o inimigo faça novos esforços acima de qualquer um que tenha feito até agora<br>- Pouco mais de um trimestre se passou desde que o novo governo chegou ao poder deste país. Que cascata de desastres desabou sobre nós desde então<br>- Pode ser que até mesmo experiências ainda piores estejam à nossa frente |
| **INIMIGOS** | - A totalidade do exército britânico está em casa. [...] A ilha inteira se enfurece contra invasores do mar ou do ar. [...] Os mares o os oceanos estão abertos. Os submarinos alemães estão contidos | - Se as qualidades se voltam [...] para as artes da guerra, podemos mostrar coisas ao inimigo sobre as quais eles ainda não pensaram |
| **ALIADOS** | - Como os alemães expulsaram os judeus e assim baixaram seus padrões técnicos, nossa ciência está definitivamente á frente<br>- O direito de orientar o curso da história do mundo é o preço mais nobre da vitória<br>- [...] Mas de nossa parte, o governo [...] está inteiramente de acordo em ceder instalações de defesa aos Estados Unidos | - Ainda estamos na subida da montanha. Ainda não atingimos o topo<br>- A derrota da França tem sido, é claro, profundamente danosa para nossa posição no que é chamado de Oriente Médio<br>- [...] a França poderia ter permanecido como um dos grandes combatentes no conflito<br>- Muitos outros países que foram invadidos [...], perseveraram valente e fielmente |
| **TODOS** | - Tudo das nações em guerra está envolvido, não apenas soldados, mas a população inteira, homens, mulheres e crianças. [...] A linha de frente passa pelas fábricas<br>- A estrada para a vitória pode não ser tão longa como se espera. [...] Seja longa ou curta, áspera ou suave, pretendemos chegar até o fim<br>- Nunca, no campo do conflito humano, tanto foi devido por tantos a tão poucos. Todo nosso afeto vai para nossos pilotos | - A tarefa que há imediatamente à frente é mais prática, mais simples e mais severa. Espero – de fato, rezo – para que não sejamos indignos da vitória se, depois de todo este trabalho e atribulação, esta nos for concedida. O que resta é que temos que vencer. Esta é nossa tarefa |

O enunciado icônico *"nunca tanto foi devido por tantos a tão poucos"*, ápice deste discurso, tem sido utilizado como elemento inspirador nas mais variadas circunstâncias, de clubes de futebol a organizações empresariais. O que nasceu como um sincero agradecimento aos pilotos da RAF vem ganhando apelos motivacionais desde então. *"Nunca, [...], tanto foi devido por tantos a tão poucos"* passou a ser, em outros ambientes, o auge do reconhecimento a performances de excelência.

Este foi o momento em que a Inglaterra começava a ver que poderia vencer a Alemanha. Os aviões da RAF, especialmente os *Spitfires* e *Hurricanes*, eram tecnologicamente superiores aos *Stukas*, *Heinkels* 111 e *Messerschmitts* BF-109. Os pilotos britânicos, treinados e motivados, lutando por sua pátria, obtiveram uma vitória esmagadora. Mesmo quando abatidos podiam voltar à luta em poucas horas ou dias. A produção industrial britânica e americana mostrava sua relevância e com a proximidade do inverno as possibilidades de uma travessia segura do canal, pelas tropas alemãs, ficava cada vez mais improvável.

A ilha poderia ser salva, embora os bombardeios persistissem até o final da guerra. Churchill relata as dificuldades: *"que cascata de desastres desabou sobre nós desde então!"*. Menciona a queda da França, a forma como ocorreu, quase sem resistência, sustenta que é preciso continuar lutando. Com tristeza e desilusão admite: [...] *"a França poderia ter permanecido como um dos grandes combatentes no conflito"*.

De forma visionária, diz que *"o direito de orientar o curso da história do mundo é o preço mais nobre da vitória"*. Ao longo dos tempos, o vencedor faz prevalecer sua versão na história. O resumo deste discurso é o apoio àqueles que estão invertendo o fluxo da guerra, um profundo agradecimento aos pilotos da RAF e a mensagem à população de que união e persistência compensam e moldam a vitória.

Em 6 de janeiro de 1941, Winston Churchill é escolhido *homem do ano* pela revista *Time*, nos Estados Unidos[197]. Sua credibilidade

---

197. www.facebook.com/RealTimeWorldWarII.

cresce constantemente, pois suas decisões estão mudando o curso da guerra e tornando a vitória. O novo momento começava com o agradecimento aos *poucos*.

Neste discurso, Churchill, por meio dos gêneros deliberativo e epidíctico, transmite uma mensagem de agradecimento e de fortaleza moral. Agindo com desprendimento pessoal, ele ornamenta os fatos para valorizar os responsáveis pelas conquistas. Seu discurso está organizado por meio de um balanço da situação, considerações sobre a realidade da guerra, as chances de vitória, reconhecimento, motivação da população e dos aliados e, ao final, a apresentação de um problema nacional que exige solução rápida: o que fazer após a vitória.

Esta ordem dos fatores segue em ritmo crescente até o meio do discurso, quando faz o agradecimento aos *poucos* e atinge o clímax. Segue discorrendo sobre o panorama da guerra e finaliza com um pedido ao Parlamento para que proceda à análise de um ponto polêmico. A cessão de terras de uma nação para outra nunca é simples, ainda mais em uma democracia que lutava para manter seu Império.

Pode-se ainda destacar que os argumentos que Churchill utiliza ligam acontecimentos quer às suas causas quer às suas consequências, ilação clara quando critica os franceses por sua atuação na guerra, quando mostra o crescimento da produção de armamentos ou as oportunidades de vitória, por intermédio da nova organização das Forças Armadas.

O contexto do discurso é dramático mas, ao mesmo tempo, representa o momento pelo qual todos os ingleses esperavam, como uma tormenta que se aproxima no horizonte, quando finalmente chega a hora de enfrentá-la. A tensão que antecedia a batalha se dissipa, e este é o momento da verdade, do enfrentamento pela defesa da pátria positivamente vislumbrado, pois os ingleses estavam vencendo a batalha aérea contra a Alemanha. A força nazista, até então insuperável, poderia ser, afinal, derrotada. A esperança se reafirma e o repetido apelo de Churchill à união mostra-se correto e adequado. O caminho havia sido compreendido e funcionava. O líder gozava de credibilidade e havia feito por merecê-la por sua virtude, seriedade e competência.

Pode-se observar que todos os itens listados nas subdivisões do discurso podiam ser creditados a Churchill, e ele teve a chance de trazê-los à baila nesta fala. Especialmente, ele comprovava que sabia o que fazer, tinha a honestidade pessoal e o espírito de grandeza ao dar crédito aos pilotos ingleses que ganhavam a batalha. Por isso, ele aponta os méritos de sua pessoa e os transfere para os soldados e a população.

Em termos do *ethos* de identificação, deve-se destacar a humanidade e humildade do orador, especialmente a exposição de emoções, compaixão e intimidade. Neste momento, Churchill se coloca como guia, profeta e pastor, aquele que será seguido e cujas palavras, até o momento, se revelaram corretas.

Revertia-se a maré da guerra. O inimigo, até então indestrutível, dava evidências de fragilidade. Com o apoio logístico americano garantido, seria a vitória uma questão de tempo. Não era possível determinar quando seria alcançada, mas já se podia ter a clara esperança. Para quem, antes, tinha pequenas chances de sobrevivência, a demonstração de persistência e organização era um alento de libertação. Quando ele afirmou que, *destas centelhas, surgirá a chama que limpa e consome*, preconiza que a liberdade, um dia, finalmente, chegaria, e os ingleses liderariam um novo mundo após a guerra. O fato é que o mundo depois da guerra se tornou **americano**, mas este é tema para outra análise. Churchill imaginava que poderia manter seu império e lutava para tanto. Saber se ele, no seu íntimo, antevira a *Pax Americana*, pertence a conjecturas futuras.

Há uma história de que os pilotos, ao serem tão elogiados e reconhecidos, resolveram pedir aumento. O salário médio de um combatente era de GBP 14,00 mensais. Se conseguiram ou não, é um mistério, mas a capacidade de rir de si mesmo nas horas mais terríveis, explica bem a índole de um povo. A maré podia ser mudada; os pilotos da RAF mostraram isso, e Churchill divulgou a mudança aos quatro ventos.

# CAPÍTULO IX
## Jamais ceder!

Em um discurso em sua antiga escola, Winston Churchill é recebido com a tradicional canção da instituição (*Stet Fortuna Domun*), à qual foi adicionado o verso em sua homenagem:

> *Louvamos nos dias mais sombrios*
> *o líder de nossa nação*
> *e o nome de Churchill vai ser aclamado*
> *por cada nova geração.*
> *Por que você tem força, na hora do perigo.*
> *para defender nossa liberdade, senhor!*
> *Mesmo sendo longa a luta, sabemos que o certo*
> *No fim triunfará, senhor!*

O discurso "Jamais ceder!" foi pronunciado em 29 de outubro de 1941. A Inglaterra estava sozinha desde maio de 1940, quando a França caíra. Lutava contra o Eixo formado por Alemanha, Itália e Japão, em cenários distantes na Europa, África, Ásia e Extremo Oriente. Londres e a região industrial inglesa sofriam bombardeios diários.

O mapa mundi, em junho de 1941, mostra uma Europa Nazista – Alemanha, Áustria, Itália, Polônia, França, Bélgica, Holanda, Dinamarca, Noruega, Tchecoslováquia, Iugoslávia, Romênia, Bulgária, Hungria, Grécia e parte da URSS. Portugal, Espanha, Suécia, Suíça e Turquia mantinham-se neutras, em que pese a Península Ibérica tivesse governos alinhados com ditaduras fascistas. No norte da África, Marrocos, Algéria e Tunísia eram pró--Eixo e a Líbia estava ocupada. A Inglaterra tinha apenas o Egito, Chipre e a Palestina como aliados. No Extremo Oriente, o Japão controlava parte da China e toda a Manchúria, Coreia, Filipinas, Indonésia, Malásia, Singapura, Hong Kong, Taiwan, toda a Indochina (Vietnam, Laos e Camboja), Burma, Birmânia (Myanmar) e um gigantesco cinturão de ilhas isoladas no Pacífico, que lhe garantiam uma linha de defesa importante. A Tailândia se mantinha em questionável neutralidade. Apoiavam ainda a Inglaterra a Índia, Austrália e Nova Zelândia, que cederam tropas e lutavam juntas nesta guerra, com enorme disparidade de recursos. Nos oceanos Atlântico, Pacífico e Índico, submarinos alemães e japoneses corroíam as linhas de suprimentos. Os Estados Unidos estavam fora da guerra, embora dessem subsídios à Inglaterra com seu imenso poderio industrial (os Estados Unidos só entrariam na guerra em 7 de dezembro de 1941, após o ataque japonês a Pearl Harbour, no Havaí). O cenário era o pior possível.

Em 29 de outubro de 1941, Churchill compareceu a Harrow, sua antiga escola, em Londres, onde uma plateia de estudantes e professores esperava para ouvi-lo. O discurso foi gravado e depois retransmitido. Ele mencionou o isolamento em que se encontravam, mas o comparou com outros momentos que considerava ainda mais difíceis. Fez referência aos ataques aéreos, lembrando a cada ouvinte que a escola também havia sido alvo de violência.

A situação da guerra era desalentadora naquele momento, a Inglaterra vinha sendo constantemente bombardeada, a Europa continental estava sob jugo nazista, e a União Soviética lutava desesperadamente por sua sobrevivência. No discurso, Churchill profere outra de suas frases históricas e com veemência incomum transmite a mensagem de que o mundo livre não poderia jamais render-se. Repete a palavra *jamais* inúmeras vezes.

Pela segunda vez como primeiro-ministro visitou a escola onde estudou. Passados quase dezoito meses de sua posse no

Gabinete, já conta com um suporte político mais forte do que no início de seu mandato. Sabe que é necessário manter a fé na vitória e a mobilização de todos. Falar em Harrow, uma tradicional escola inglesa, por onde passaram homens que seriam primeiros-ministros, presidentes e reis, como Robert Peel (1788-1850), Henry John Palmerston (1784-1865), Jawaharlal "Pandit Nehru" (1889-1964) [primeiro-ministro hindu entre 15 de agosto de 1947 e 27 de maio de 1964, pai da primeira ministra Indira Gandhi (1917-1984)] e o rei Hussein (1935-1999), da Jordânia[198], é significativo.

A Inglaterra precisa resistir e prosseguir mobilizada, apesar dos reveses. Neste momento histórico específico, cabe ao líder ocupar a frente dos acontecimentos. Sua presença no campo de batalha, junto aos soldados, visitando regiões devastadas pelos bombardeios, em Londres e em outras cidades, amplamente divulgada pelos jornais, imprimia ânimo e esperança nos corações das pessoas.

## IX.1 - Discurso de 29 de outubro de 1941

"Quase um ano já se passou desde que vim aqui a convite do diretor, a fim de alegrar-me e alegrar os corações de alguns de meus amigos, cantando algumas de nossas canções. Os dez meses que se passaram foram de eventos catastróficos, terríveis ao mundo — tempos de altos e baixos, de desgraças. Mas, pode alguém aqui nesta tarde, nesta tarde de outono, não se sentir plenamente grato pelo que passou neste tempo que passou e pela ampla melhoria de nosso país e de nossa pátria? Por que, quando eu estive aqui na última vez, estávamos muito sozinhos, desesperadamente sozinhos, e ficamos assim por cinco ou seis meses. Estávamos muito mal armados. Hoje, não estamos mais tão mal armados, mas, na época, estávamos realmente muito mal armados. Tínhamos a ameaça desmedida do inimigo e de seu

---

198. www.harrowschool.org.uk.

ataque aéreo ainda batendo sobre nós — e vocês viveram a experiência deste ataque. Imagino que vocês estejam começando a se impacientar com esta longa calmaria, sem que nada em particular aconteça!

Temos, no entanto, que aprender a ser bons de modo igual no que é curto e abrupto e no que é longo e resistente, já que geralmente se diz que os britânicos são melhores. Os britânicos não são de se mover de crise em crise, não estão sempre na espera de um dia que lhes dê a chance de lutar. Mas, quando resolvem, de forma bem lenta, que uma coisa tem que ser feita e um trabalho tem de ser conduzido e terminado, então mesmo que isso demore meses — ou anos —, assim o farão.

Outra lição que podemos considerar, apenas conduzindo nossas memórias para aquele encontro de dez meses atrás, e fazendo uma comparação com a situação de agora, é que as aparências são frequentemente muito enganadoras. Como Kipling afirma muito bem, devemos encontrar o triunfo e o desastre e tratar os dois impostores do mesmo modo.

Não se pode dizer pelas aparências como as coisas vão andar. Algumas vezes, a imaginação faz as coisas parecerem muito piores do que são — ainda que, sem imaginação não se pode fazer muita coisa. As pessoas que são imaginativas veem mais perigos do que talvez existam, certamente sempre veem muito mais do que acontece e, assim, devem também rezar para que lhes seja dada coragem extra para lidar com toda essa imaginação.

Mas para todos, certamente, pelo que atravessamos neste período — e eu estou me referindo à escola — certamente neste período de dez meses a lição é: jamais ceder, jamais ceder, jamais, jamais, jamais, jamais — em nada, seja grande, seja pequeno, amplo ou trivial —, jamais ceder, exceto a convicções de honra e de bom senso. Jamais ceder à força, ao aparentemente devastador poder do inimigo. Ficamos completamente sozinhos há um ano, e para muitos países parecia que a nossa conta estava fechada, que estávamos acabados, todas as nossas tradições, as nossas canções, a história da escola, esta parte da história do país — tudo se fora, estava acabado e liquidado.

Hoje, o ambiente é muito diferente. A Grã-Bretanha, pensaram outras nações, tinha de entregar os pontos. Mas, em vez disso, nosso país se manteve firme. Não houve hesitação e nenhum pensamento de se entregar. E, para que parecesse quase um milagre, para aqueles fora destas ilhas — embora nós mesmos nunca duvidássemos — encontramo-nos agora numa posição da qual podemos ter certeza de que só é preciso perseverar para conquistar.

Vocês cantaram aqui versos de uma canção da escola. Vocês cantaram aquele verso a mais, escrito em minha homenagem, pelo qual fiquei extremamente agradecido e o qual vocês repetiram hoje. Há, no entanto, uma palavra que quero alterar — queria fazer isso no ano passado, mas não me arrisquei a fazê-lo. É o verso: "Louvamos, nos dias mais sombrios".

Obtive permissão do diretor para alterarmos esta expressão de mais sombrios para mais severos: "Louvamos, nos dias mais severos".

Não vamos falar de dias sombrios. Vamos falar, sim, de dias severos. Estes não são dias sombrios — são grandes dias — os mais gloriosos que nossa nação já viveu! E devemos todos agradecer a Deus porque nos foi permitido, a cada um de nós, cada um em seu papel, contribuir para tornar estes dias memoráveis, na história de nossa raça".

## IX.2 - Análise do discurso de 29 de outubro de 1941

"Jamais ceder", tornou-se um dos mais importantes discursos de Churchill, por sua intensa carga emocional e motivadora. Ele é depois reproduzido nos jornais e na rádio.

*Quase um ano já se passou desde que vim aqui* a convite do diretor, a fim de alegrar-me e alegrar os corações de alguns de meus amigos, cantando algumas de nossas canções. *Os dez meses que se passaram foram de eventos catastróficos, terríveis ao mundo – tempos de altos e baixos, de desgraças.*

Porque, quando eu estive aqui *na última vez, estávamos muito sozinhos*, desesperadamente sozinhos, e ficamos assim por cinco ou seis meses. *Estávamos muito mal armados.*

Hoje, não estamos mais tão mal armados, mas, na época, estávamos realmente muito mal armados. *Tínhamos a ameaça desmedida do inimigo e de seu ataque aéreo ainda batendo sobre nós –* e vocês viveram a experiência deste ataque.

O retorno à sua escola é um momento em que Churchill aproveita a amizade, a alegria e a consideração de seus admiradores. Sente-se em casa. Sua clara noção da realidade e a atenção ao momento vivido geram a atmosfera para um estado de espírito elevado, com a melhora das condições, contrastando uma relação entre dois momentos distintos do confronto. O panorama da guerra vinha mudando, apesar das extensas áreas ocupadas pelos nazistas, e havia esperança. A Alemanha estava contida no *front* ocidental e ao invadir a Rússia abrira uma vasta frente no Oriente, que vinha consumindo enormes esforços em tropas e armamentos.

Temos, no entanto, que aprender a ser bons de modo igual. [...] *Os britânicos não são de se mover de crise em crise*, não estão sempre na espera de um dia que lhes dê a chance de lutar. *Mas, quando resolvem, de forma bem lenta, que uma coisa tem que ser feita* e que um trabalho tem de ser conduzido e terminado, então, mesmo que isso demore meses – ou anos –, *assim o farão.*

É feita uma análise do projeto histórico e consciente da Inglaterra, em que o orgulho, o humor, a obstinação e uma certa arrogância, enfim, resumem os sentimentos britânicos. Churchill expressa o pensamento inglês de que podem demorar em suas decisões, mas, quando finalmente as tomam, agem de forma obstinada e objetiva.

> Mas para todos, certamente, pelo que atravessamos neste período – e eu estou me referindo à escola – certamente neste período de dez meses *a lição é: jamais ceder, jamais ceder, jamais, jamais, jamais, jamais – em nada, seja grande seja pequeno, amplo ou trivial –, jamais ceder, exceto a convicções de honra e bom senso. Jamais ceder à força, ao aparentemente devastador poder do inimigo.*

Se fosse possível reduzir Churchill a uma frase, esta seria: "*Jamais ceder!*". Era sua filosofia de vida, sua crença antes e ao longo de toda a guerra. Durante seu período de ostracismo político, entre 1931 e 1939, nunca desistiu. Nos anos em que Hitler lentamente tomava conta da Europa, foi Churchill quem se colocou abertamente contra a política de apaziguamento. Previu que nada daquilo seria capaz de deter o sonho expansionista e revanchista da Alemanha. Quando, em 1940, a situação de Chamberlain se tornou insustentável, foi a vez de Churchill assumir o comando, pois jamais se afastara de suas convicções. Sua firmeza em construir uma união entre todos os partidos e o povo foi a pedra fundamental para a vitória; o homem que sempre causara polêmicas era agora o conciliador. Churchill jamais cederia ao inimigo e acreditava que, caso perdesse, seria lutando por uma causa nobre e eles, os ingleses, estariam vivendo seu melhor momento. Através da repetição das palavras e de uma ideia central, Churchill deixa absolutamente clara sua determinação, por intermédio da força retórica, mantendo a atenção da plateia – interna e externa. Existe um pensamento e uma vontade única para os ingleses – jamais desistir.

> *Ficamos completamente sozinhos há um ano, e para muitos países parecia que a nossa conta estava fechada, que estávamos acabados.* Todas as nossas tradições, as nossas canções, a história da

escola, esta parte da história do país – tudo se fora, estava acabado e liquidado.

*Hoje, o ambiente é muito diferente.* A Grã-Bretanha, pensaram outras nações, tinha de entregar os pontos. *Mas, em vez disso, nosso país se manteve firme. Não houve hesitação e nenhum pensamento de se entregar.* E, pelo que parecia quase um milagre, para aqueles fora destas ilhas – embora nós mesmos nunca duvidássemos –, encontramo-nos agora numa posição da qual *podemos ter certeza de que só é preciso perseverar para conquistar.*

Churchill destila seu veneno para quem previa a derrota da Inglaterra e a queda da Europa em mãos nazistas, certo de que sua obstinação e suas decisões – que o futuro mostraria corretas, sua determinação e visão estratégica assegurariam a vitória. Esta é a síntese do pensamento britânico, da forma de ser inglês, segundo ele. Após a batalha da Inglaterra e as performances bem-sucedidas no norte da África, a confiança se manteve como argumento constante de sua retórica.

*Não vamos falar de dias sombrios. Vamos falar, sim, de dias severos. Estes não são dias sombrios – são grandes dias – os mais gloriosos que nossa nação já viveu!* E devemos todos agradecer a Deus porque nos foi permitido, a cada um de nós, cada um em seu papel, *contribuir para tornar estes dias memoráveis, na história de nossa raça.*

De forma épica e com grande presença de espírito, Churchill atinge o clímax do discurso, na constante evocação do espírito de luta, conquista e bravura inglesas, um espírito coletivo que define o ser inglês. A insistência, a firmeza e a retórica envolvente de Churchill ecoaram na alma do povo inglês e naqueles que podiam acessá-lo no resto do mundo, através do rádio, jornais e noticiários nos cinemas. Cada vez mais, sua imagem como libertador do espírito ocidental, como sensível à desgraça dos outros foi se materializando e crescendo. A figura do homem no *front* de batalha, visitando áreas destruídas, sempre próximo ao seu povo, foi a base de um senso de união, mas ele jamais deixa de se colocar como instrumento da vontade de Deus. Assim aglutina política e religião, tradição inglesa que permeia a atuação política pelo menos desde Henrique VIII (1491-1547).

No quadro esquemático abaixo, demonstra-se a construção do discurso que, pelo sentido das frases selecionadas, permite a análise da mensagem.

### QUADRO 6 - "JAMAIS CEDER"!

| | POSITIVO | NEGATIVO |
|---|---|---|
| POVO | - Os britânicos não são de se mover de crise em crise [...]. Mas, quando resolvem, de forma bem lenta, que alguma coisa tem de ser feita [...] assim o farão | - [...] quando eu estive aqui da última vez, estávamos muito sozinhos, desesperadamente sozinhos [...]. Estávamos muito mal armados<br>- Tínhamos a ameaça desmedida do inimigo e de seu ataque aéreo batendo sobre nós |
| INIMIGOS | - Mas, em vez disso, nosso país se manteve firme. Não houve hesitação e nenhum pensamento de se entregar | - Ficamos completamente sozinhos há um ano, e para muitos países parecia que a nossa conta estava fechada, que estávamos acabados |
| TODOS | - [...] a lição é: jamais ceder, jamais ceder, jamais, jamais, jamais, jamais, – em nada, seja grande, seja pequeno, – amplo ou trivial – jamais ceder às convicções de honra e bom senso. Jamais ceder à força, jamais ceder ao aparentemente devastador poder do inimigo<br>- podemos ter certeza de que só é preciso perseverar para conquistar<br>- Não vamos falar de dias sombrios. Vamos sim falar de dias severos. Estes não são dias sombrios – são grandes dias – os mais gloriosos que a nossa nação já viveu | - Os dez meses que se passaram foram de eventos catastróficos, terríveis ao mundo – tempos de altos e baixos, de desgraças |

Em "Jamais ceder!" Churchill resume de forma taxativa o sentimento da nação. Somando-se ao convencimento que *"a vitória, a vitória a todo custo e que sem vitória não há sobrevivência"*, não se poderia parar de lutar jamais. É óbvio que não pode haver dúvidas no coração e na mente dos ingleses e aliados, o questionamento da vitória não é aceitável.

Morte e destruição fazem parte do horizonte em pauta, não existem soluções fáceis para a guerra, mas os dias não são mais sombrios. São duros, são severos, mas existe a convicção de que o inimigo pode ser derrotado. Quase um ano depois deste discurso, em 10 de novembro de 1942, Churchill, ao se referir à vitória inglesa sobre os alemães, na batalha de El Alamein, no Egito, diz que *"agora não é o final, não é nem o início do fim, mas, talvez, o fim do início"*[199]. Os ares de vitória já começavam a soprar no final de 1941, os americanos acabariam entrando na guerra menos de dois meses depois deste discurso, e a atmosfera já começava a mudar para melhor.

"Jamais ceder" foi um desabafo, um grito de libertação e a afirmação de uma convicção. Churchill estava no caminho certo e sua insistência na união de todos mostrava-se cada vez mais pertinente. Agora, era questão de seguir resistindo, dar tempo ao tempo e adotar uma atitude agressiva e proativa.

A análise retórica deste discurso permite observar o caráter persuasivo por meio do gênero deliberativo. Num ambiente receptivo e propício ao narrador, este aconselha o que deve ser feito. O objetivo de motivar a audiência física e midiática de influir sobre o mundo é clara ao trabalhar o *ethos*, sua credibilidade e o *pathos,* o apelo à emoção.

A estrutura do discurso passa pelas categorias de disposição, estilo e memória, quando o desenrolar crescente dos argumentos, organizados de forma a repetir reiteradamente o objetivo "Jamais ceder", confirma a disposição e metas do orador.

Retornando à análise do *ethos* do orador, tem-se um discurso em que, provada a credibilidade do narrador por suas ações anteriores, há uma demonstração inequívoca de seu caráter, por sua força e pela presença de espírito, gerando uma atitude provocadora, mais no

---

199. Tradução do autor. Citado em: PENBERTHY, Ian. *Churchill in Quotes: Wit and Wisdom from the Great Statesman.* Lewes: Ammonite, 2011, p. 105.

sentido de motivação do que de polêmica. É uma fala agregadora em que se identificam emoção e empolgação com o que está transmitindo e solidariedade, ao colocar-se ao lado dos colegas de escola, cantar com eles e ouvi-los. O líder está próximo de sua audiência, mais do que isso, ele é próximo a eles. Está ao seu lado e com eles buscando a vitória.

"Jamais ceder" é um daqueles momentos em que a retórica atinge seu clímax ao fazer sentimentos transcenderem palavras. Pessoalmente, vejo este discurso como um dos mais impactantes e representativos do caráter e da personalidade de Churchill. Normalmente, aprendemos nas aulas de redação a não repertir palavras. Churchill repete o *jamais* incansavelmente. Alguma dúvida sobre o que se deve fazer? Alguma mensagem dúbia sobre o futuro? Não, está clara e cristalina a mensagem, a tenacidade, a persistência e o foco. Podem surgir momentos de dúvida e de dor, mas ceder não é uma opção; seguir é uma missão e vencer a única opção. Se alguém não se emocionar com essas palavras, nada mais o tocará.

# CAPÍTULO X
## Sessão conjunta do Congresso

Em 7 de dezembro de 1941 naquela que foi considerada a *"maior batalha já vencida, e a maior guerra perdida"*, os japoneses atacaram o porto americano de Pearl Harbor, no Havaí. Os Estados Unidos entram, desta forma, definitivamente no conflito, ao lado dos Aliados. Franklin Delano Roosevelt, mestre de frases curtas e memoráveis, num discurso, em 8 de dezembro de 1941, no Congresso Americano diz que: *"Este é um dia que viverá na infâmia"*[200]. Winston Churchill não perde tempo e viaja para os Estados Unidos, a fim de arquitetar a estratégia conjunta da guerra. Ele próprio filho de uma americana, declara seu orgulho por esta nação e neste discurso consegue o apoio do Congresso e do povo americano para, juntos, derrotar, de forma incondicional, o eixo fascista. Ressalto que antes de Pearl Harbour a resistência americana em participar da guerra era clara e a decisão de manter-se longe do conflito inabalável.

Churchill estava plenamente consciente de que a guerra só poderia ser vencida com a adesão dos americanos à luta aliada. O Japão ganhava a guerra no Oriente. No dia 9 de dezembro, os encouraçados ingleses *Prince of Wales* e *Repulse* foram afundados em Singapura. A batalha por Singapura foi uma das mais vergonhosas derrotas inglesas de todos os tempos. A rendição das tropas a um cansado exército japonês gerou discussões acaloradas sobre a capacidade de Churchill

---

[200]. JENKINS, Lord Roy. *Roosevelt*. Trad. Gleuber Vieira. Rio de Janeiro: Nova Fronteira, 2005, p. 150.

em seguir no comando. Com exceção dos mares em torno da Austrália e da Nova Zelândia, o Oceano Pacífico era domínio japonês. Hong Kong estava sendo atacada no mesmo momento em que Pearl Harbor, e cairia nas mãos da Guarda Imperial, à época do Natal. Os japoneses desembarcavam na Malásia, e Churchill não tinha ilusões sobre o poderio e a supremacia militar japonesa.

Com o poderio militar, industrial, de recursos materiais e humanos dos americanos, protegidos dos bombardeios, a milhares de quilômetros de distância dos *fronts* de batalha, haveria a garantia de uma constante reposição de armas, aviões, navios e munições. A relação entre Roosevelt e Churchill foi se construíndo pouco a pouco. O respeito entre os dois líderes cresceu consideravelmente depois da submissão francesa, quando o primeiro-ministro tomara a decisão de atacar a frota francesa estacionada no litoral norte da África. Ao afundar os navios em Oran, o presidente americano sentiu a firmeza de propósitos de Churchill[201].

O relacionamento entre eles começa a se estreitar durante a concepção do *Lend-Lease Act*, a lei de empréstimos e arrendamentos que permitiu aos ingleses manter suas linhas de suprimento ao longo do Atlântico Norte. O corte destas linhas de comunicação constituiria a mais imediata ameaça à integridade da Inglaterra. Em 8 de dezembro de 1940, um ano antes do ataque a Pearl Harbor, Churchill enviou uma carta a Roosevelt, discutindo os termos do acordo, e antecipou:

> Se, como acredito, o senhor está convencido, Sr. Presidente, de que a derrota da tirania nazista e fascista é questão de alta consequência para o povo dos Estados Unidos e para o hemisfério ocidental, o senhor olhará esta carta não como uma súplica por ajuda, mas como a definição da ação mínima indispensável para que alcancemos nosso objetivo comum[202].

---

201. Idem. *Ibidem*, p. 132.
202. Idem. *Ibidem*, p. 137.

Roosevelt se empenha decisivamente para ajudar Churchill. A política externa americana estava voltada para manter o país longe da guerra, ao menos de forma efetiva, como se percebe nesta mensagem:

> A experiência dos dois últimos anos provou, sem sombra de dúvida, que nenhuma nação pode apaziguar os nazistas. Ninguém pode transformar um tigre em gatinho, acariciando-o. Nossa política nacional não está voltada à guerra. Seu único objetivo é manter a guerra longe de nosso país e de nosso povo. Devemos ser o grande arsenal da democracia[203].

O *Lend-Lease Act* passa pelo Congresso americano com relativa facilidade. Os Estados Unidos resolveram assumir a responsabilidade pela porção ocidental do Atlântico, conseguindo o direito de estabelecer bases na Groenlândia e estendendo a área patrulhada até o meio do caminho, entre a África e o norte do Brasil. O *Lend-Lease* não faria sentido se o material, mesmo sendo pago pelos ingleses, chegasse ao destino com perdas substanciais sofridas durante a travessia[204]. Os americanos, que relutavam em entrar na guerra, acabaram debitando aos japoneses a tomada desta decisão. Harry Hopkins (1890-1946), um dos mais importantes assessores de Roosevelt, registrou, em 7 de dezembro de 1941, à medida que se inteiravam das notícias, que o presidente

> [...] falou demoradamente sobre seus esforços para manter o país fora da guerra e sobre seu sincero desejo de completar seu governo sem guerra, de modo que, se fosse verdadeiro este ataque do Japão, o assunto fugia inteiramente de seu controle, já que os japoneses tinham decidido por ele[205].

---

203. Idem. *Ibidem*, p. 139.
204. Idem. *Ibidem*, p. 142.
205. Idem. *Ibidem*, p. 152.

Winston Churchill parte, então, para os Estados Unidos. De imediato, ambos os mandatários declaram oficialmente guerra contra as forças do Eixo – Japão, Alemanha e Itália. O trabalho mediado foi a organização do cenário da guerra, produção e distribuição de armamentos, planejamento das ações de guerra no curto e no médio prazos, incluindo o terceiro grande aliado – a Rússia de Josef Stalin. Churchill permanece nos Estados Unidos de 21 de dezembro de 1941 até 14 de janeiro de 1942, período de vital importância para a definição de rumos e para o fortalecimento das relações entre as duas nações. Mais que nada, Churchill via, agora, que a vitória era uma possibilidade concreta.

Numa das primeiras conversas, o presidente Roosevelt sugere que uma declaração conjunta de princípios, estabelecendo linhas gerais que norteassem uma política solidária. Esta construção conjunta resultou em um chamamento às populações do mundo livre para um novo momento da guerra, quando a entrada dos Estados Unidos na guerra foi decisiva para o êxito da coalizão aliada e a vitória se tornava uma esperança possível[206].

## X.1 - Discurso de 26 de dezembro de 1941

"Sinto-me honrado que vocês tenham me convidado a entrar na sala do Senado dos Estados Unidos e discursar para os membros de ambas as câmaras do Congresso. O fato de que meus antepassados americanos participaram, durante tantas gerações, da vida dos Estados Unidos e de aqui estou, eu, um inglês, sendo bem-vindo em seu meio, faz desta experiência uma das mais emocionantes e sensacionais em minha vida — que já é longa e não tem sido monótona. Gostaria realmente que minha mãe, cuja memória guardo no coração pelo passar dos anos, pudesse estar aqui par ver.

---

206. CHURCHILL. *Memórias de Segunda Guerra Mundial. Op. cit.*, p. 564.

A propósito, não posso deixar de registrar que se meu pai fosse americano e minha mãe britânica, em vez do contrário, eu poderia estar aqui por minha conta. Neste caso, esta não seria a primeira vez que vocês ouviriam a minha voz. Neste caso, eu não precisaria de um convite — mas, se tivesse, é pouco provável que fosse unânime. Assim, talvez, as coisas estejam melhores como estão. Tenho de confessar, porém, que não me sinto um peixe fora d'água numa assembleia legislativa onde se fala inglês.

Sou um filho da Câmara dos Comuns. Fui criado na casa de meu pai para acreditar na democracia. Confie no povo — esta era a sua mensagem. Eu costumava vê-lo encorajado em reuniões e nas ruas por multidões de trabalhadores lá atrás naqueles dias aristocráticos vitorianos quando, como dizia Disraeli[207], o mundo era para os poucos e para os muito poucos. Por isso, estive em harmonia por toda a minha vida com as marês que tem circulado em ambos os lados do Atlântico, contra o privilégio e o monopólio — e venho atuando com confiança na direção do ideal de Gettysburg[208] do governo do povo, pelo povo e para o povo.

Devo minha história inteiramente à Câmara dos Comuns, da qual sou servo. No meu país, como no de vocês, os homens públicos são orgulhosos de servir ao Estado e ficariam envergonhados em ser senhores do Estado. Um dia, se achassem que assim o povo desejasse, a Câmara dos Comuns poderia com um simples voto me retirar da posição que ocupo. Mas não me preocupo com isso de modo

---

207. Benjamin Disraeli (1808-1881): escritor, político, criador do Partido Conservador e duas vezes primeiro-ministro britânico.
208. Churchill faz referência a um dos mais famosos discursos de Abraham Lincoln em 19 de novembro de 1863, no cemitério de Gettysburg, onde redefiniu a Guerra de Secessão não somente como uma batalha pela união nacional, mas também como o *renascer da liberdade* nos Estados Unidos e para o povo americano.

algum. De fato, estou certo que aprovarão minha jornada até aqui, para a qual obtive a permissão do rei, a fim de me encontrar com o presidente dos Estados Unidos e organizar com ele todo o mapeamento dos nossos planos militares — e também para todos aqueles encontros privados de altos oficiais das Forças Armadas de ambos os países, que são indispensáveis para o prosseguimento bem-sucedido da guerra.

Gostaria de dizer inicialmente como fiquei impressionado e encorajado pela amplitude das opiniões e pelo senso de realidade que encontrei aqui em todos os lugares onde tive acesso. Alguém que não compreendesse a força e a solidariedade das fundações dos Estados Unidos poderia facilmente encontrar aqui um clima egocêntrico de excitação e perturbação, com as mentes das pessoas fixas nestes episódios novos, assustadores e dolorosos da guerra repentina que atingiu a América. Afinal de contas, os Estados Unidos foram atacados e agredidos por três dos mais bem armados Estados ditatoriais. A maior potência militar da Europa e a maior potência militar da Ásia, Alemanha e Japão — e a Itália também —, todos declararam e estão em guerra contra vocês. Um conflito foi iniciado e só pode terminar com a queda deles ou de vocês.

Mas aqui em Washington, nestes dias memoráveis, encontrei uma fortaleza olímpica, a qual, longe de ter por base a complacência, é apenas a máscara de um objetivo inabalável e a prova de uma correta e bem-estabelecida confiança no resultado final. Nós na Grã-Bretanha tivemos o mesmo sentimento nos nossos dias mais sombrios. Também estávamos certos de que ao fim tudo ficaria bem. Vocês não subestimam, estou certo, a severidade da experiência a que vocês e nós ainda estamos sujeitos. As forças organizadas contra nós são enormes. Eles são amargos, eles são cruéis. Os homens diabólicos e as suas facções que jogaram povos no caminho da guerra e da conquista sabem que serão convocados para uma cobrança terrível se não puderem bater pela força das armas aqueles que atacaram. Não vão parar por nada. Eles têm um vasto acúmulo de armas de guerra, de todos os tipos. Têm exércitos, navios e serviços aéreos altamente treinados e disciplinados. Têm planos e desígnios que foram por muito tempo testados e maturados. Não vão parar por nada que a violência ou a traição possa sugerir.

É bem verdade que, do nosso lado, nossos recursos em mão de obra e materiais são maiores. Mas apenas uma porção destes recursos está por enquanto mobilizada e desenvolvida — e ambos os nossos países ainda têm muito o que aprender na cruel arte da guerra. Temos, portanto, sem dúvida, um tempo de atribulações diante de nós. Neste tempo, algum terreno será perdido e será difícil e custoso ganhá-lo novamente. Muitos desapontamentos e surpresas desagradáveis nos esperam e nos afligirão, antes que a plena organização do nosso poder latente e total seja conseguida.

Durante a maior parte dos últimos vinte anos, foi ensinado à juventude da Grã-Bretanha e da América que a guerra é má, o que é verdade, e que nunca mais aconteceria, o que provou ser falso. Durante a maior parte dos últimos vinte anos, foi ensinado à juventude da Alemanha, do Japão e da Itália que a guerra agressiva é o dever mais nobre do cidadão — e que deveria ser começada logo que houvesse as armas necessárias e que a organização tivesse sido completada. Nós executamos os deveres e as tarefas da paz. Eles conspiraram e planejaram a guerra. Isso naturalmente nos colocou, na Grã-Bretanha, e agora coloca vocês, nos Estados Unidos, em desvantagem, o que só poderá ser corrigido com o tempo, com a coragem e com esforços diligentes e incansáveis.

Nós temos de ser gratos pelo fato de que tanto tempo nos foi concedido. Se a Alemanha tivesse tentado invadir as ilhas britânicas após o colapso da França, em junho de 1940, e se o Japão tivesse declarado guerra ao Império Britânico e aos Estados Unidos mais ou menos na mesma data, ninguém poderia dizer que não iríamos enfrentar vários desastres e agonias.

Mas agora, ao fim de dezembro de 1941, nossa transformação de uma paz despreocupada para uma guerra total com eficiência teve um amplo progresso. Um enorme fluxo de munições já teve início na Grã-Bretanha. Avanços imensos foram feitos na conversão da indústria americana a propósitos militares. Agora, como os Estados Unidos estão em guerra, é possível que as encomendas sejam feitas todos os dias, o que em um ano ou dezoito meses irá produzir resultados em termos de poder de guerra muito além de qualquer coisa que já tenha sido vista ou prevista pelos estados ditadores.

Desde que todo o esforço seja feito, desde que nada seja paralisado, desde que toda a mão de obra, potencial intelectual, virilidade, todo o valor e a virtude cívica do mundo de língua inglesa, com a sua galáxia de comunidades e Estados associados, leais e amigos, desde que todos se entreguem de forma persistente à tarefa simples e suprema, acho que é razoável esperar que no fim de 1942 nos veremos definitivamente em uma situação melhor do que estamos agora — e que o ano de 1943 nos permitirá assumir a iniciativa de uma forma ampla.

Algumas pessoas podem ficar assustadas ou momentaneamente deprimidas quando, assim como o seu presidente, falo de uma guerra longa e difícil. Mas os nossos povos preferem saber a verdade, mesmo que seja triste. E, afinal de contas, quando estamos fazendo o trabalho mais nobre do mundo, não só defendendo nossas famílias e casas, mas também a causa da liberdade em outras terras, a grande questão que encontra lugar na história da humanidade é se a liberdade virá em 1942, 1943 ou 1944. Estou certo que neste dia de hoje — agora — somos senhores de nosso destino, a tarefa que nos foi preparada não está acima de nossas forças, e as dores e os esforços não vão além de nossa tolerância. Desde que tenhamos fé em nossa causa e uma força de vontade invencível, a salvação não nos será negada. Nas palavras dos Salmos: "Ele não terá medo das novidades ruins; pois seu coração está firme e confiante no Senhor".

Nem todas as novas serão ruins. Pelo contrário, ataques poderosos de guerra já foram feitos contra o inimigo. A gloriosa defesa da terra natal pelas tropas russas e pelo povo russo impôs feridas sobre a tirania e o sistema nazista, que corroeram profundamente e que irão apodrecer, e inflamar, não só o corpo, mas a mente nazista. O prepotente Mussolini já desmoronou. Ele não é agora senão um servo e lacaio, mero utensílio da vontade de seu senhor. Impôs grandes erros e sofrimento ao seu povo laborioso. Foi esvaziado de seu Império africano: a Abissínia foi libertada. Nossos exércitos no Oriente, que eram tão fracos e mal equipados no momento da deserção francesa, agora controlam todas as regiões de Teerã a Bengasi, e de Aleppo e Chipre às fontes do Nilo.

Por muitos meses, dedicamo-nos aos preparativos da ofensiva na Líbia. Uma batalha considerável — que vem prosseguindo pelas últimas seis semanas no deserto — tem sido lutada ferozmente de ambos os lados. Devido às dificuldades de distribuição de suprimentos nos flancos do deserto, nunca conseguimos ter forças numericamente iguais para enfrentar o inimigo. Consequentemente, tivemos de depender da superioridade em número e qualidade dos tanques e aviões britânicos e americanos.

Ajudados pelos americanos, pela primeira vez enfrentamos o inimigo com armas iguais. Pela primeira vez fizemos o bárbaro sentir a ponta aguda daqueles instrumentos que escravizaram a Europa. As Forças Armadas do inimigo em Cirenaica[209] chegavam a cerca de 150 mil, dos quais um terço, aproximadamente, eram de alemães. O general Auchinleck planejou destruir totalmente aquelas Forças Armadas. Tenho razões para acreditar que seu objetivo será plenamente atingido.

Estou contente de mostrar a vocês, membros do Senado e da Câmara dos Representantes, neste momento em que vocês estão entrando na guerra, provas de que, com a organização correta e as armas corretas, somos capazes de acabar com a vida dos selvagens nazistas. O que Hitler está sofrendo na Líbia é apenas uma amostra e um aperitivo daquilo que devemos dar a ele e a seus cúmplices, onde quer que esta guerra nos leve, em qualquer lugar do globo.

Há boas novidades também vindo do mar. A linha de suprimentos que junta nossas duas nações pelo oceano, sem a qual tudo pode falhar, está fluindo contínua e livremente, a despeito de tudo que o inimigo possa fazer. É um fato que o Império Britânico — que muitos pensaram estar quebrado e arruinado há dezoito meses — está agora incomparavelmente mais forte e fica ainda mais forte a cada mês. Por último, se vocês me permitirem dizer isso, para mim a melhor notícia de todas é de que os Estados Unidos, unidos como nunca estiveram antes, sacaram a espada pela liberdade e jogaram fora a bainha. [...]

Todos estes fatos extraordinários levaram os povos subjugados da Europa a erguer a cabeça de novo com

---

209. Antiga província do Império Romano no norte da África, entre o Egito e a Numídia, é hoje parte da costa da Líbia.

esperança. Deixaram de lado para sempre a vergonhosa tentação de se resignar à vontade do conquistador. A esperança voltou aos corações de milhões de homens e mulheres — e lá, com esta esperança, arde uma chama de raiva contra o invasor brutal e corrupto, e queima ainda mais ferozmente o fogo de ódio e de desprezo pelos esquálidos colaboradores a quem o invasor subornou. Numa dúzia de conhecidos Estados antigos, agora prostrados sob a opressão nazista, as massas de todas as classes e credos esperam a hora da libertação, quando serão capazes novamente de desempenhar suas funções e seguir em frente como homens. A hora irá soar — e o barulho solene irá proclamar que a noite é passado e a aurora chegou.

O ataque sobre nós, planejado pelo Japão há tanto tempo e de forma tão secreta, trouxe aos nossos países problemas graves para os quais não podíamos estar bem preparados. Se as pessoas me perguntarem — como têm o direito de me perguntar na Inglaterra — por que é que você não enviou equipamentos com aeronaves modernas e armas de todos os tipos à Malásia e às Índias Orientais, só posso apontar para as vitórias que o general Auchinleck teve na campanha da Líbia. Se tivéssemos desviado e dispersado os nossos recursos — que aumentam de forma gradual — entre a Líbia e a Malásia, iríamos nos descobrir em falta em ambos os cenários.

Se os Estados Unidos ficaram em desvantagem em vários pontos do Oceano Pacífico, sabemos bem que foi por causa da ajuda que vocês vêm nos dando em munições para a defesa das ilhas britânicas e para a campanha da Líbia e, acima de tudo, por causa da sua ajuda na Batalha do Atlântico[210], da qual tudo depende e tem sido mantida

---

210. A mais longa das batalhas, que durou entre 1939 e foi até a rendição alemã em 1945, englobou os combates entres os submarinos alemães e as embarcações militares e de carga

com sucesso e prosperidade. É claro que teria sido muito melhor, tenho de admitir, se tivéssemos recursos suficientes de todos os tipos para estarmos funcionando a plena carga em todos os pontos ameaçados. Porém, considerando como fomos levados de forma lenta e relutante aos preparativos em grande escala e quanto tempo levam estes preparativos, não tínhamos o direito de ambicionar uma posição tão afortunada.

A escolha a respeito de como dispor de nossos recursos limitados teve de ser feita pela Inglaterra em tempos de guerra e pelos Estados Unidos em tempos de paz. Acredito que a história vai dizer que como um todo — e é como um todo que estes assuntos devem ser julgados — a escolha certa foi feita. Agora que estamos juntos, que estamos ligados num correto companheirismo bélico, agora que nossas duas importantes nações, cada uma em sua unidade perfeita, juntaram todas as suas energias e vida numa determinação comum, um novo cenário se abre acima do qual uma luz contínua irá brilhar.

Muitas pessoas ficaram espantadas que o Japão tenha, num único dia, mergulhado em uma guerra contra os Estados Unidos e o Império Britânico. Nós todos ficamos querendo saber por que, se este desígnio sombrio — com todos os preparativos laboriosos e intrincados — estava há tanto tempo ocupando as suas mentes secretas, eles não escolheram nosso momento de fraqueza, há dezoito meses. Olhando sem emoção a despeito das perdas que sofremos e dos problemas adicionais que teremos de enfrentar, isso parece ser um ato irracional, mas é claro que é no mínimo prudente imaginar que eles fizeram cálculos cuidadosos e pensar que eles sabem aonde estão indo.

---

que levavam os suprimentos básicos e militares entre os Estados Unidos e a Grã-Bretanha.

Mesmo assim, pode haver outra explicação. Sabemos que há muitos anos a política do Japão tem sido dominada por sociedades secretas de oficiais e juniores do Exército e da Marinha, os quais têm imposto a sua vontade sobre sucessivos Gabinetes e Parlamentos japoneses, pelo assassinato de qualquer estadista japonês que se oponha – ou que não siga de modo suficiente – a esta política agressiva. Por ser que estas sociedades, deslumbradas e atordoadas com seus próprios planos de agressão e com a perspectiva de vitórias precoces, tenham forçado o país a esta guerra, em vez de fazerem um melhor julgamento sobre isso. Eles certamente embarcaram numa tarefa considerável. Afinal, depois dos ultrajes que cometeram contra nós em Pearl Harbor, nas ilhas do Pacífico, nas Filipinas, na Malásia e nas Índias Orientais Holandesas, elas agora devem saber que os riscos pelos quais decidiram jogar são mortais.

Quando consideramos os recursos dos Estados Unidos e do Império Britânico comparados aos do Japão, quando nos lembramos da China – que tem suportado a invasão por tanto tempo e de forma valente – e quando também a ameaça russa pendente sobre o Japão, torna-se ainda mais difícil conciliar a ação japonesa com a prudência ou mesmo a sanidade. Que tipo de povo eles pensam que são? Será possível que não tinham percebido que nunca mais cessaremos de perseverar contra eles, até que recebam uma lição que eles e o mundo nunca mais esquecerão?

Membros do Senado e da Câmara dos Representantes: deixo por um momento as desordens e as convulsões do presente e me volto à base mais ampla do futuro. Aqui estamos juntos enfrentando um grupo de poderosos inimigos que buscam a nossa ruína; aqui estamos juntos defendendo tudo aquilo que é caro aos homens livres. Por duas vezes numa única geração, a catástrofe da guerra mundial caiu sobre nós; por duas vezes, no nosso tempo de vida, o braço longo do destino atingiu o outro lado do oceano, para trazer os Estados Unidos à vanguarda da batalha. Se tivéssemos ficados juntos após a última guerra, se tivéssemos tomado medidas comuns à nossa segurança, a renovação da maldição não precisaria nunca mais ter caído sobre nós.

Será que não devemos a nós mesmos, a nossas crianças, à humanidade atormentada, que estas catástrofes não irão nos engolir pela terceira vez? Já tinha sido provado que moléstias podem surgir no Velho Mundo e carregar estragos destrutivos ao Novo Mundo que, uma vez que as moléstias estão em marcha, não se pode escapar de modo algum. O dever e a prudência do mesmo modo determinam, em primeiro lugar, que os centros germinadores do ódio e da vingança devem ser constantemente vistoriados e tratados na hora certa e, em segundo lugar, que uma organização adequada deve ser montada para se ter certeza de que a moléstia possa vir a ser controlada nos momentos iniciais, antes que se espalhe e comece a devastar a Terra.

Há cinco ou seis anos teria sido fácil para os Estados Unidos e a Grã-Bretanha, sem derramar uma gota de sangue, insistir no cumprimento das cláusulas de desarmamento dos tratados que a Alemanha assinou depois da Primeira Guerra. Esta também teria sido a oportunidade para assegurar à Alemanha aqueles subsídios que declaramos na Carta do Atlântico e que não devem ser negados a nenhuma nação, vitoriosa ou derrotada.

Esta oportunidade passou. Foi-se. Golpes prodigiosos de martelo foram necessários para nos unir novamente ou, se vocês me permitem usar outra linguagem, direi que deve ter a alma cega quem não vê que grandes propósitos e desígnios estão sendo definidos, dos quais temos a honra de sermos fiéis servidores. Não é dado a nós o poder de adivinhar os mistérios do futuro.

Ainda assim, sustento a minha esperança e fé, certa e inviolável de que, nos dias que estão por vir, os povos britânicos e americanos irão, para a sua própria segurança e para o bem de todos, andar juntos lado a lado, com majestade, na justiça e na paz.

## X.2 - Análise do discurso de 26 de dezembro de 1941

O discurso aconteceu na sessão conjunta do Congresso americano, em 26 de dezembro de 1941, logo depois do ataque, em 7 de dezembro de 1941, à base naval norte-americana em Pearl Harbor, no Havaí, pelo Japão.

> *Sinto-me honrado que vocês tenham me convidado a entrar na sala do Senado dos Estados Unidos* e discursar para os *membros de ambas as câmaras* do Congresso. O fato de que meus antepassados americanos participaram, durante tantas gerações, da vida dos Estados Unidos e que aqui estou, eu, um inglês, sendo bem-vindo em seu meio, faz desta *experiência uma das mais emocionantes e sensacionais em minha vida* – que já é longa e não tem sido monótona. Gostaria realmente que minha mãe, cuja memória guardo no coração pelo passar dos anos, pudesse estar aqui para ver.
> A propósito, não posso deixar de registrar que, se meu pai fosse americano e minha mãe britânica, em vez do contrário, eu poderia estar aqui por minha conta. Neste caso, esta não seria a primeira vez que vocês ouviriam a minha voz. [...] *Sou um filho da Câmara dos Comuns. Fui criado na casa de meu pai para acreditar na democracia. Confie no povo* – esta era a sua mensagem.

Churchill se sente confiante no futuro. Não pode, ainda, neste momento, enfatizar sua alegria pela entrada dos Estados Unidos na guerra, mas pode dizer que está aliviado. Finalmente, a grande nação se posiciona lado a lado com a Inglaterra, na luta contra o fascismo. De forma humilde, com bom humor e eloquência, ele dá a devida importância a este momento histórico, e aproveita a oportunidade para mostrar sua liderança em ambos os lados do Atlântico. Revela jocosidade e presença de espírito, diante de uma plateia que tinha grande expectativa em conhecê-lo. Faz referências às origens comuns entre americanos e ingleses e especialmente às dele, por sua mãe ser americana. É a oportunidade de construir um caminho e reforçar a identidade comum, por meio de palavras que se identificavam com os anseios das lideranças americanas.

> [...] estive em harmonia por toda a minha vida com as marés que têm circulado em ambos os lados do Atlântico, contra o privilégio e o monopólio – *e venho atuando com confiança na direção do ideal de Gettysburg do governo do povo, pelo povo e para o povo.*
>
> *Devo minha história inteiramente à Câmara dos Comuns, da qual sou servo.* No meu país, como no de vocês, *os homens públicos são orgulhosos de servir ao Estado e ficariam envergonhados em ser senhores do Estado.*

Churchill segue no caminho da construção de pontes para a luta comum, embasado no respeito aos ideais de liberdade e democracia da ex-colônia. Declara sua admiração pelo espírito democrático e libertário erigido na América. Declara-se fiel à concepção de um Estado democrático e, sobretudo, reitera a crença na função ética da política.

> Um dia, se achassem que assim o povo desejasse, a Câmara dos Comuns poderia, com um simples voto, me retirar da posição que ocupo. [...] *vim a fim de me encontrar com o presidente dos Estados Unidos e organizar com ele todo o mapeamento dos nossos planos militares* – e também para todos aqueles encontros privados de altos oficiais das Forças Armadas de ambos os países, que são indispensáveis para o prosseguimento bem-sucedido da guerra.

Gostaria de dizer, inicialmente como *fiquei impressionado e encorajado pela amplitude das opiniões e pelo senso de realidade* que encontrei aqui, em todos os lugares a que tive acesso.

De forma humilde, porém determinada e objetiva, sintonizado com o jogo político, Churchill parte para as tarefas práticas da guerra, em busca de proximidade com a audiência. Afinal, este era seu dever e encontrava-se em um ambiente onde importantes decisões iriam ocorrer.

*[...] os Estados Unidos foram atacados e agredidos* por três dos mais bem armados Estados ditatoriais. A maior potência militar da Europa e a maior potência militar da Ásia, Alemanha e Japão – e a Itália também –, todos declararam e estão em guerra contra vocês. *Um conflito foi iniciado e só pode terminar com a queda deles ou de vocês.*

Mas aqui em Washington, nestes dias memoráveis, encontrei *uma fortaleza olímpica*, a qual, longe de ter por base a complacência, é apenas a máscara de um objetivo inabalável e a *prova de uma correta e bem-estabelecida confiança no resultado final*. Nós, na Grã-Bretanha, tivemos o mesmo sentimento nos nossos dias mais sombrios. *Também estávamos certos de que ao fim tudo ficaria bem.*

Como é de sua natureza, Churchill trata os temas com clareza, definindo a situação e construindo a convergência de objetivos contra os inimigos. A coesão em torno dos ideais considerados corretos, para com quem, em última instância, tomaria as decisões, seria baseada na referência histórica entre ingleses e americanos.

*Vocês não subestimam, estou certo, a severidade da experiência a que vocês e nós ainda estamos sujeitos. As forças organizadas contra nós são enormes. Eles são amargos, eles são cruéis.* Os homens diabólicos e as suas facções, que jogaram povos no caminho da guerra e da conquista, sabem que serão convocados para uma cobrança terrível se não puderem bater, pela força das armas, àqueles que atacaram. Não vão parar por nada. Eles têm um vasto acúmulo de armas de guerra, de todos os tipos. Têm exércitos, navios e serviços aéreos, altamente treinados e disciplinados. Têm planos e desígnios que foram por muito tempo testados e maturados. *Não vão parar por nada que a violência ou a traição possa sugerir*.

Da mesma forma com que armou o cenário para os ingleses no início da guerra, Churchill sinaliza para a classe política americana as dificuldades a serem enfrentadas. Era importante que o Congresso e o Senado americanos apoiassem a guerra e as decisões do presidente Roosevelt. A mesma pavimentação de consenso para as decisões da liderança Churchill viveu no Parlamento londrino. De certa forma, ele trilhava a estrada que Roosevelt usaria para salvá-lo.

É bem verdade que, do nosso lado, *nossos recursos em mão de obra e materiais são maiores*. Mas apenas uma porção destes recursos está por enquanto mobilizada e desenvolvida – e ambos os nossos países ainda têm muito o que aprender na cruel arte da guerra. [...] *Muitos desapontamentos e surpresas desagradáveis nos esperam e nos afligirão*, antes que a plena organização do nosso poder latente e total seja conseguida.

A convicção de que a força industrial americana era essencial para a vitória na guerra impelia Churchill a pressionar os americanos para reposições constantes de equipamentos. Era necessário preparar os americanos para dificuldades inevitáveis, prevendo momentos de dúvida e de fraqueza, reforçando que, no final, tudo chegaria a bom termo. A ideia de que os povos anglófonos, unidos, superariam todos os obstáculos, precisava ficar clara.

Durante a maior parte dos últimos vinte anos, *foi ensinado à juventude da Grã-Bretanha e da América que a guerra é má*, o que é verdade, e que nunca mais aconteceria, o que provou ser falso. Durante a maior parte dos últimos vinte anos, *foi ensinado à juventude da Alemanha, do Japão e da Itália que a guerra agressiva é o dever mais nobre do cidadão* — e que deveria ser começada logo que houvesse as armas necessárias e que a organização tivesse sido completada. *Nós executamos os deveres e as tarefas da paz. Eles conspiraram e planejaram a guerra.*

Antes de Pearl Harbor, a política americana era não entrar de forma direta na guerra. Após o ataque, a convicção foi imediatamente reavaliada. A disputa entre a guerra e a paz estava definida e a partir daquele momento era fundamental o fortalecimento da relação entre americanos e britânicos. A busca da paz e da liberdade passaria pela demonização do inimigo, como um ente beligerante e incapaz de viver sem promover um regime de violência.

Mas agora, ao fim de dezembro de 1941, *nossa transformação, de uma paz despreocupada para uma guerra total, com eficiência, teve um amplo progresso.*
Desde que todo o esforço seja feito, desde que nada seja paralisado, desde que toda a mão de obra, potencial e intelectual, virilidade, todo *o valor e a virtude cívica do mundo de língua inglesa*, com a sua galáxia de comunidades e Estados associados, leais e amigos, desde que todos se entreguem de forma persistente à tarefa simples e suprema, acho que é razoável esperar que, no final de 1942, *nos veremos definitivamente em uma situação melhor do que estamos agora* — e que o ano de 1943 nos permitirá assumir a iniciativa de uma forma ampla.

Churchill sempre desejou que os Estados Unidos entrassem na guerra, pois sabia que essa condição era essencial, o poderio militar e industrial americano. Estava otimista e com esperanças renovadas na vitória. Saía de uma posição defensiva e reativa para uma postura ofensiva e proativa. Um novo cenário se desenhava e as perspectivas eram alentadoras. Era necessário deixar o novo momento claro para os tomadores de decisão mas, ao mesmo tempo, alertar que ainda levaria muito tempo para chegar à vitória, demora que decorria da resistência dos exércitos do Eixo e também da pouca experiência das tropas americanas nas táticas deste novo cenário de guerra.

> Algumas pessoas podem ficar assustadas ou momentaneamente deprimidas quando, assim como o seu presidente, *falo de uma guerra longa e difícil. Mas os nossos povos preferem saber a verdade, mesmo que seja triste.*
>
> E, afinal de contas, quando estamos fazendo *o trabalho mais nobre do mundo, não só defendendo nossas famílias e casas, mas também a causa da liberdade em outras terras*, a grande questão que encontra lugar na história da humanidade é se a liberdade virá em 1942, 1943 ou 1944 [...]. Estou certo que neste dia de hoje – agora – *somos senhores de nosso destino*, a tarefa que nos foi preparada não está acima de nossas forças, e as dores e os esforços não vão além de nossa tolerância. *Desde que tenhamos fé em nossa causa* e uma força de vontade invencível, *a salvação não nos será negada*. Nas palavras do Salmos: *"Ele não terá medo das novidades ruins; pois seu coração está firme e confiante no Senhor"*.

Sempre com um estilo claro e sincero ao abordar as dificuldades, Churchill reproduz a forma com que antes havia comunicado a mesma realidade ao povo inglês, mantendo a esperança e a fé na vitória. Volta a valorizar o vínculo com a religião.

> *O prepotente Mussolini já desmoronou. Ele não é agora senão um servo e lacaio*, mero utensílio da vontade de seu senhor. [...] Ajudados pelos americanos, pela primeira vez enfrentamos o inimigo com armas iguais. Pela primeira vez fizemos o bárbaro sentir a ponta aguda daqueles instrumentos que escravizaram a Europa.
>
> Estou *contente* de mostrar a vocês, membros do Senado e da Câmara dos Representantes, neste momento em que vocês estão entrando na guerra, provas de que, *com a organização correta e as armas corretas, somos capazes de acabar com a vida dos selvagens nazistas*. O que Hitler está sofrendo na Líbia é apenas uma amostra

e um aperitivo daquilo que devemos dar a ele e a seus cúmplices, onde quer que esta guerra nos leve, *em qualquer lugar do globo*.

Há uma clara mudança no tom do discurso. Churchill utiliza adjetivos duros e ofensivos ao inimigo, tão necessário no cenário americano, pois muitos desconheciam o crescimento das hostilidades alemãs nos anos que antecederam a guerra e a política de apaziguamento. Quando fala de Mussolini, qualifica-o como servo e lacaio de Hitler. Em algumas passagens, critica novamente os franceses e sua reduzida adesão aos esforços de combater o fascismo expansionista alemão e italiano. Quando classifica os nazistas como bárbaros e selvagens, utiliza um vocabulário normalmente não usado contra os inimigos, reduzindo-os àquilo que realmente são: um grupo que luta para escravizar e eliminar culturas e civilizações.

> *Há boas novidades também vindas do mar. A linha de suprimentos* que junta nossas duas nações pelo oceano, sem a qual tudo pode falhar, *está fluindo contínua e livremente*, a despeito de tudo o que o inimigo possa fazer. É um fato que o Império Britânico – que muitos pensaram estar quebrado e arruinado há dezoito meses – está *agora incomparavelmente mais forte e fica ainda mais forte a cada mês.*
>
> Por último, se vocês me permitirem dizer isso, para mim a melhor notícia de todas é de que *os Estados Unidos, unidos como nunca estiveram antes, sacaram a espada pela liberdade e jogaram fora a bainha.* [...]

Revela-se importante dar o devido sentido ao apoio americano, que desde o início da guerra auxiliou a Inglaterra para que não fosse derrotada. Há um certo tom de convencimento acerca de suas habilidades, justificado pelo fato de que, efetivamente, os ingleses resistiam parcialmente sozinhos, desde setembro de 1939 e totalmente sós, desde maio de 1940. Concretizado o agradecimento, é feita a convocação para que colaborem imediatamente. A relevância deste discurso reside no fato de que é no ambiente do Congresso que uma democracia pode ou não decidir uma guerra. Churchill precisa convencê-los de que tomaram a decisão correta em favor da Inglaterra e do mundo livre.

> Todos estes fatos extraordinários *levaram os povos subjugados da Europa a erguer a cabeça de novo, com esperança.* Deixaram de lado para sempre a vergonhosa tentação de se resignar à vontade do conquistador. *A esperança voltou aos corações de milhões de homens e mulheres – e lá, com esta esperança, arde uma chama de raiva contra o invasor brutal* e corrupto e queima ainda mais ferozmente o fogo de ódio e de desprezo pelos esquálidos colaboradores a quem o invasor subornou.
> Numa dúzia de conhecidos Estados antigos, agora prostrados sobre a opressão nazista, *as massas de todas as classes e credos esperam a hora da libertação,* quando serão capazes novamente de desempenhar suas funções e seguir em frente como homens. *A hora irá soar – e o barulho solene irá proclamar que a noite é passada e a aurora chegou.*

Há força na mensagem de esperança, de chamamento à resistência, de luta contra o invasor e de que, apesar dos tempos duros pela frente, a coesão contra os inimigos deve ser mantida. O que Churchill construíra em casa deveria ser reproduzido na América.

> *O ataque sobre nós, planejado pelo Japão* há tanto tempo e de forma tão secreta, trouxe aos nossos países problemas graves, para os quais não podíamos estar bem preparados.
> Se as pessoas me perguntarem – como têm o direito de me perguntar na Inglaterra – por que é que você não enviou equipamentos, como aeronaves modernas e armas de todos os tipos à Malásia e às Índias Orientais, só posso apontar para as vitórias que o general Auchinleck teve na campanha da Líbia. *Se tivéssemos desviado e dispersado os nossos recursos – que aumentam de forma gradual – entre a Líbia e a Malásia, iríamos nos descobrir em falta em ambos os cenários.*

Quando relembra o ataque sobre nós, Churchill deixa bem clara a união: um ataque aos Estados Unidos é um ataque à Inglaterra. Diz nas entrelinhas que os ataques contra a Inglaterra foram e serão ataques aos Estados Unidos. Com senso de urgência, aproveita a oportunidade para responder às críticas dirigidas à forma como a guerra era conduzida no Oriente, onde as derrotas britânicas eram constantes – exemplos como a queda de Singapura, Hong Kong e da rota da Birmânia. Ele decidira por uma concentração e não pela dispersão, e isso precisava ficar explicado e justificado.

[...] Sabemos que há muitos anos *a política do Japão tem sido dominada por sociedades secretas* de oficiais e juniores do Exército e da Marinha, *os quais têm imposto a sua vontade sobre sucessivos Gabinetes e Parlamentos japoneses*, pelo assassinato de qualquer estadista japonês que se oponha – ou que não siga de modo suficiente – a esta política agressiva. Pode ser que estas sociedades, deslumbradas e atordoadas com seus próprios planos de agressão e com a perspectiva de vitórias precoces, tenham forçado o país a esta guerra, em vez de fazerem um melhor julgamento sobre isso. *Eles certamente embarcaram numa tarefa considerável*. Afinal, depois dos ultrajes que cometeram contra nós em Pearl Harbor, nas ilhas do Pacífico, nas Filipinas, na Malásia e nas Índias Orientais Holandesas, *eles agora devem saber que os riscos pelos quais decidiram jogar são mortais.*

*Quando consideramos os recursos dos Estados Unidos e do Império Britânico, comparados aos do Japão*, quando nos lembramos da China – que tem suportado a invasão por tanto tempo e de forma valente – e quando também a ameaça russa pendente sobre o Japão, torna-se ainda mais *difícil conciliar a ação japonesa com a prudência ou mesmo a sanidade. Que tipo de povo eles pensam que são? Será possível que não perceberam que nunca mais cessaremos de perseverar contra eles, até que recebam uma lição que eles e o mundo nunca mais esquecerão?*

O Japão havia sido aliado do Ocidente na Primeira Guerra, e Churchill conhecia bem a política interna japonesa. A dificuldade de compreensão residia na decisão japonesa de tornar-se beligerante nos anos entre guerras. A não renovação dos acordos entre os aliados, em 1922 deixou o Japão livre das amarras da Liga das Nações. De certa forma, antecipam-se aqui os motivos que levariam aos bombardeios atômicos de Hiroshima e Nagasaki, em junho de 1945. Os japoneses eram conhecidos como combatentes aguerridos e obstinados, e a luta dos ingleses contra eles não vinha sendo fácil.

> Membros do Senado e da Câmara dos Representantes: deixo por um momento as desordens e as convulsões do presente e *me volto à base mais ampla do futuro. Aqui estamos juntos enfrentando um grupo de poderosos inimigos que buscam a nossa ruína; aqui estamos juntos defendendo tudo aquilo que é caro aos homens livres.* Por duas vezes numa única geração, *a catástrofe da guerra mundial caiu sobre nós*; por duas vezes, no nosso tempo de vida, o braço longo do destino atingiu o outro lado do oceano, para trazer os Estados Unidos à vanguarda da batalha.

Em tom solene, Churchill prepara o cenário para a importância da mensagem. Faz um pedido de desculpas, antes de criticar as políticas de neutralidade e alienação da política interna da Europa, por parte dos presidentes americanos, após o final da Primeira Guerra. Os Estados Unidos são chamados a se envolverem com o que ocorre no mundo e a assumir suas responsabilidades. Afinal, junto com os ingleses, desempenham papel preponderante na manutenção da paz e da ordem mundial. A responsabilidade de ambos transcende a política interna de seus países e de seus povos. De certa forma, germinam aqui as bases da política externa moderna de ambos os países – união e defesa da liberdade e da democracia no mundo.

> *Há cinco ou seis anos, teria sido fácil para os Estados Unidos e a Grã-Bretanha, sem derramar uma gota de sangue, insistir no*

*cumprimento das cláusulas de desarmamento dos tratados* que a Alemanha assinou depois da Primeira Guerra. Esta também teria sido a oportunidade para assegurar à Alemanha aqueles subsídios que declaramos na Carta do Atlântico e que não devem ser negadas a nenhuma nação, vitoriosa ou derrotada. *Esta oportunidade passou. Foi-se.*

Churchill reconhece o enxugamento de poder pela não tomada de decisões no momento oportuno. Critica a política externa americana, que isolou o país do cenário internacional, e aponta o fato como um grave erro estratégico, além de criticar principalmente os erros políticos da própria Inglaterra.

*Golpes prodigiosos de martelo foram necessários para nos unir novamente* ou, se vocês me permitem usar outra linguagem, direi que deve ter a alma cega quem não vê que grandes propósitos e desígnios estão sendo definidos, dos quais temos a honra de sermos fiéis servidores. *Não nos é dado o poder de adivinhar os mistérios do futuro.*

Ainda assim, *sustento a minha esperança e fé, certa e inviolável, de que, nos dias que estão por vir*, os povos britânicos e americanos irão, para a sua própria segurança e para o bem de todos, *andar juntos lado a lado com majestade, na justiça e na paz.*

Equívocos passados devem ser colocados de lado. O momento exige união em busca de objetivos comuns, organização para a guerra e pensamento concentrado na perseguição de um novo mundo, ao final desta etapa histórica. Com vistas ao futuro, Churchill faz o fechamento do discurso de forma simples e direta, objetivando a união. Esta perspectiva será a mesma até a posterior criação da ONU, a implementação do plano Marshall e depois para as futuras posições internacionais de ambas as nações.

A partir de frases selecionadas pode-se, de acordo com o quadro, analisar o discurso de forma pontual:

## QUADRO 7 - "SESSÃO CONJUNTA DO CONGRESSO E SENADO"

|  | POSITIVO | NEGATIVO |
|---|---|---|
| POLÍTICOS | - [...] e aqui estou eu, um inglês, sendo bem-vindo em seu meio<br>- Devo a minha história inteiramente à Câmara dos Comuns, da qual sou seu servo. No meu país, como no de vocês, os homens públicos são orgulhosos de servir ao Estado e ficariam envergonhados sem ser senhores do Estado | - Por último, se vocês me permitem dizer isso, para mim a melhor noticia de todas é a de que os Estados Unidos, unidos como nunca estiveram antes, sacaram a espada da liberdade e jogaram fora a bainha |
| POVO | - É um fato que o Império Britânico – que muitos pensaram estar quebrado e arruinado há 18 meses – está agora incomparavelmente mais forte e fica ainda mais forte a cada mês<br>- A esperança voltou aos corações de dezenas de milhões de homens e mulheres | - [...] foi ensinado à juventude da Grã-Bretanha e da América que a guerra é má, o que é verdade, e que nunca mais aconteceria, o que provou ser falso, [...] foi ensinado à juventude da Alemanha, do Japão e da Itália que a guerra agressiva é o dever mais nobre do cidadão |
| INIMIGOS |  | - As forças organizadas contra nós são enormes. Eles são amargos, eles são cruéis<br>- [...] arde uma chama (nos aliados) de raiva contra o invasor brutal e corrupto<br>- [...] torna-se ainda mais difícil conciliar a ação japonesa com a prudência ou mesmo a sanidade. Que tipo de povo eles pensam que são? |
| ALIADOS | - Desde que todo o esforço seja feito, [...], desde que todos se entreguem de forma persistente, [...], acho que é razoável esperar que [...] veremos uma situação melhor que estamos agora<br>- A escolha a respeito de como dispor de nossos recursos limitados teve de ser feita pela Inglaterra em tempos de guerra e pelos Estados Unidos em tempos de paz. Acredito que a história vai dizer que como um todo [...] a escolha certa foi feita<br>- [...] sustento minha esperança e fé [...] de que [...] os povos britânico e americano irão, [...] andar juntos, lado a lado com majestade, na justiça e na paz | - Se tivéssemos desviado e dispersado nossos recursos (sobre a estratégia de guerra no Oriente) – entre a Líbia e a Malásia, iríamos nos descobrir em faltas de recursos em ambos os cenários<br>- Será que não devemos à nós, a nossas crianças, à humanidade atormentada assegurar que estas catástrofes (a 1a. e 2a. Guerras) não irão nos engolir pela terceira vez?<br>- Esta oportunidade passou. Foi-se. (sobre a política de apaziguamento até 1939) |
| TODOS | - Estou contente a mostrar a vocês [...] que somos capazes de acabar com a vida dos selvagens nazistas |  |

Neste discurso, Churchill tem a oportunidade ímpar de trazer, ou receber, os Estados Unidos para, ou, *na* guerra. O resultado de sua fala seria demonstrado pelo peso que os americanos dariam, ou não, à guerra. Até o ataque a Pearl Harbor, os políticos e a opinião pública americana se dividiam no apoio a ela. Apoiavam a Inglaterra com armas e suprimentos, mas declaravam-se neutros, não enviando tropas para os *fronts* europeus. O ataque japonês fez com que os Estados Unidos declarassem guerra e entrassem efetivamente no conflito. Churchill tinha a oportunidade, agora, de diretamente pedir o apoio americano.

Para tanto, usa uma linguagem mais radical, que se vale de expressões fortes e ofensivas ao inimigo, como *"servos, amargos, cruéis e corruptos"*, adjetivação destinada a impressionar os congressistas, qualificando sua opinião sobre os alemães, japoneses e italianos naquele instante. Churchill demonstra conhecer o linguajar americano, direto e seco, sem meias palavras, por vezes, simplório, ofensivo ou vulgar.

A partir de um início jocoso e bem-humorado, a exposição vai adquirindo tons dramáticos e realistas. Descreve os inimigos e conta o que deve ser feito. Ao final, demonstra alívio e alegria de poder andar junto com os americanos, certos de que poderão vencer. Será uma questão de tempo, imprevisível quantificar, mas havia a perspectiva real de vitória. Baseia-se nas origens filosóficas que unem as duas nações e nas diferenças que as separam dos inimigos. Não pairam dúvidas sobre contra quem e o que ambos estão lutando. Ao final, a mensagem é idêntica à que tem sido emitida na Inglaterra: união para vencer a guerra de forma incondicional.

Churchill já estivera muitas vezes na América e era conhecido por lá, mas a oportunidade de discursar diante da Câmara e do Senado era o momento decisivo de construir seu *ethos* como orador. Para vários congressistas ali presentes, era também uma chance de conhecer pessoalmente aquele grande inglês que lutava a guerra, até então, sozinho.

Em termos de análise retórica, o discurso das sessões conjuntas do Congresso pertence ao gênero deliberativo, pois é realizado *na*, e *para a* arena política, visando o aconselhamento e a obtenção de apoio político. Sua estrutura parte de uma disposição bem definida. Inicia de forma bem-humorada, para captar a atenção e a simpatia da plateia. No momento posterior, passa à descrição dos fatos da guerra e à argumentação qualitativa. Churchill relata os fatos, qualifica-os e organiza os passos do trabalho conjunto entre as duas nações. No transcorrer da sua fala, adjetiva o inimigo, com a intenção de que todos saibam contra quem estavam lutando e mantenham o foco nos objetivos da guerra.

Fica posto aqui o momento de gerar credibilidade. A seriedade com que seria visto estava baseada na escolha precisa das palavras e de sua elocução, por isso o uso de adjetivos fortes contra o inimigo. Suas virtudes seriam demonstradas pela sinceridade e fidelidade no relato dos fatos, transparência e honestidade pessoal. Sua competência advinha de saber o que deveria ser feito, associando sua experiência ao poder americano. Sua inteligência fica evidente, a partir da admiração que tem pelo sistema democrático americano e pelo sentimento que gera na audiência. Com habilidade, coloca-se de maneira humilde como mais um membro daquelas agremiações.

Churchill faz com que identifiquem nele um homem de sentimentos reais e compaixão, preocupado e honesto em suas emoções. É o chefe pastor, profeta e comandante, e se solidariza com o momento de extremo pesar que vivem os Estados Unidos, solidarizando-se com a nação, ao mencionar *"o ataque sobre nós"*. Não foi um ataque aos Estados Unidos, foi um ataque contra *nós*.

Winston Spencer Churchill era um produto perfeito da tradição inglesa, meio americano, mas integralmente inglês. Sua crença na importância do Império e no gênio do povo anglo-saxônico era ilimitada. Em um almoço, no ano de 1943, em Washington, disse ao vice-presidente Henry Wallace (1888-1965), com toda naturalidade: *"Nós somos superiores"*[211].

---

211. FENBY, Jonathan. *Os Três Grandes: Churchill, Roosevelt e Stalin ganharam uma guerra e começaram outra*. Trad. Gleuber Vieira. Rio de Janeiro: Nova Fronteira, 2007, p. 11.

A relação entre Churchill e Roosevelt entra em outro patamar após dezembro de 1941 – Churchill era figura imprescindível ao esforço de guerra. *"Energia mais que sabedoria, senso prático de julgamento ou visão eram seus atributos principais"*, registrou seu vice-primeiro--ministro, Clement Attlee. *"Sempre fiel à democracia parlamentar"*. Churchill era "gente de guerra". Lady Clementine disse, certa ocasião: *"Acho que Winston morrerá quando ela terminar"*. Dwigth Eisenhower (1890-1969), comandante supremo das tropas americanas, declarou: *"Conheci gente mais refinada e maior, filósofos mais sábios, pessoas mais compreensivas, mas nenhum homem mais notável"*[212].

Se Churchill era inglês até a raiz dos cabelos, Franklin Delano Roosevelt era a própria síntese dos Estados Unidos. Encontrou seu destino ao tirar os Estados Unidos da Grande Depressão. Superando sua pólio, exalava o espírito dominante em sua época, contagiante autoconfiança e maestria na relação com o público, que se ajustava bem a uma nação cada vez mais voltada para o entretenimento popular. Invariavelmente otimista em público, acreditava que qualquer problema poderia ser solucionado. Ao se deparar com dificuldades, seu lema era *"Nós podemos. Queremos. Devemos"*[213]. Desde o começo da guerra, o pensamento de Roosevelt esteve mais voltado para o que aconteceria após o conflito. Convencido de que seu país emergeria vitorioso, aceitou a ideia de que poder global significava responsabilidade global. Na verdade, a ideia o agradava. Quanto maior o primeiro, maior a segunda[214]. Roosevelt entendia que os impérios coloniais não faziam mais sentido em um mundo que luta pela liberdade, e para uma nação que acredita na democracia– e esta agenda seria implementada.

Henry Stimson (1867-1950), secretário de Guerra do governo americano, ao defender um maior número de soldados americanos no conflito, diz que:

---

212. Idem. *Ibidem*, p. 12.
213. Idem. *Ibidem*, p. 15.
214. Idem. *Ibidem*, p. 16.

[...] cheguei à conclusão de que, se realmente queremos vencer essa guerra, temos que vencê-la com todo o poder de americamos valentes, amantes da iniciativa e criativos, e que os ingleses estão de fato em decadência – um povo magnífico, mas que perdeu a iniciativa[215].

Churchill não tem muita escolha, sabe que ganhará a guerra, mas perderá o Império.

---

215. Idem. *Ibidem*, p. 138.

# CAPÍTULO XI
## O dia D

Em 4 de junho de 1944, Roma é libertada. A Itália está quase toda livre. Dois dias depois, é dada a largada para a maior operação de guerra jamais vista. Mais de 5 mil navios de guerra e 11 mil aviões atacam as praias francesas da Normandia, começando um desembarque maciço de tropas pelo mar e pelo ar. Sob o comando do general Dwight Eisenhower, prepara-se o processo de libertação, e a guerra toma o rumo do encerramento. A tomada da Alemanha agora é questão de tempo. Na frente oriental, a Rússia inicia a expulsão do exército nazista, impondo-lhe grandes perdas humanas e materiais. Em junho de 1944, estavam libertadas toda a Crimeia, Odessa, Kiev e Leningrado, e as terríveis batalhas por Moscou (e especialmente por Stalingrado) terminaram. As fronteiras da Romênia e da Polônia haviam sido cruzadas[216].

O desembarque na França vinha sendo postergado já há dois anos, gerando enormes tensões entre ingleses e americanos, de um lado, e russos de outro. Josef Stalin pedia um segundo *front* desde o verão de 1941, pois entendia que estava sozinho na resistência ao forte exército alemão. Esta tensão foi constante nos encontros entre as posições dos três grandes – Roosevelt, Stalin e Churchill – nas conferências de Casablanca, em janeiro de 1943 e de Teerã, em novembro de 1943[217]. Stalin entendia que a demora de seus aliados em

---

216. CHURCHILL. *Memórias de Segunda Guerra Mundial. Op. cit.*, p. 962.
217. Idem. *Ibidem*.

abrir a frente ocidental estava ligada ao fato de que estes pretendiam enfraquecer a URSS, a ponto de não poder retomar a propagação do comunismo após a guerra. É necessário se lembrar do sentimento de desconfiança e perseguição que Stalin nutria com relação aos Aliados, seus camaradas e seu próprio povo. Os diversos massacres, assassinatos e o terror imposto internamente na Rússia decorrem desta sensação. Stalin era um homem de origem humilde, quando chegou ao poder se considerou acima das leis humanas e estimulou um clima de denúncias que resultou em milhões de pessoas mortas ou reduzidas à condição de escravos. Sua obstinação reservada e autoconfiante se traduz no nome que adotou: *Stalin* – homem de aço[218].

A enorme operação, código *Overlord*, mantida sob absoluto sigilo, envolveu em uma noite e um dia 175 mil combatentes, 50 mil veículos de todos os tipos, conduzidos ou apoiados por 5.333 navios e embarcações e quase 11 mil aviões[219]. De comum acordo, coordenados pelo general norte-americano Eisenhower, tropas americanas, inglesas e canadenses desembarcaram na França ocupada, inaugurando o processo de libertação. O dia D, ou em inglês, *The Day*, inicia a fase final da batalha, a liberação da Europa até a rendição incondicional da Alemanha, Itália e Japão.

A abertura de um segundo *front* na França, motivo de questionamento e apreensão, foi assim descrita nas memórias por Churchill:

> A reflexão nascida da experiência factual pode ser um freio ou uma espora. O leitor há de estar ciente de que, embora eu sempre estivesse disposto a me aliar aos Estados Unidos num ataque direto pelo canal da Mancha à frente marítima alemã na França, não estava convencido de que essa fosse a única maneira de vencer a guerra. Sabia que seria uma aventura muito pesada e arriscada. O preço assustador que tivéramos que pagar pelas grandes ofensivas da Primeira Guerra

---

218. FENBY. *Os Três Grandes*. *Op. cit.*, p. 16.
219. AMBROSE, Stephen E. *O dia D, 6 de julho de 1944: A Batalha Culminante da Segunda Guerra Mundial*. Trad. Múcio Bezerra. Rio de Janeiro: Civilização Brasileira 1994, p. 25-26.

Mundial, em vidas e em sangue humanos, estava gravado em minha mente [...]. A superioridade do bombardeio, por mais aterradora que pudesse ser, não constituía uma resposta definitiva[220].

Apesar das dúvidas, não havia outro caminho a tomar. Determinado o tamanho da expedição, procedeu-se ao treinamento das tropas, assim como a concentração dos equipamentos necessários. As forças britânicas e norte-americanas foram divididas entre toda a Inglaterra, dadas as dimensões superlativas da ação que estava sendo organizada. Toda essa atividade não passou despercebida ao inimigo, porém os Aliados montaram a expedição como se fossem desembarcar no porto de Calais, a passagem mais estreita entre a Inglaterra e o continente europeu.

A invasão começou na madrugada de 6 de junho de 1944, nas praias da Normandia. Às 12 horas do Dia D, Churchill comunica ao Parlamento a tomada de Roma e o desembarque na França[221]. Em seu discurso, foi sucinto, indo direto ao ponto, sem entrar em detalhes, talvez pelo perigo estratégico de fornecer mais informações, talvez por estar demasiadamente atarefado. De qualquer forma, este momento de inflexão da guerra foi anunciado ao mundo.

## XI.1 - Discurso de 6 de julho de 1944

"Acho que a Casa deveria tomar conhecimento formal da libertação de Roma pelos exércitos aliados, sob o comando do general Alexander, com o general Clark, das Forças Armadas dos Estados Unidos, e o general Oliver Leese, no comando do Quinto e do Oitavo exércitos, respectivamente. Este é um evento glorioso e memorável, e que recompensa a luta intensa dos últimos cinco meses na Itália.

Tenho que anunciar à Casa que durante a noite e nas primeiras horas ocorreu o primeiro de uma série de

---

220. CHURCHILL. *Memórias de Segunda Guerra Mundial. Op. cit.*, p. 916.
221. Idem. *Ibidem*, p. 926.

desembarques em execução no continente europeu. Neste caso, o ataque libertador ocorreu na costa da França. Uma imensa armada de mais de quatro mil navios, juntamente com milhares de embarcações menores, atravessou o Canal. Intensas aterrissagens de aeronaves foram efetuadas com sucesso por trás das linhas inimigas e o desembarque nas praias está prosseguindo em vários pontos, neste momento. O fogo das baterias nas praias tem sido amplamente contido. Os obstáculos construídos no mar não se mostram tão difíceis como se temia. Os aliados anglo-americanos estão apoiados por cerca de 11 mil aviões de primeira linha, que podem ser chamados de acordo com a necessidade para os propósitos da batalha.

Não posso, é claro, comprometer-me com quaisquer detalhes. Os relatórios estão chegando rapidamente. Até agora, os comandantes envolvidos relatam que tudo está prosseguindo de acordo com o plano. E que plano! Esta vasta operação é sem dúvida alguma a mais complicada e difícil já realizada. Envolve mares, ventos, ondas e questões de visibilidade, tanto aérea quanto marítima, além do emprego combinado de forças terrestres, aéreas e marítimas, no mais alto grau de intimidade, em condições que não se podia e não podem ser plenamente previstas.

Há esperanças de que uma surpresa tática tenha sido realmente conseguida — e esperamos fornecer ao inimigo uma sucessão de surpresas durante o curso da batalha. A batalha que começou agora vai aumentar em escala e intensidade de forma constante em muitas das próximas semanas — e não vou tentar especular sobre seu rumo. Isto, no entanto, eu posso dizer: a mais perfeita união prevalece entre os exércitos aliados. Há uma irmandade de armas entre nós e nossos amigos dos Estados Unidos. Há uma completa confiança no comando supremo, o general Eisenhower em seus auxiliares, e também no comandante da Força Expedicionária, general Montgomery. O ardor e o espírito das tropas que embarcavam nestes últimos dias, como eu mesmo vi, eram esplêndidos de se testemunhar".

## XI.2 - Análise do discurso de 6 de julho de 1944

Em 6 de junho de 1944, na Câmara dos Comuns, em Londres, Churchill faz um discurso para relatar, brevemente, a conquista de Roma e o desembarque nas praias da Normandia, estabelecendo um segundo *front* de batalha. Cercada de sigilo, a informação é passada ao Parlamento, sem detalhes, no sentido de dar ciência aos parlamentares, esquivando-se das questões militares.

> Acho que a Casa *deveria tomar conhecimento formal da libertação de Roma* pelos exércitos aliados [...]. *Este é um evento glorioso e memorável*, e que recompensa a luta intensa dos últimos cinco meses na Itália.

Comemoração e alegria contidas, pois os fatos que iria relatar gerariam apreensão. São breves momentos de júbilo.

> *Tenho que anunciar à Casa* que, durante a noite e nas primeiras horas, ocorreu o primeiro *de uma série de desembarques em execução no continente europeu.*
> Neste caso, *o ataque libertador ocorreu na costa da França.* Uma *imensa armada de mais de quatro mil navios*, juntamente com milhares de embarcações menores, atravessou o Canal. *Intensas aterrisagens de aeronaves foram efetuadas com sucesso* por trás das linhas inimigas *e o desembarque nas praias está prosseguindo em vários pontos*, neste momento.
> O fogo das baterias nas praias tem sido amplamente contido. Os obstáculos construídos no mar não se mostram tão difíceis como se temia. *Os aliados anglo-americanos estão apoiados por cerca de 11 mil aviões* de primeira linha, que podem ser chamados de acordo com a necessidade para os propósitos da batalha.

Churchill está fazendo um anúncio de grande impacto, longamente aguardado. Stalin vinha pedindo a abertura de um segundo *front* na Europa, para contrapor à frente oriental, desde a invasão nazista, em junho de 1941. Finalmente, a planejada operação entre americanos, ingleses e canadenses iniciara, após meses de intensa preparação e sigilo. Churchill descreve brevemente os fatos, dando ciência dos avanços no desenrolar dos primeiros momentos do desembarque surpresa na Normandia.

> *Não posso, é claro, comprometer-me com quaisquer detalhes.* Os relatórios estão chegando rapidamente. Até agora, os comandantes envolvidos relatam que tudo está *prosseguindo de acordo com o plano. E que plano! Esta vasta operação é, sem dúvida alguma, a mais complicada e difícil já realizada.* Envolve mares, ventos, ondas e questões de visibilidade, tanto aérea quanto marítima, além do emprego combinado de forças terrestres, aéreas e marítimas, no mais alto grau de intimidade, em condições que não podiam e não podem ser plenamente previstas.
> *Há esperanças que uma surpresa tática tenha sido realmente conseguida – e esperamos fornecer ao inimigo uma sucessão de surpresas durante o curso da batalha.*

A estratégia de Churchill para com o Parlamento e a opinião pública, neste primeiro momento, exigia sigilo e administração do conteúdo a ser divulgado, de forma a não difundir mais do que o necessário ou do que fosse desejável. Havia a necessidade de absoluto controle da situação, mas sua fala é afirmativa, pois o alto comando tem confiança nas decisões tomadas e no andamento da batalha.

> *A batalha que começou agora vai aumentar em escala e intensidade* de forma constante em muitas das próximas semanas – e *não vou tentar especular sobre seu rumo.*
> Isto, no entanto, eu posso dizer: a *mais perfeita união prevalece entre os exércitos aliados. Há uma irmandade de armas entre nós e nossos amigos dos Estados Unidos.* Há uma completa confiança no comando supremo, o general Eisenhower, em seus auxiliares, e também no comandante da Força Expedicionária, general Montgomery. *O ardor e o espírito das tropas que embarcavam*

*nestes últimos dias, como eu mesmo vi, eram esplêndidos de se testemunhar.*

Apresentando a realidade e evitando especulações, Churchill divide a responsabilidade e a liderança com os chefes militares, sobretudo os americanos, dando-lhes o devido crédito. A guerra, desde a entrada dos Estados Unidos, mudara de um patamar defensivo para a ação ofensiva. É imperioso que todos sejam partícipes da vitória e novamente a magnanimidade de Churchill aparece. Esta seria a forma de manter unidos os protagonistas, até a vitória final.

No quadro esquemático abaixo, demonstra-se a construção do discurso pelo sentido das frases selecionadas para a montagem de sua mensagem:

### QUADRO 8 - "O DIA D"

| | POSITIVO | NEGATIVO |
|---|---|---|
| POLÍTICOS | - Acho que a Casa deveria tomar conhecimento formal da libertação de Roma<br>- [...] durante a noite e nas primeiras horas desta manhã ocorreu o primeiro de uma série de desembarques em execução no continente europeu. [...] o ataque libertador ocorreu na costa da França | - Não posso, é claro, me comprometer com quaisquer detalhes<br>- A batalha que começou agora vai aumentar em escala e intensidade de forma constante em muitas das próximas semanas – e não vou tentar especular sobre seu rumo |
| POVO | - [...] tudo está seguindo de acordo com o plano. E que plano! | |
| INIMIGOS | - Há esperanças de que uma surpresa tática tenha sido realmente conseguida | |
| ALIADOS | - [...] mais perfeita união prevalece entre os exércitos aliados. Há uma irmandade de armas entre nós e nossos amigos dos Estados Unidos<br>- O ardor e o espírito das tropas que embarcavam nestes últimos dias, como eu mesmo vi, eram esplêndidos de se testemunhar | |

A guerra se encaminha para uma fase definitiva. A Alemanha vem perdendo a guerra no *front* oriental. O exército soviético, auxiliado por suprimentos americanos, ingleses e por suas fábricas, transferidas para o interior longínquo da Sibéria, além do rigoroso inverno russo, impôs uma série de derrotas à Alemanha. A segunda frente, aberta na Normandia, iria empurrar os exércitos nazistas de volta à Alemanha, propiciando a lenta libertação da Europa. Roma fora liberada, e o plano, iniciado com o *dia D*, prosseguia com êxito.

A união de tropas, majoritariamente americanas, inglesas e canadenses, sob o comando de Eisenhower, trilhava seu caminho libertador. Churchill se mostra apreensivo, muitas variáveis poderiam intercorrer para que o plano desse errado: *"mares, ventos, ondas e questões de visibilidade, tanto aérea quanto marítima, [...], em condições que não podiam e não podem ser plenamente previstas"*, mas agora tudo está nas mãos destes *soldados desconhecidos*. A tensão é visível, e o sigilo precisa ser mantido. Porém, como é próprio da democracia, o Parlamento não pode ser mantido à margem de um evento desta magnitude, e Churchill cumpre seu papel de líder, coerente com os princípios que defende.

Não menos importante é dar o devido espaço e crédito aos militares, especialmente às Forças Armadas americanas, cujo esforço na guerra se mostra fundamental para a vitória definitiva.

Neste discurso de gênero deliberativo, Churchill relata ao Parlamento o andamento da guerra. Fala com firmeza e segurança e, nesta circunstância, o silêncio diz mais do que as palavras. Não pode demonstrar seus sentimentos de forma aberta, o momento é crítico, mas sua confiança, conhecimento e controle da situação permitem a transmissão de um sentimento de segurança.

A credibilidade vem da seriedade com que se comunica. De forma austera e contida, mostra competência ao aliar o conhecimento profundo, o saber geral do que está fazendo, mesmo comunicando apenas o estritamente necessário. Esta habilidade de dizer muito com poucas palavras é característica do guia soberano. A força e a atitude demonstram seu caráter e o identificam como líder.

O "Dia D" é o discurso do "não dizer", da sonegação de informação que ainda assim transmite segurança, liderança e capacidade administrativa. Ao fim e ao cabo, o que Churchill idealizara ao longo destes longos anos, começava a acontecer.

Quando a noite chegou naquele dia sobre a Normandia, cerca das dez da noite, o descarregamento nas praias cessou. Quase 175 mil soldados americanos, canadenses e britânicos haviam chegado à costa da Normadia, por ar e por mar, ao custo de cerca de 4,9 mil baixas[222]. Entre os paraquedistas americanos na extrema direita do *front* e os paraquedistas britânicos na extrema esquerda, a frente de batalha se estendia por 90 quilômetros entre *Utah* e *Omaha*, com exceção de pequenas brechas entre *Omaha* e *Gold* e *Juno* e *Sword*[223].

Em 1964, Dwight Eisenhower foi entrevistado por Walter Cronkite (1916-2009) na *praia Omaha* e disse:

> [...] a gente vê aquelas pessoas nadando e navegando suas pequenas embarcações, aproveitando o dia e é quase fantástico olhar para ela e pensar o que foi. É uma coisa maravilhosa lembrar o motivo pelo qual aqueles indivíduos estavam lutando, o que eles fizeram para preservar o nosso estilo de vida. Não para conquistar qualquer território, não por ambições pessoais, mas para assegurar que Hitler não podia destruir a liberdade do mundo.

Segue a entrevista e Eisenhower comenta que

> [...] penso que é simplesmente esmagador. Pensar nas vidas que foram doadas por este princípio, pagando um terrível preço: só nesta praia, naquele dia, 2 mil baixas. Mas eles o fizeram para que o mundo pudesse ser livre. Isso mostra exatamente o que os homens livres farão para jamais serem escravos[224].

---

222. Não é possível saber o número exato, a quantidade de homens desembarcados ou as baixas sofridas, apenas no Dia D. Trata-se de uma estimativa.
223. AMBROSE. *O dia D, 6 de julho de 1944. Op. cit.*, p. 705.
224. Idem. *Ibidem*, p. 714.

Winston Churchill sempre foi hesitante com relação à abertura da segunda frente por meio da invasão da França. A decisão final foi americana, o arquiteto e engenheiro desta façanha foi Eisenhower. Neste momento da guerra, o apoio salvador americano, enaltecido em dezembro de 1941, já atribuía à Inglaterra o papel de coadjuvante. Os Estados Unidos, que saíram da Primeira Guerra como a grande potência, sairiam da Segunda Guerra como os efetivos vencedores e potência dominante do Ocidente. A URSS ocuparia seu lugar de dominação no Leste Europeu e veria o comunismo triunfar na China, embora fora de sua área direta de influência. O mundo começava e se dividir, e Churchill via o crepúsculo de seu império – mas teria o privilégio de testemunhar o triunfo da liberdade, em que pese dividí-lo com outros capitães.

# CAPÍTULO XII
## Palavras não podem expressar o horror

O s aliados, à medida que avançam contra Berlim, vão descobrindo a dramática extensão da barbárie do Holocausto, ao liberarem os campos de concentração. As fábricas de morte nazistas são desvendadas e Winston Churchill ordena que nenhum destes locais seja destruído. Pelo contrário, pede que sejam preservados todos os arquivos encontrados. Os responsáveis deverão ser levados a julgamento, e Churchill acaba sendo o homem por trás da condenação legal dos nazistas. Uma comissão do Parlamento é montada às pressas, para que viaje aos campos de concentração e extermínio e documente, de forma ampla, o que quer que encontre. Dwight Eisenhower ordena que as populações das cidades vizinhas aos campos sejam levadas até lá, para ver com seus próprios olhos a dimensão da tragédia. Ninguém, presente ou futuramente, poderia afirmar que a morte de milhões de pessoas nos campos de concentração nunca existira.

O horror nazista é constantemente lembrado, embora ocorram, aqui ou ali, insinuações de que não tenha ocorrido ou de que não se tenha massacrado tantas pessoas. Os depoimentos dos sobreviventes, que hoje têm em média noventa anos de idade, estão registrados em livros, museus, artigos e filmes, em todo o mundo.

De uma população total de 8,7 milhões de judeus, em 1941, em toda a Europa, aproximadamente 5,2 milhões foram mortos e cerca de 1 milhão sucumbiria à fome e doenças. Outras 6 milhões de pessoas não judias foram mortas em bombardeios, campos de concentração, represálias ou trabalhos forçados[225]. Churchill foi um dos que, pela preservação desta história, desempenha papel fundamental para que a memória do genocídio judaico não seja esquecida e não venha a se repetir para nenhum povo, religião ou raça.

Do lado oriental, a barbárie nazista não foi menor. Cerca de 20 milhões de soviéticos foram mortos nos bombardeios e campos de extermínio ao longo da guerra. Os russos também mantiveram os campos intactos para que se preservasse a memória dos acontecimentos, porém, diferentemente das nações democráticas, vários destes espaços foram usados como prisões não só para soldados alemães, mas para dissidentes políticos que se opunham à instalação do comunismo no Leste Europeu. A história não pararia por ali.

## XII.1 – Discurso de 19 de abril de 1945

"Palavras não podem expressar o horror sentido pelo governo de Sua Majestade e de principais aliados com as provas destes terríveis crimes que estão agora diariamente vindo à tona. No momento, não quero, porém, me comprometer com nenhuma política especial tal qual a sugestão feita pelo meu honrado amigo – (de conservar o campo de concentração de Buchenwald, que foi capturado intacto, como um memorial dos métodos germânicos).

Recebi esta manhã uma mensagem informal do general Eisenhower dizendo que as novas descobertas, particularmente em Weimar, superam qualquer coisa apresentada até o momento. Ele me convida a mandar um corpo de representantes do Parlamento imediatamente ao seu quartel-general, para que possam eles mesmos fazer uma prova visual e em primeira mão destas atrocidades.

---

225. GILBERT, Martin. *Atlas de la história judia.* Jerusalém: La Semana, 1978, p. 96.

O assunto é urgente, já que naturalmente não é possível, em muitos casos, suspender o processo de destruição. Tendo em vista a urgência, cheguei à conclusão que oito membros desta Casa e dois da Câmara dos Lordes devem formar uma delegação parlamentar e viajar imediatamente ao supremo quartel-general, onde o general Eisenhower fará todos os arranjos necessários à inspeção das cenas, seja em setores americanos ou britânicos. Os membros que se apresentarem como voluntários para este dever necessário, embora extremamente desagradável, devem dar os seus nomes aos representantes de seus partidos, a fim de que um corpo representativo de todos os partidos possa ser selecionado pelos métodos usuais durante esta tarde. Eu devo propor que a comissão comece a trabalhar amanhã.

Espero que a Casa aprove esta decisão um tanto rápida que tomei.

## XII.2 - Análise do discurso de 19 de abril de 1945

Com o progresso da liberação das nações ocupadas e partes da Alemanha, o horror perpetrado pelos nazistas nos campos de concentração começa a ser revelado ao mundo. Um enorme esforço é feito pelas tropas aliadas para manter a memória do que vinha ocorrendo nos campos de extermínio. Em 19 de abril de 1945, na Câmara dos Comuns, em Londres, Churchill faz o chamamento para que o Parlamento inglês contribua neste esforço, testemunhando a barbárie nazista.

> *Palavras não podem expressar o horror* sentido pelo governo de Sua Majestade e dos principais aliados *com as provas destes terríveis crimes que estão agora diariamente vindo à tona.*
> [...] *Recebi esta manhã* uma mensagem informal do general Eisenhower, *dizendo que as novas descobertas*, particularmente em Weimar, *superam qualquer coisa apresentada até o momento.*

*Ele me convida a mandar um corpo de representantes do Parlamento imediatamente ao seu quartel-general, para que possam eles mesmos fazer uma prova visual e em primeira mão destas atrocidades.*

Em meio à revolta e perplexidade, um senso de justiça implacável surge, e os encaminhamentos pedem urgência. A decisão, a divisão de tarefas e a motivação de mostrar ao mundo as atrocidades nazistas será um compromisso conjunto dos aliados. É inquestionável iniciar o processo para que nunca se esqueçam dos crimes nazistas e da ação dos aliados, ao manter intactos os campos de concentração, foi fundamental para a rendição incondicional dos nazistas e seu posterior julgamento, em Nuremberg.

*O assunto é urgente,* já que naturalmente não é possível, em muitos casos, suspender o processo de destruição. *Tendo em vista a urgência, cheguei à conclusão que oito membros* desta Casa e dois da Câmara dos Lordes *devem formar uma delegação* parlamentar e viajar imediatamente ao supremo quartel-general, onde o general Eisenhower fará todos os arranjos necessários à inspeção das cenas, seja em setores americanos ou britânicos.

O Holocausto judeu precisa ser documentado, registrado e informado. Não é tarefa fácil, pois carrega uma pesada dose emocional e de revolta. É necessário separar a emoção da razão, agir rapidamente e levar os criminosos a julgamento, reunindo provas e evidências. Será dado aos nazistas o julgamento que negaram a milhões de pessoas, para provar que a liberdade e a justiça prevalecerão sobre regimes totalitários e desumanos.

No quadro esquemático 9, abaixo, demonstra-se a construção do discurso, pelo sentido das frases selecionadas, para a construção de uma mensagem:

## QUADRO 9 - "PALAVRAS NÃO PODEM EXPRESSAR O HORROR"

| | POSITIVO | NEGATIVO |
|---|---|---|
| **POLÍTICOS** | - Tendo em vista a urgência, cheguei a conclusão [...] quem formar uma delegação e viajar imediatamente<br>- Espero que a Casa aprove esta decisão um tanto rápida que tomei | - Recebi esta manhã uma mensagem do general Eisenhower dizendo que as novas descobertas [...] superam amplamente qualquer coisa apresentada até o momento<br>- O assunto é urgente |
| **POVO** | | - Palavras não podem expressar o horror sentido pelo governo de Sua Majestade [...] com as provas destes terríveis crimes que estão agora vindo à tona |
| **ALIADOS** | - Ele me convida a mandar um corpo de representantes do Parlamento imediatamente ao seu QG, para que possam eles mesmo fazer uma prova visual e em primeira mão destas atrocidades | |

O general Eisenhower desempenhou preponderante papel na manutenção dos registros sobre os campos. Seu esforço em dar à luz a história do Holocausto permitiu que se julgassem os nazistas por suas atrocidades e, mais do que isso, que nunca se esquecesse do que a falta de humanidade foi capaz. Há que se dar crédito também aos russos, que mantiveram estas estruturas para conhecimento do mundo.

Churchill, alertado por Eisenhower, imediatamente envolveu o Parlamento inglês neste processo, enviando uma comissão para testemunhar o *schoá*[226]. Em "Palavras não podem expressar o horror", ele reafirma a necessidade de se manter viva a memória destes acontecimentos.

Em anos recentes, após a guerra, muito se discute se os aliados sabiam ou não o que acontecia nos campos de extermínio. Os relatos eram os mais variados, pouco se pode concluir sobre isso agora. O resultado da farta documentação do Holocausto é que hoje o mundo observa acontecimentos dessa natureza com redobrada atenção,

---

226. Do hebraico: holocausto.

para poder evitá-los. Nem sempre foi possível, como no Camboja, em Ruanda ou nos Balcãs, mas o mundo já não dormita sobre o tema. Outra decorrência importante foi que, após o Holocausto, o mundo se deu conta da necessidade da existência de uma terra para os judeus e assim nasce Israel, por influência de Churchill e trabalho do chanceler brasileiro Osvaldo Aranha (1894-1960).

A Europa está sendo liberada, e a verdade vem à tona. Do alto de sua autoridade, Churchill tem a força moral e a seriedade necessárias para dar ao assunto a devida importância. Pode-se evidenciar sua virtude através da transparência, sinceridade e honestidade pessoal. Identifica-se seu humanismo e sua compaixão para com os sobreviventes e pela memória dos que pereceram. A solidariedade que Churchill presta, ao colocar seu governo e o Parlamento ao lado destas vítimas, foi fundamental para a ratificação de seu papel de liderança e, mais do que isso, de uma personalidade excepcional. A partir da liberação dos campos de extermínio e da análise de documentos, prisão e julgamento dos envolvidos, pode-se avaliar a extensão da política nazista de extermínio de judeus, ciganos, homossexuais, doentes mentais, eslavos, negros e uma infinidade de outras minorias, consideradas racialmente inferiores pelos nazistas.

Volto aqui a um ponto que mencionei no início deste livro. Sendo filho de imigrantes que conseguiram fugir da Alemanha e da Áustria, meus pais tinham muitos amigos que passaram o horror nazista na Europa. Uma delas, a *tia* Hertha Spier, teve sua história retratada no livro de Tailor Diniz, *A Sobrevivente A21646*. Hertha Spier sobreviveu às durezas de diversos campos, entre eles Auschwitz e depois Bergen-Belsen, quando foi libertada pesando apenas 28 kg. Foi levada para a Suécia, anos depois veio para Rio de Janeiro e, por fim, para Porto Alegre. Próxima de completar seus 100 anos em 2018, a Hertha ratifica em mim o gosto da liberdade.

Desde que me lembro, passamos o final do *Yom Kippur*, o Dia do Perdão judaico, na casa da família Spier. Sempre comemos o mesmo cardápio que inclui um *herring* (arenque) cuidadosamente preparado. Certa vez, perguntei por que a opção por essa maravilhosa iguaria. *Pois bem*, explicou tia Hertha, com sua amável tranquilidade e serenidade, *"quando fui levada para tratamento na Suécia podia apenas comer uma mistura de grãos, leite e müsli, devido à fragilidade de meu sistema digestivo"*. Certa vez, quando já estava melhor e podia movimentar-se, pôde fazer um passeio à aldeia vizinha. Lá, ao ser reconhecida pelos moradores como uma sobrevivente dos campos de extermínio, foi convidada a almoçar com eles, e foi servido foi um delicioso *herring*, o primeiro alimento com sabor que ingeriu depois de anos de tortura e terror. O *herring* tinha o gosto da liberdade, e para mim não haverá *Yom Kippur* sem *herring*, até o fim dos meus dias.

# CAPÍTULO XIII
## Vitória na Europa

Quase cinco anos após sua posse como primeiro-ministro, Winston Churchill com alegria declarava a guerra na Europa terminada, embora a luta no Oriente, contra o Japão, ainda estivesse longe de acabar. O momento é de júbilo e de reconstrução.

Em suas memórias, Churchill relata que a rendição incondicional dos inimigos foi o sinal para a maior explosão de felicidade da história.

> A Segunda Guerra Mundial fora travada na Europa até seu amargo fim. Tanto vencidos como vencedores sentiram um alívio inexprimível. Mas para nós, da Grã-Bretanha e do Império Britânico, que fôramos os únicos a participar da batalha do primeiro ao último dia e que havíamos apostado a vida em seu desfecho, isso tinha um sentido que ultrapassava até mesmo o que os nossos mais poderosos e valentes aliados poderiam sentir. Exaustos e abatidos; empobrecidos, mas inquebrantáveis, e nesse momento triunfantes, tivemos um momento sublime. Demos graças a Deus pela mais nobre de suas bênçãos – o sentimento de havermos cumprido nosso dever[227].

A paz na Europa chegara finalmente, e a barbárie de Hitler era revelada ao mundo. Vivia-se um tempo de renovação e de reconstrução, o desenho político da Europa estava novamente sendo refeito.

---
227. CHURCHILL. *Memórias de Segunda Guerra Mundial. Op. cit.*, p. 1092.

Churchill, porém, sabia que a guerra havia custado caro à Inglaterra. Ele percebia com clareza que a Grã-Bretanha saíra do episódio dilacerada, ferida e falida. Nas conferências de Yalta, e, depois, em Potsdam, os Estados Unidos e a União Soviética assumiram o papel de principais protagonistas do novo cenário mundial. O Império Britânico não existia mais na mesma grandeza de antes da guerra. Em fevereiro de 1945, em Yalta, os Três Grandes assinaram a "Declaração da Europa Livre", que colocou sob domínio de Stalin metade da Europa, sobre a qual descia o manto do comunismo. Mais tarde, em 5 de março de 1946, o ex-primeiro-ministro Churchill declarou, em Fulton, Missouri: *"De Stettin, no Báltico, até Trieste, no Adriático, uma cortina de ferro caiu sobre o continente"*[228].

## XIII.1 - Discurso de 8 de maio de 1945

"Ontem de manhã, às 2h41min, no quartel-general, o general Jodl, representante do alto comando germânico, o almirante Dönitz, chefe designado do Estado alemão, assinaram o ato de rendição incondicional de todas as forças da Alemanha na Europa, de terra, mar e ar, à Força Expedicionária Aliada, e simultaneamente ao alto comando soviético.

O general Bedell Smith, chefe do Estado-Maior da Força Expedicionária Aliada, e o general François Sevez assinaram o documento em nome da Força Expedicionária Aliada, e o general Ivan Susloparov assinou em nome do alto comando russo.

Hoje, este acordo será ratificado e confirmado em Berlim, onde o marechal-do-ar Tedder, vice-comandante supremo da Força Expedicionária Aliada, e o general De Lettre de Tassigny assinarão em nome do general Eisenhower. O marechal Zhukov irá assinar em nome do alto comando soviético. Os

---

228. BUCHANAN. *Churchill, Hitler e "A guerra desnecessária"*. Op. cit., p. 315-21.

representantes alemães serão o marechal-do-campo Keitel, chefe do alto comando, e os comandantes-chefes do Exército, da Marinha e da Aeronáutica da Alemanha.

As hostilidades cessarão oficialmente no primeiro minuto da meia-noite de hoje (8 de maio, terça-feira) mas, com o objetivo de poupar vidas, o cessar-fogo começou ontem a ser anunciado em todas as frentes, e as nossas queridas ilhas Channel serão libertadas hoje.

Em alguns lugares, os alemães ainda resistem às tropas russas mas, se, continuarem a fazer isso após a meia-noite, serão, claro, privados da proteção das leis da guerra — e atacados por todos os lados pelas tropas aliadas. Não é surpreendente que, em frentes tão amplas e na atual desordem do inimigo, as ordens do alto comando germânico não sejam obedecidas imediatamente em todos os casos. Isso não constitui em nossa opinião — com base na melhor informação militar disponível — razão para reter da nação os fatos comunicados a nós pelo general Eisenhower, da rendição incondicional já assinada em Rheims — nem deveria impedir que celebremos os dias de hoje e de amanhã (quarta-feira) como os dias da vitória na Europa — V Day.

Hoje, talvez, devemos pensar sobretudo em nós mesmos. Amanhã iremos prestar uma homenagem especial aos nossos camaradas russos, cuja valentia no campo foi uma das contribuições mais significativas à vitória geral.

A guerra contra a Alemanha, portanto, está no fim. Depois de anos de intensa preparação, a Alemanha se atirou na Polônia no início de setembro de 1939 e, conforme nossa garantia à Polônia e em acordo com a República Francesa, a Grã-Bretanha, o Império Britânico e a Comunidade das Nações Britânicas declararam guerra a esta agressão abominável. Depois que a nobre França foi derrubada, nós, a partir desta ilha e do nosso império unido, mantivemos esta luta sozinhos, sem ajuda, por um ano inteiro, até que se juntou a nós o poderio militar da Rússia soviética e, mais tarde, os recursos e poder decisivos dos Estados Unidos da América. Finalmente, quase o mundo todo estava unido contra os malfeitores, que estão agora prostrados diante de nós. Nossa gratidão a nossos esplêndidos aliados, de todos os nossos corações nesta ilha e no Império Britânico.

Podemos nos permitir um breve período de regozijo. Mas não nos esqueçamos por um momento do trabalho e dos esforços que estão diante de nós. O Japão, com toda a sua ambição e traição, continua insubordinado. Os danos que o Japão impôs à Grã-Bretanha, aos Estados Unidos e a outros países — e suas detestáveis crueldades — exigem justiça e revide. Temos agora que dedicar toda a nossa força e nossos recursos ao complemento de nossa tarefa, tanto em casa como no exterior. Avante Britannia! Viva sempre a causa da liberdade! Deus salve o Rei! [...]

Esta é a mensagem que me instruíram a comunicar à nação britânica e à comunidade. Só tenho duas ou três frases a acrescentar. Elas mostrarão minha profunda gratidão a esta Câmara dos Comuns, que provou ser a sustentação mais forte na hora de se travar uma guerra jamais vista antes, em toda a nossa longa história. Todos cometemos os nossos erros, mas a força da instituição parlamentar mostrou ser possível, ao mesmo tempo, preservar os títulos da democracia e travar uma guerra da forma mais dura e prolongada.

Quero fazer os meus sinceros agradecimentos aos homens de todos os partidos, a cada um, em qualquer lugar da Casa, onde estejam sentados, pelo modo como a vitalidade das instituições parlamentares foi mantida sob o fogo do inimigo e pelo modo como fomos capazes de perseverar — e poderíamos ter perseverado por muito mais, se houvesse necessidade — até que fossem alcançados todos os objetivos que fixamos diante de nós, para conseguir a rendição incondicional e ilimitada do inimigo.

Lembro-me bem que no fim da última guerra, há mais de um quarto de século, a Casa, quando ouviu a longa lista dos termos de rendição, dos termos do armistício que tinham sido impostos aos alemães, não se sentiu inclinada ao debate ou à rotina, mas antes desejou dar graças ao Deus Todo-Poderoso, ao grande poder que parece moldar e desenhar os destinos das nações e o destino dos homens. Eu peço, portanto, senhor, permissão para sugerir a moção:

> *Que esta Casa compareça à Igreja de Saint Margareth, em Westminster, para dar graças humildes e reverentes ao Deus Todo-Poderoso pela nossa libertação da ameaça da dominação germânica.*

*A mesma moção que foi aprovada no passado.*

## XIII.2 - Análise do discurso de 8 de maio de 1945

No discurso intitulado "Vitória na Europa", proferido em 8 de maio de 1945, na Câmara do Comuns, com transmissão pela rádio, Churchill pôde dar por encerrada a guerra na Europa. O conflito prosseguia no Oriente contra o Japão, fato por ele mencionado, porém o momento era de júbilo e de comemoração, com reforça a locução.

> Ontem de manhã, às 2h41, no quartel-general, o general Jodl, representante do alto comando germânico, o almirante Dönitz, chefe designado do Estado alemão, *assinaram o ato de rendição incondicional de todas as forças da Alemanha na Europa, de terra, mar e ar*, à Força Expedicionária Aliada e simultaneamente ao alto comando soviético.
> *As hostilidades cessarão oficialmente no primeiro minuto da meia-noite de hoje* (8 de maio, terça-feira). [...] Isso não constitui,

em nossa opinião – com base na melhor informação militar disponível – razão para deter da nação os fatos comunicados a nós pelo general Eisenhower, da rendição incondicional já assinada em Rheims – nem deveria impedir que *celebremos os dias de hoje e amanhã (quarta-feira) como os dias da vitória na Europa – V Day. Hoje, talvez, devemos pensar sobretudo em nós mesmos.* Amanhã iremos prestar uma homenagem especial aos nossos camaradas russos. [...] *A guerra contra a Alemanha, portanto, está no fim.*

Inicialmente, cumprindo a formalidade de um anúncio solene, Churchill dá destaque e reconhecimento a todos os militares ingleses (abrangendo os soldados do *Commonwealth*), americanos e russos envolvidos na obstinada perseguição da vitória. Há que se fazer uma administração formal do processo final da guerra, orientando a população de todos os países sobre os procedimentos do cessar fogo. Ao longo da fala, suaviza-se a severidade das palavras, constituindo o momento de alívio que todos esperavam, reafirmando laços de amizade, camaradagem e confiança, fundamentais para a vitória. Durante toda a guerra, Churchill tinha clara a necessidade de união para que se pudesse derrotar um inimigo tão poderoso. A gratidão e alegria, por isso, são evidentes.

> *Depois que a nobre França foi derrubada*, nós, a partir desta ilha e do nosso império unido, *mantivemos esta luta sozinhos*, sem ajuda, por um ano inteiro, *até que se juntou a nós o poderio militar da Rússia soviética e, mais tarde, os recursos e poder decisivos dos Estados Unidos da América.*
> *Finalmente, quase o mundo todo estava unido contra os malfeitores, que estão agora prostrados diante de nós. Nossa gratidão a nossos esplêndidos aliados,* de todos os nossos corações nesta ilha e no Império Britânico.

A forma com que a França foi derrotada e como se portou no desenrolar da guerra foi um ponto de consternação permanente para Churchill, nunca aceita com serenidade. Seus sentimentos para com o povo francês sempre revelaram lealdade, mas não ocorria o mesmo para com os governantes e militares franceses. Churchill faz, no discurso, a rememoração destes fatos, da dura realidade enfrentada e agradece pelo esforço de todos, expressando seu alívio e felicidade. O dever foi cumprido, é hora de comemorar.

> *Podemos nos permitir um breve período de regozijo.* Mas não nos esqueçamos por um momento do trabalho e dos esforços que estão diante de nós. *O Japão, com toda a sua ambição e traição, continua insubordinado.* Os danos que o Japão impôs à Grã-Bretanha, aos Estados Unidos e a outros países – e *suas detestáveis crueldades – exigem justiça e revide.* Temos agora de dedicar toda a nossa força e os nossos recursos ao complemento de nossa tarefa, tanto em casa como no exterior.
> Avante Britannia! Viva sempre a causa da liberdade! Deus salve o Rei! [...]

A alegria de Churchill se mostra contida, em parte, pela preocupação com o cenário de guerra ainda descortinado no Oriente. Ele sabe que precisa manter o espírito de união, para favorecer os trabalhos a serem feitos. Afinal, a guerra ainda não terminou em todos os *fronts*. Esta insistência em manter o estado de alerta, aliás, pode ser considerada como um dos motivos de sua derrota eleitoral, algum tempo após este discurso. De qualquer forma, o Império está de pé, e deve ser lembrado, festejado e louvado. Daí a menção formal do Império – *Britannia*[229], e louvar o Rei.

> *Todos cometemos os nossos erros, mas a força da instituição parlamentar mostrou ser possível ao mesmo tempo preservar os títulos da democracia e travar uma guerra da forma mais dura e prolongada.*
> Quero fazer os *meus sinceros agradecimentos aos homens de todos os partidos, a cada um*, em qualquer lugar da Casa, onde

---

229. *Britannia* – denominação antiga da Grã-Bretanha proveniente do latim.

estejam sentados, *pelo modo como a vitalidade das instituições parlamentares foi mantida sob o fogo do inimigo e pelo modo como fomos capazes de perseverar* – e poderíamos ter perseverado por muito mais, se houvesse necessidade – até que fossem alcançados todos os objetivos que fixamos diante de nós, *para conseguir a rendição incondicional e ilimitada do inimigo.*

De forma humilde, grata e respeitosa, Churchill é sincero em se colocar à disposição das instituições pelas quais lutou e que, em última instância, representam as razões pelas quais o mundo livre guerreou. A democracia, com todos os seus erros e acertos, foi a razão da luta, pois encerra o conceito moderno de liberdade.

Lembro-me bem que, no fim da última Guerra, há mais de um quarto de século, a Casa, quando ouviu a longa lista dos termos de rendição, dos termos de armistício que tinham sido impostos aos alemães, não se sentiu inclinada ao debate ou à rotina, mas antes desejou dar graças ao Deus Todo-Poderoso, ao grande poder que parece moldar e desenhar os destinos das nações e o destino dos homens. Eu peço, portanto, senhor, permissão para sugerir a moção:
Que esta Casa compareça à Igreja de Saint Margareth, em Westminster, para dar *graças humildes e reverentes ao Deus Todo-Poderoso pela nossa libertação da ameaça da dominação germânica*. A mesma moção que foi aprovada no passado.

Churchill traz a lembrança da Primeira Guerra, quando decisões equivocadas, promulgadas pelo Tratado de Versalhes constituíram, de certa forma, o motor da revolta que acabou desencadeando a Segunda Guerra. Churchill encerra seu discurso apelando para a religiosidade da plateia, em busca de palavras que os integrem novamente. De certo modo, ele une as duas guerras atualizando o passado e valorizando o futuro.

No quadro esquemático abaixo, pode-se perceber a construção do discurso que pelo sentido das frases selecionadas permite a análise da mensagem:

## QUADRO 10 - "VITÓRIA DA EUROPA"

| | POSITIVO | NEGATIVO |
|---|---|---|
| **POLÍTICOS** | - Ontem de manhã, às 2h41, no quartel-general, (os generais alemães) assinaram o ato de rendição incondicional de todas as forças da Alemanha<br>- Quero fazer meus sinceros agradecimentos aos homens de todos os partidos [...] pelo modo como a vitalidade das instituições parlamentares foi mantido sob fogo inimigo e pelo modo como fomos capazes de perseverar | |
| **POVO** | - As hostilidades cessarão oficialmente no primeiro minuto depois da meia noite de hoje [08/05/1945] | - Podemos nos permitir um breve momento de regozijo. Mas não nos esqueçamos [...] o Japão, com toda sua ambição e traição, continua insubordinado |
| **TODOS** | - A guerra contra a Alemanha, portanto, está no fim<br>- Avante, Britannia! Viva sempre a causa da liberadade! Deus salve o rei! | - Temos agora de dedicar toda a nossa e os nossos recursos ao complemento de nossa tarefa tanto em casa como no exterior |

Este foi um discurso formal, importante e carregado pela solenidade do momento. A guerra na Europa chegara ao fim, a Alemanha de Hitler fora derrotada incondicionalmente, todo o esforço havia sido compensado. Em 1939, início do conflito, a Europa ocidental viu sua política de apaziguamento ruir, evidenciando que as ações para evitar o embate tinham sido inúteis. Churchill esteve sozinho, ao longo de muitos meses, alertando para o que veio, ao final, a acontecer. Por sua firmeza, convicções e competência, é convidado para assumir o cargo de lorde do almirantado no governo.

Ao assumir como primeiro-ministro, nove meses depois do início da guerra, trata imediatamente de unir a nação contra o inimigo comum. Com a queda da França, vê-se sozinho, lutando contra uma, até então, invencível Alemanha.

Seis anos depois, este inimigo estava derrotado e Churchill podia agora, formalmente, declarar a vitória. Não era mais um desejo ou uma possibilidade, mas uma conquista real a ser comemorada. Chegara o momento tão aguardado no Parlamento, de fazer o anúncio da vitória. Ele volta, porém, a alertar que a guerra ainda não terminara em todos os *fronts* e que os aliados deveriam, ainda, manter o estado de prontidão e de guerra.

Este discurso deliberativo, na arena política, de onde emanava o poder investido por Churchill, "Vitória na Europa" é um exemplo de estilo e elocução. Formal, curto e denso, o texto adequa a linguagem à argumentação, considerando os critérios de correção, clareza, metáforas e analogias.

Churchill alcançou seu objetivo, que era a vitória, ao menos na Europa. Sua credibilidade, construída ao longo de cinco anos de liderança como primeiro-ministro, está no auge. A virtude, seriedade e competência não eram questionadas pela audiência, a identificação do orador, seu *ethos*, era claro. O que destoava do momento era sua insistência em reiterar que a guerra não tinha acabado, mesmo neste momento de consagração. Esta evocação forte e repetida pode ter desencadeado dúvidas sobre sua inteligência, careceu de habilidade e astúcia. Seria necessário que, naquele momento de tanta alegria, fosse trazida a memória de que o conflito não tinha acabado totalmente? Por suas virtudes, pela franqueza pessoal e transparência e pela coerência, alertar para a guerra em andamento era fundamental. Eventualmente, o que se pode dizer é que talvez o momento não devesse ser aquele.

Porém, este era o procedimento enunciativo da elocução que obrigava Churchill a antecipar os próximos passos, baseado em suas convicções e no compromisso assumido de derrotar os inimigos. Sua coerência exigia a continuidade da guerra, pelos acordos com as nações aliadas. O povo inglês deveria, portanto, seguir os passos de seu líder que até aquele momento haviam se mostrado corretos.

A guerra continuaria contra o Japão até a rendição incondicional, assinada formalmente a bordo do cruzador *USS Missouri*, em 2 de setembro de 1945. Antes disso, premidos pela exigência de encerrar a guerra no Oriente, os Estados Unidos explodiram as duas primeiras e únicas bombas atômicas em conflitos armados, inaugurando uma nova era na relação entre as potências mundiais. As bombas atômicas e suas nefastas consequências vieram para abreviar o fim da guerra que, pelas expectativas aliadas, poderia durar mais dois a três anos a um custo de 1,5 milhão de soldados mortos ou feridos, além de milhões de perdas civis. Havia também, de forma velada, a necessidade, ou a vontade de mostrar à URSS uma arma temível e destruidora. Um novo mundo estava se desenhando, novas fronteiras estavam sendo demarcadas, e os Estados Unidos estavam tomando a dianteira nesta corrida.

# CAPÍTULO XIV
## Esta vitória é de vocês

Com as celebrações espontâneas em toda Londres, Winston Churchill e seus principais assessores aparecem na sacada do ministério da Saúde. Churchill diz à multidão reunida: *"Esta vitória é sua!"* A multidão grita de volta: *"Não, é sua!"*. Como comentou o historiador Robert Rhodes James (1933-1999), *"foi um momento inesquecível de amor e gratidão"*[230]. Churchill, em contato e em diálogo direto com o povo, diz:

> Assim ficamos, sozinhos. Alguém queria ceder?
> A multidão gritou: Não!
> Ficamos abatidos?
> Não!
> As luzes se apagaram, e as bombas caíram. Mas nenhum homem, mulher ou criança no país tinha a intenção de desistir da luta. Londres pôde aguentar. Voltamos das garras da morte, após longos meses, saídos da boca do inferno, enquanto o mundo inteiro se maravilhava. Quando a reputação e a fé desta geração de homens e mulheres ingleses poderão falhar?[231]

Em suas memórias, Churchill pondera que *"a rendição incondicional de nossos inimigos foi o sinal para a maior explosão de*

---

230. CHURCHILL. *Jamais Ceder! Op. cit.*, p. 268.
231. Idem. *Ibidem*, p. 268.

*alegria da história da humanidade"*[232]. O momento de alívio pelo fim da guerra, ao menos no cenário europeu, trouxe imensas alegrias, mas Churchill se mantinha angustiado com o resultado final. Em novembro de 1942, ele havia prometido que *"não me tornei primeiro-ministro do Rei para presidir a liquidação do Império Britânico"*[233], mas pouco podia fazer para evitá-lo. A debilidade econômica, a perda de prestígio após as derrotas para os japoneses e a vontade de independência das antigas colônias prenunciavam o ocaso do Império. Churchill declara, em um de seus diversos discursos, no que ele chamou de *tumultuados dias de júbilo*:

> Eu gostaria de poder dizer-lhes esta noite que toda a labuta e nossos problemas estão terminados. Se assim fosse, eu realmente poderia encerrar com alegria meus cinco anos de serviços e, se vocês achassem que já haviam me aguentado o bastante e que me deviam mandar passear, eu aceitaria isso de bom grado. Mas, ao contrário, devo adverti-los, como fiz ao iniciar esta missão de cinco anos – e ninguém sabia, na época, que ela duraria tanto –, de que ainda há muito por fazer, e vocês devem estar preparados para novos esforços da mente e do corpo e para novos sacrifícios em nome de causas grandiosas[234].

Ele prossegue:

> No continente europeu, ainda temos que nos certificar que os propósitos simples e honrados pelos quais entramos em guerra não sejam descartados ou tripudiados nos meses subsequentes ao nosso sucesso, e de que as palavras *liberdade*, *democracia* e *libertação* não sejam deturpadas em seu verdadeiro sentido, tal como as entendemos. [...] Eu lhes disse coisas duras no começo destes últimos cinco anos; vocês não se acovardaram, e eu seria indigno de sua

---

232. CHURCHILL. *Memórias de Segunda Guerra Mundial. Op. cit.*, p. 1092.
233. BALL. *Winston Churchill. Op. cit.*, p. 202
234. CHURCHILL. *Jamais Ceder! Op. cit.*, p. 1092.

confiança e generosidade se não continuasse a bradar: "Avante, firmes, inabaláveis e indômitos, até que toda a missão esteja cumprida e que o mundo inteiro esteja seguro e limpo"[235].

Churchill, apesar do clima de festa, continuava apreensivo quanto ao futuro. O Japão ainda não fora dominado, a bomba atômica ainda não havia sido utilizada, e o mundo vivia conflitos e conturbações. Em sua visão, a ameaça soviética já substituía o inimigo nazista, mas não havia nenhum grande acordo contra ela, como o que reunira o mundo livre contra as forças do Eixo. Em suas memórias da guerra, ele escreve que *"não conseguia afastar do pensamento o medo de que os exércitos vitoriosos da democracia logo se dispersassem e de que a prova real e mais dura ainda estivesse por vir"*[236].

É evidente a euforia pela vitória nas condições estabelecidas de uma derrota incondicional, porém a angústia e a apreensão pelo futuro da Europa e do Império Britânico são fantasmas assustadores.

## XIV.1 - Segundo discurso de 8 de maio de 1945

"Deus abençoe a todos vocês. Esta vitória é de vocês. É a vitória da liberdade em todo lugar. Em toda a nossa longa história, nunca tínhamos visto um dia mais magnífico do que este. Todo mundo, homem ou mulher, fez o melhor de si. Todo mundo buscou fazer algo. Nem os longos anos, nem os perigos, nem os ferozes ataques do inimigo, nada enfraqueceu a determinação independente da nação britânica. [...]

Meus caros amigos, esta é a hora. Esta não é a vitória de um partido ou de qualquer classe. É uma vitória da grande nação britânica. Nesta antiga ilha, fomos os primeiros a sacar a espada contra a tirania. Algum tempo depois,

---

235. Idem. *Ibidem*, p. 1093.
236. CHURCHILL. *Memórias de Segunda Guerra Mundial. Op. cit.*, p. 1094.

fomos deixados sozinhos contra o maior poder militar que já foi visto. Ficamos sozinhos por um ano inteiro.

Assim ficamos, sozinhos. Alguém queria ceder? (A multidão gritou: "Não!") Ficamos abatidos? ("Não!") As luzes se apagaram e as bombas caíram. Mas nenhum homem, mulher ou criança no país tinha a intenção de desistir da luta. Londres pode aguentar. Voltamos das garras da morte, após longos meses, saídos da boca do inferno, enquanto o mundo inteiro se maravilhava. Quando a reputação e a fé desta geração de homens e mulheres ingleses poderão falhar?

Eu digo que, nos muitos anos que estão por vir, não só as pessoas desta ilha, mas de todo o mundo irão — sempre que o pássaro da liberdade trinar nos corações humanos — olhar para trás para o que nós fizemos e dirão: "Não se desesperem, não cedam à violência e à tirania, sigam em frente e morram se necessário — livres". Saímos agora de um combate mortal — um inimigo terrível foi lançado ao chão e espera o nosso julgamento e nossa misericórdia.

Há, no entanto, outro adversário que ocupa boa parcela do Império Britânico, um inimigo manchado de crueldade e cobiça — os japoneses. Fico alegre que possamos tirar uma noite de folga e outro dia amanhã, para comemorar. Amanhã, nossos grandes aliados russos estarão também celebrando a vitória. Depois disso, temos de começar a tarefa de reconstruir nosso bem-estar e nossas casas, fazendo o máximo para tornar este país um lugar em que todos tenham uma oportunidade, em que todos tenham uma ocupação — e temos que nos voltar ao cumprimento do dever para com nossos compatriotas e nossos nobres aliados dos Estados Unidos, que foram tão sem propósito e traiçoeiramente atacados pelo Japão. Vamos seguir em frente de mãos dadas com eles. Mesmo sendo uma batalha difícil, não seremos nós que iremos falhar.

## XIV.2 - Análise do segundo discurso de 8 de maio de 1945

Proferido na sacada do Ministério da Saúde, em 8 de maio de 1945, em Londres, Churchill se vê frente a frente com a multidão. É o momento em que o líder se encontra diretamente com seu povo e relaxa. É um discurso rápido, emotivo e de sincero agradecimento por tamanho sacrifício.

> *Deus abençoe a todos vocês. Esta vitória é de vocês. É a vitória da liberdade em todo lugar.* Em toda a nossa longa história, nunca tínhamos visto um dia mais magnífico do que este. *Todo mundo, homem ou mulher, fez o melhor de si.* Todo mundo buscou fazer algo. Nem os longos anos, nem os perigos, nem os ferozes ataques do inimigo, *nada enfraqueceu a determinação independente da nação britânica. [...] Meus caros amigos, esta é a hora.* Esta não é a *vitória* de um partido ou de qualquer classe. *É uma vitória da grande nação britânica.*

Churchill sente-se orgulhoso de seu povo, de ser inglês, de tudo que representam. A alegria e o alívio pela vitória na Europa representam o fim de um severo capítulo da história. Em seu íntimo, devia pensar que este havia sido, realmente, seu melhor momento. Os ingleses mostraram mais uma vez que, unidos e obstinados, são capazes de grandes feitos. E o momento e o local são ideais para expressar suas emoções. Ele sabe que o Império Britânico jamais será o mesmo depois da guerra, mas é importante fixar esta imagem na mente do povo. O período do pós-guerra trouxe uma nova ordem mundial. Os Estados Unidos assumem a liderança efetiva do mundo ocidental, e a União Soviética expande as fronteiras do regime comunista ao Leste Europeu. A Inglaterra ficaria, nos próximos anos, ocupada em reerguer suas cidades destruídas e preservar o que fosse possível de seu Império.

> Nesta antiga ilha, *fomos os primeiros a sacar a espada contra a tirania*. Algum tempo depois, *fomos deixados sozinhos contra o maior poder militar que já foi visto*. Ficamos sozinhos por um ano inteiro.
> Assim ficamos, sozinhos. Alguém queria ceder? A multidão gritou: "Não". Ficamos abatidos? "Não". As luzes se apagaram e as bombas caíram. Mas nenhum homem, mulher ou criança no país tinha a intenção de desistir da luta. Londres pode aguentar. *Voltamos das garras da morte*, após longos meses, saídos da boca do inferno, enquanto o mundo inteiro se maravilhava. Quando a reputação e a fé desta geração de homens e mulheres ingleses poderão falhar?
> Eu digo que, nos muitos anos que estão por vir, não só as pessoas desta ilha, mas de todo o mundo irão – sempre que o pássaro da liberdade trinar nos corações humanos – *olhar para trás, para o que nós fizemos, e dirão: "Não se desesperem, não cedam à violência e à tirania, sigam em frente e morram se necessário – livres"*. Saímos agora de um combate mortal – *um inimigo terrível foi lançado ao chão e espera o nosso julgamento e nossa misericórdia*.

De forma épica e majestosa, em um inesperado diálogo com a multidão, Churchill rememora fatos decisivos da guerra. Os feitos ingleses servem de exemplo até hoje e as lições daqueles anos se perpetuaram. Churchill tem a perfeita noção de sua importância e que isso foi alcançado por sua liderança, pela união que insistentemente apregoou e conseguiu firmar, somada à determinação de seu povo. Estava formada uma aliança inabalável. O sofrimento, o orgulho e a gratidão são sentimentos que transbordam neste momento e geram esta conexão. Ainda há de se fazer justiça, mesmo para aqueles que trataram todo o mundo de forma injusta. O sentimento de vingança é substituído pela necessidade de julgamentos amplos, condenações e sentenças, coisa que os inimigos não permitiram às suas vítimas. Esta seria a forma correta de proceder na vitória final, e haveria que produzir muitos exemplos e lições para o futuro, a começar pela avaliação da traição perpetrada pela França.

*Há, no entanto, outro adversário* que ocupa boa parcela do Império Britânico, um inimigo manchado de crueldade e cobiça – *os japoneses*. Fico alegre que podemos tirar uma noite de folga e outro dia amanhã, para comemorar. Amanhã, nossos grandes aliados russos estarão também celebrando a vitória.

*Depois disso, temos de começar a tarefa de reconstruir nosso bem-estar e nossas casas*, fazendo o máximo para tornar este país um lugar em que todos tenham uma oportunidade, em que todos tenham uma ocupação e *temos que nos voltar ao cumprimento do dever* para com nossos compatriotas e nossos nobres aliados dos Estados Unidos, que foram tão sem propósito e traiçoeiramente atacados pelo Japão. *Vamos seguir em frente de mãos dadas com eles. Mesmo sendo uma batalha difícil, não seremos nós que iremos falhar.*

A vitória na Europa não terminara com a guerra, pois os compromissos com os americanos ainda os prendiam à luta no Oriente. Os japoneses são guerreiros ferozes e têm múltiplas razões para seguir lutando. A alegria, o alívio e o sentimento de dever cumprido serão substituídos por um futuro diferente, a reorganização da nação para um novo mundo pós-guerra. Assim, o líder militar cede lugar ao político que se prepara para uma eleição e o futuro de paz que finalmente se avizinha.

A construção do discurso pode ser entendida por meio do quadro 11, quando uma seleção de frases auxilia o entendimento da construção oral:

## QUADRO 11 – "ESTA VITÓRIA É DE VOCÊS"

| | POSITIVO | NEGATIVO |
|---|---|---|
| POVO | - Deus abençoe a todos vocês. Esta vitória é de vocês. É a vitória da liberdade em todo lugar<br>- Todo mundo, homem ou mulher, fez o melhor de si.<br>- Meus caros amigos, esta é sua hora<br>- [...] temos de começar a tarefa de reconstruir nosso bem-estar e nossas casas | |

| | | |
|---|---|---|
| **INIMIGOS** | - Saímos de um combate mortal – um inimigo terrível foi lançado ao chão e espera nosso julgamento e nossa misericórdia | - Há, no entanto, outro adversário que ocupa uma boa parcela do Império Britânico, um inimigo manchado de crueldade e cobiça – os japoneses |
| **ALIADOS** | - Vamos seguir em frente de mãos dadas com eles (os americanos). Mesmo sendo uma batalha difícil (contra os japoneses), não seremos nós que iremos falhar | |
| **TODOS** | - Esta não é a vitória de um partido ou de qualquer classe. É uma vitória da grande nação britânica<br>- Assim ficamos, sozinhos. Alguém queria ceder? (a multidão responde: "Não"!)<br>- Ficamos abatidos? ("Não!")<br>- Eu digo que, nos muitos anos que estão por vir, [...] as pessoas dirão: "Não se desesperem, não cedam à violência e à tirania, sigam em frente e morram se necessário – livres" | |

Este é, afinal, o momento do encontro de Churchill com o povo, de forma direta e sem intermediários. O herói é reconhecido por seu público e o momento se reveste de extrema emoção. Churchill e o povo na rua conversam, como bons amigos que terminaram um penoso trabalho, felizes e extenuados. A hora é de alegria e de reconhecimento.

Sempre coerente com suas crenças e atitudes, Churchill não deixa de lembrar que a guerra ainda não terminou totalmente e que muito ainda deve ser feito.

Em "Esta vitória é de vocês", pode-se, acima de tudo, identificar o humanismo do narrador, o homem por trás da fala. Suas emoções correm livres e a intimidade com a audiência é completa. Ele consegue mostrar-se como efetivamente é, um homem igual a todos aqueles que lá estão, porém de uma estatura moral monumental, porque por meio da credibilidade, conquistada ao longo de anos da guerra, alimentou a esperança de cada um dos ingleses, americanos e de tantas outras nacionalidades.

Esta união em torno da crença na vitória possibilitou que os ingleses, durante muito tempo sozinhos na guerra, pudessem enfrentar as dificuldades e perseverar. Sem alguém que mostrasse ao povo que era possível vencer, não teriam a firmeza para sobreviver, lutar e vencer.

Este líder inspirador não existiu na França, na Holanda, na Bélgica ou em outras tantas nações conquistadas. Alguns homens, com características de liderança e inspiração acima da média, fizeram com que exércitos lutassem e houvesse resistência em seus países. Pode-se citar o general Charles De Gaulle, na França, e o *partisan* Josip Broz Tito (1892-1980), nos Balcãs. Merecem destaque dezenas de milhares de pessoas que lutaram anônimas, sabotando os nazistas, resistindo às suas leis, escondendo e salvando judeus e outras minorias perseguidas, e tantos outros atos de bravura e abnegação. Por estes homens e mulheres, de grandes e largos gestos humanitários, pôde-se vencer a tirania e construir o século XX.

Churchill falava bem, seu discurso era forte e tranquilo. Neste discurso em particular, o tom inicialmente formal transforma-se numa conversa aberta, franca e honesta, num tom pessoal e íntimo.

# CAPÍTULO XV
## Discurso da renúncia

De forma imprevisível, Winston Churchill ganha a guerra, mas perde a eleição. Os ingleses, cansados da dramática luta, mostram por meio das urnas que desejam uma nova dinâmica. Por intermédio de um discurso composto apenas de dois pequenos parágrafos, entende e agradece ao povo. Ele começa a receber os primeiros resultados da eleição na manhã de 26 de julho de 1945. Ao meio dia, durante o almoço, sua esposa, Lady Clementine, ameniza o sentimento: *"É bem possível que seja uma bênção disfarçada"*, ao que Churchill, responde: *"No momento, parece bem disfarçada mesmo"*[237].

No início de 1945, Churchill saudou o ano de forma melancólica, como *"este ano novo repulsivo"*. Em 8 de janeiro escreve a Franklin Delano Roosevelt, receando que *"o fim desta guerra possa vir a ser mais decepcionante que o fim da última"*. Churchill começa também a perder apoio de seus colegas ministeriais sêniores, porque raramente *"lia nas reuniões papéis que não fossem os seus"*. Decisões militares equivocadas também contribuíram para a mudança de ambiente, como a autorização para o bombardeio e a destruição da cidade de Dresden[238]. A bela Dresden foi reduzida a cinzas sem que fosse um objetivo militar essencial nem oferecesse algum tipo de ameaça ao esforço de guerra aliado. Em 2005, cinquenta anos após a

---

237. CHURCHILL. *Jamais Ceder! Op. cit.*, p. 269.
238. JENKINS. *Churchill. Op. cit.*, p. 711, 714.

sua destruição total, Dresden, a *Florença do Elba*, assistiu à reinauguração da *Frauenkirche,* igreja construída entre 1726 e 1743, que recebeu concertos de Johann Sebastian Bach (1685-1750), quando de sua primeira inauguração.

Na política interna, desenhava-se uma quebra na coalizão do governo e uma consequente disputa partidária. Essa perspectiva provocou ambiguidade nos sentimentos de Churchill, pois ele se orgulhava da coalizão dos últimos cinco anos[239]. A eleição de 1945 foi, em grande parte, uma batalha travada no rádio, uma peça doméstica quase universal, na medida em que todos os partidos apresentaram seus programas valendo-se desta mídia.

O partido conservador de Churchill, assim como os trabalhistas, fizeram dez programas no rádio, quatro dos dez couberam a Churchill e sua linguagem, por vezes ofensiva, *"ia diretamente contra sua posição duramente conquistada de líder da nação inteira"*[240], seu grande trunfo eleitoral. O trecho que gerou maiores críticas dizia:

> Nenhum governo socialista, ao conduzir a vida e a atividade inteira do país, pode dar-se ao luxo de emitir expressões de descontentamento popular feitas em linguagem livre, áspera ou violenta. Teria que apelar para alguma espécie de Gestapo[241], claro que de início dirigida de forma muito humana. E isso cortaria a opinião pública ainda em botão; cortaria as críticas assim que surgissem, e reuniria todo o poder para os supremos líderes do partido, despontando como pináculos monumentais por sobre suas vastas burocracias de funcionários públicos, já não mais funcionários, e muito menos públicos. [...] Meus amigos, devo dizer-vos que uma política socialista é inteiramente contrária às ideias inglesas de liberdade. [...]

---

239. Idem. *Ibidem*, p. 724.
240. Idem. *Ibidem*, p. 727.
241. Gestapo (*Geheime Staatspolizei*): polícia secreta da Alemanha nazista, foi a principal ferramenta de opressão e destruição, perseguiu alemães oponentes ao regime e os judeus. Ver: http://www.jewishvirtuallibrary.org/jsource/Holocaust/Gestapo.html

Um Parlamento livre – atentai bem –, um Parlamento livre é coisa odiosa para o doutrinário socialista[242].

Os conservadores foram especialmente mal-sucedidos na comparação com os trabalhistas e liberais. Churchill não deu a atenção devida à campanha, talvez por que estivesse demasiadamente ocupado com o pós-guerra e com a conferência de Potsdam[243]. Numa carta da poetisa e romancista Vita Sackville-West (1892-1962) a seu marido, Harold Nicolson (1886-1968), ela captou bem o momento:

> Você sabe que tenho por Winston uma admiração que chega à idolatria, por isso estou terrivelmente perturbada pela ruindade de seus discursos eleitorais pelo rádio. Que aconteceu com ele? São confusos, rudes, nada construtivos, e o palavreado é tamanho que torna impossível ter deles uma impressão concreta. Se eu fosse uma indecisa, eles me empurrariam para o outro lado[244].

Naquele momento, Churchill concordava, em particular, com estas observações. *"Ele está muito caído, coitadinho"*, mencionou a esposa Clementine para a filha Mary Soames (1922-2014), em 20 de junho. [Ele] *"acha que perdeu o velho toque e se lamenta por isso"*[245].

Depois de seis anos de governo, Churchill se retira do comando da política inglesa, sendo substituído por Clement Attlee. Irá dedicar-se a escrever suas memórias, pintar e proferir palestras, embora sem afastar-se da vida partidária.

Winston Churchill ganharia outra eleição e seria primeiro-ministro novamente entre 26 de outubro de 1951 e 6 de abril de 1955.

---

242. JENKINS. *Churchill. Op. cit.*, p. 727.
243. Conferência de Potsdam: reunião entre os três grandes líderes aliados em Potsdam, ao leste de Berlim, entre 17 de julho e 2 de agosto de 1945, onde Josef Stalin pela URSS, Harry Truman pelos Estados Unidos e Winston Churchill pela Grã-Bretanha, definiram as condições da paz na Europa pós-guerra.
244. JENKINS. *Churchill. Op. cit.*, p. 728.
245. Idem. *Ibidem*, p. 728.

## XV.1 - Discurso de 26 de julho de 1945

"A decisão do povo britânico foi registrada nos votos contados hoje. Consequentemente, renuncio ao fardo que me foi entregue em tempos mais sombrios. Lamento que não me tenha sido permitido o trabalho contra o Japão. Para isso, porém, todos os planos e preparativos já foram feitos, e os resultados podem vir muito mais rápido do que até agora fora possível esperar. Muitas responsabilidades pesam sobre o novo governo, em casa e no exterior, e todos temos de esperar que eles sejam bem-sucedidos ao enfrentá-las.

Só me resta expressar ao povo britânico, para quem trabalhei em todos estes perigosos anos, minha profunda gratidão pelo firme e inabalável apoio que me deram durante a minha tarefa — e pelas muitas expressões de gentileza que foram mostradas ao seu servo".

## XV.2 - Análise do discurso de 26 de julho de 1945

Em 26 de julho de 1945, em seu gabinete em Downing Street, 10, em Londres, Churchill faz o último discurso de seu primeiro mandato como primeiro-ministro. Ainda perplexo com o resultado da eleição, em que foi derrotado, agradece e se retira da cena.

> *A decisão do povo britânico foi registrada nos votos* contados hoje. Consequentemente, *renuncio ao fardo que me foi entregue em tempos mais sombrios*. Lamento que não me tenha sido permitido o trabalho contra o Japão.
> 
> Por isso, porém, todos os planos e preparativos já foram feitos, e os resultados podem vir muito mais rápido do que até agora fora possível esperar. *Muitas responsabilidades pesam sobre o novo governo, em casa e no exterior, e todos temos de esperar que eles se saiam bem-sucedidos ao enfrentá-las.*

*Só me resta expressar ao povo britânico*, para quem trabalhei em todos estes perigosos anos, *minha profunda gratidão pelo firme e inabalável apoio que me deram durante a minha tarefa – e pelas muitas expressões de gentileza que foram mostradas ao seu servo.*

Churchill sente o golpe e está perplexo. Demonstra tristeza, mas deixa claro que já planejou os próximos passos. Apesar de tudo, sabe que a vitória na guerra se deve à sua liderança. É humilde, grato e sai de cena com a grandiosidade com que soube portar-se ao longo de todo este período. Seu pronunciamento é contido, sua tristeza e perplexidade são evidentes, mas não pode deixar que transpareçam. Faz um certo jogo teatral, mas como político experiente e democrata, deve aceitar o resultado e proceder à passagem do cargo. *Carpe diem.*

A elaboração do discurso pode ser entendida através do quadro 12, uma seleção de frases auxilia o entendimento da construção do discurso:

### QUADRO 12 - "DISCURSO DA RENÚNCIA"

|  | POSITIVO | NEGATIVO |
|---|---|---|
| **POLÍTICOS** |  | - A decisão do povo britânico foi registrado nos votos contados hoje |
| **POVO** | - Só me resta expressar ao povo britânico, para quem trabalhei todos estes perigosos anos, minha profunda gratidão pelo firme e inabalável apoio que me deram durante a minha tarefa – e pelas muitas expressões de gentileza que foram mostradas ao seu servo | - Consequentemente, renuncio |

A derrota eleitoral de Churchill é inesperada. Vários fatores contribuíram para isso, um deles é a insistência em manter um estado de guerra permanente. A população inglesa está cansada de guerra e mostra, nas urnas, sua inclinação para um período de paz e de reconstrução. O mundo não seria mais o mesmo depois da Segunda

Guerra. Em outro célebre discurso, feito em Fulton, Missouri, em 5 de março de 1947, Churchill declarara que *"de Stettin, no Báltico, até Trieste, no Adriático, uma cortina de ferro for arriada sobre o continente (europeu)"*.

Apesar da derrota eleitoral, não se sente magoado com o povo, nem com o resultado das urnas. Pelo contrário, entende o direito e a decisão democrática. Afinal, foi por esta causa que ele lutou. Ele se despede da mesma forma magnânima como se comportou na guerra, em respeito a tudo em que acreditava e pelo que havia lutado. Como disse certa vez: *"dificuldades superadas são oportunidades ganhas"*[246].

Neste discurso curto e específico, Churchill resume sua identidade de *ethos* com humanidade, caráter e inteligência. Respectivamente, categorizam-se suas emoções, sua força de espírito e sua habilidade. Seu governo terminara, mas sua vida renascera e Churchill deixa provisoriamente a política para entrar no panteão dos heróis. Sua credibilidade está no auge e permanecerá assim ao longo dos tempos. Como dissera em "Os poucos", *"o direito de orientar o curso da história do mundo é o preço mais nobre da vitória"*. Coube a Churchill comandar uma parte importante da trajetória da Segunda Guerra, da forma vitoriosa como ocorreu.

---

246. ENRIGHT. *A Verve e o Veneno de Winston Churchill*. Op. cit., p. 162.

# CAPÍTULO XVI
## Sobre discursos e a Segunda Guerra

Ao longo deste livro, buscou-se salientar, em termos gerais, a importância do discurso e da retórica de Winston Churchill e, em termos específicos, a relação da teoria da análise dos discursos, relacionando-as com a realidade histórica, as causas e o efeitos de sentido, ao longo da Segunda Guerra Mundial. Pode-se observar que a experiência repartida entre Churchill, os ingleses e outros povos envolvidos foi a da construção de um ambiente de grande motivação para o enfrentamento das dificuldades inerentes à guerra. Churchill, desta forma, conduziu a civilização ocidental para que mantivesse o esforço até a vitória final e a rendição incondicional dos beligerantes.

Os discursos de Churchill vieram a se colocar como equivalentes a armas de combate, poderosos como bombas, no sentido de aglutinar forças para a continuidade da luta. Apesar das fortes resistências que enfrentou no início de seu governo, Churchill foi construindo, em torno de si, por meio de suas decisões, palavras e ações, a imagem do grande estadista, condutor da desafiante tarefa bélica.

Quando assumiu o posto de primeiro-ministro, em maio de 1940, a situação da Inglaterra era desanimadora e terrivelmente preocupante. A Alemanha ocupava praticamente toda a Europa Ocidental e a ameaça de invasão das ilhas inglesas era iminente. Com forças em menor número, relativamente mal armado e com tropas mal treinadas, Churchill apela para a dignidade e para a grandeza dos ingleses ao declarar que aquele momento, em específico, seria *seu melhor momento*[247].

Por meio da análise dos discursos do estadista durante a Segunda Guerra Mundial, desponta a importância e a força dos argumentos, sob a ótica de um poderoso emissor, que se dirige a receptores ávidos por encontrar um líder que os conduzisse à vitória e à liberdade. Os efeitos desses discursos foram interpretados por intermédio da pesquisa histórica, na bibliografia existente e nos arquivos disponíveis, em instituições e organizações ligadas à manutenção das informações sobre Winston Churchill, mas, sobretudo, tendo como base seus diferentes elementos retóricos.

Tivesse Churchill morrido em 1939, ele teria sido lembrado apenas como um político de direita, com uma carreira encurtada e eloquente com relação às ameaças da política de apaziguamento, levada a cargo pelo governo de Chamberlain, anterior a ele[248]. Sua trajetória determinada e, às vezes, errante, conduziu-o à liderança no momento mais decisivo da moderna história ocidental, encontrando-o preparado para o desafio. Diversas vezes, como se viu aqui, Churchill expressou sua satisfação por estar conduzindo o país em tempo de guerra.

A retórica, devido à sua flexibilidade enquanto disciplina, pode ter como objetivo a criação e divulgação de discursos com o objetivo de convencer. Ela é uma forma de comunicação, uma ciência que se ocupa dos princípios e das técnicas de comunicação com fins persuasivos. O falar persuasivo está intimamente ligado à expressão que se dirige a uma multidão, se consolida como a arte de pensar e de comunicar este pensamento.

Churchill utiliza-se da ênfase de uma nova retórica que está no receptor, no recebedor da mensagem, ou no *público*. Conhecê-lo bem, de modo a empregar as linguagens corretas ou adequadas

---

247. CHURCHILL. *Jamais Ceder! Op. cit.*, p. 271.
248. MUKUNDA, Gautam. *Indispensable: When Leaders Really Matter*. Boston: Harvard, 2012, p. 155.

para a apresentação dos argumentos e o seu convencimento são de suma importância e, sob este aspecto, poucos políticos daquela época tiveram tamanha aptidão como Churchill.

A retórica foi utilizada com a intenção de persuadir, pois pressupõe um receptor que compreenda e saiba avaliar os argumentos apresentados. Para que se estabeleça um ambiente retórico, é fundamental que se viva em um ambiente democrático, quando os interlocutores possam ser reconhecidos como capazes de receber argumentos e possam ser convencidos.

Para que o discurso político exista, deve ocorrer em um campo político, em que as questões da *ação política*, de sua finalidade e de sua organização, as *instâncias* que são partes interessadas e os *valores*, em nome dos quais as ações são realizadas, interajam simultaneamente. Sob este enfoque, Churchill compreende a importância histórica do momento e, constantemente alerta, de forma clara e objetiva, o que está em jogo. Seus pronunciamentos, especialmente no período que compreende sua escolha como primeiro-ministro, até a entrada dos Estados Unidos na guerra, são marcados pela eloquência, grandiosidade e apelo à luta pela sobrevivência do *status quo* de todo o povo e da nação inglesa. A ação política é o discurso e sua mobilização; as instâncias são todos os povos livres ou aqueles que desejam livrar-se da tirania; e os valores são a luta pelos conceitos fundamentais da civilização ocidental, que devem ser sempre evocados.

Todo ato de linguagem emana de uma pessoa em relação à outra, segundo um princípio de *alteridade* quando, sem a existência do outro, não existe consciência de si. Dessa relação nasce o princípio de *influência*, para que esse *outro* pense e atue segundo a intenção do primeiro. Churchill assume e, mais do que isso, personaliza a luta pela liberdade. Sua forma de agir, falar e vestir-se, as constantes visitas às frentes de batalha e às zonas bombardeadas nas cidades inglesas, o charuto sempre presente, a mão estendida com o "V" indicado por seus dedos, são marcas ou signos de sua presença. Tais manifestações vão construindo em torno dele um imaginário popular do líder que está próximo, em que pese sua origem nobre e sua aprovação nem sempre unânime.

A instância do discurso na política, que é de caráter de decisão, deve, portanto, agir em função do *possível*, sendo que a instância cidadã o elege para realizar o *desejável*. O estudo do discurso político *"trata de definir uma forma de organização da linguagem em seu uso e em seus efeitos psicológicos e sociais, no interior de determinado campo de práticas"*[249].

Na análise do discurso questiona-se sobre as apresentações orais que tornam possível o surgimento de uma racionalidade política e a regulação dos fatos políticos. As estratégias do discurso político trabalham para gerar adeptos. O comportamento das massas depende de discursos simples, carregados de mitos e símbolos, que encontrem eco em suas crenças, suscetíveis de provocar uma adesão instantânea. O sujeito político procura se mostrar crível e persuadir o maior número de pessoas que compartilhem valores semelhantes. Ele deve, *"portanto, fazer prova da persuasão para desempenhar este duplo papel de representante e fiador do bem-estar social"*[250].

Portanto, toda formação discursiva é construída de modo a obter a adesão da plateia. Os elementos retóricos e persuasivos habitam a fala e se tornam reais através dos signos, na materialização de ações e gestos. Imagens são elaboradas e percebidas pelos ouvintes por meio de frases conscientemente construídas para gerar efeitos de sentido, buscando uma mensagem sólida e objetiva. O mesmo sentido de persuasão é exercido por meio de efeitos de silêncio, quando a pausa dá consistência ao conteúdo da mensagem.

Adolf Hitler, seu grande inimigo, usava das mesmas técnicas retóricas, associando imagens fortes, poses fotográficas estudadas e treinadas e a exploração de cenários mágicos e lúdicos. Suas apresentações para as massas eram detalhadamente planejadas e filmadas com dramaticidade por Leni Riefenstahl (1902-2003) e moldaram,

---

249. CHARAUDEAU. *Discurso Político. Op. cit.*, p. 32.
250. Idem. *Ibidem*, p. 79.

em torno de Hitler, uma aura de um herói mitológico e indestrutível. Sua imagem, até hoje, nos relembra das façanhas mais horríveis que a humanidade pode exercer.

Voltando a Churchill, suas constatações sobre a Alemanha nazista, bem como os erros da política de apaziguamento, se mostraram acertadas e seu retorno ao governo acabou se tornando irrefreável, em setembro de 1939. Com a incapacidade do governo de Chamberlain de dar combate efetivo na guerra, Churchill acaba sendo o único governante capaz e com conhecimento para liderar, disponível e preparado para o momento.

Não se tratava da unanimidade que hoje se pode observar, e, portanto, sua ação é rápida. Primeiro, precisa conquistar a confiança dos membros do Parlamento para poder governar. Inicia seu mandato com o discurso "Sangue, trabalho, suor e lágrimas" que, segundo John Lukacs, foi o *"discurso que mudou a história"*[251]. Sua dedicação e doação à tarefa, assumida de forma profunda, sincera e abnegada comove a classe política, que começa a perceber uma mudança naquele personagem que, nos dez anos anteriores, havia sido colocado de lado por sua intolerância e radicalidade.

Pouco mais de um mês depois de assumir o governo, Churchill enfrenta um horizonte sombrio e aterrador. A guerra estava sendo perdida e isso poderia representar o final do Império Britânico. A ameaça de Hitler era real, e os sucessos alemães reduziram o ânimo de luta das nações vencidas. A França estava derrotada e a Inglaterra se via sozinha. O pior poderia acontecer. Churchill não permitiria esta derrota. Mais do que querer, precisava fazer com que os ingleses entendessem que não haveria outra forma de contornar esta realidade do que o enfrentamento feroz. Este seria *"o seu melhor momento"*, o ápice da civilização ocidental, que viria da reunião de suas mais intensas forças e por meio da união em torno da luta pela sobrevivência dos ideais de liberdade e democracia. Em um discurso longo, em que explica a situação de forma aberta e transparente, Churchill lembra

---

251. LUKACS. *Churchill e o Discurso que Mudou a História*. Op. cit.

pelo que estão lutando e alerta que esta é a única opção reservada à Inglaterra. O "melhor momento" representa uma nova liderança, engajada na vitória, por mais paradoxal que fosse naquele momento crítico.

  A vitória, única saída para os ingleses, virá somente se todos acreditarem que, juntos, poderão alcançá-la. A luta será travada por todos: pelos soldados, nos *fronts*; pelos operários, nas fábricas; pela população voluntária, no guarda civil, na vigilância dos cidadãos contra atividades suspeitas dentro do país por ações de espionagem. É uma guerra total, que envolve a todos de forma incondicional, e não encontra paralelos anteriores. O discurso da "Guerra dos soldados desconhecidos" é a demonstração de que a vitória, ou a derrota, recairá sobre todos, de forma indistinta e que, por isso, o empenho coletivo será necessário. Esta imagem, construída por Churchill, dá uma nova perspectiva à guerra e à opinião pública inglesa. Até a Primeira Guerra, os conflitos envolviam os exércitos e as honras, as glórias e os espólios das conquistas coloniais. A Primeira Guerra é uma luta entre exércitos por disputas territoriais, mas que se manteve a distância da população.

  Esta nova guerra representava um outro marco, uma luta por ideais, a liberdade contra a tirania, e ao vencedor caberia, além do domínio de extensões territoriais e riquezas, o aniquilamento da forma de vida de diversos povos derrotados. Os efeitos da guerra eram distribuídos entre os exércitos e a população em geral, sendo que esta experimentava uma violência até então desconhecida. A união de todos significava, então, a única forma de vencer. Era necessário que todos se sentissem responsáveis pelos resultados e que dessem o melhor de si e a máxima contribuição.

  Após a queda da França, tem início a *batalha da Grã--Bretanha*. A Alemanha faz ataques aéreos para destruir as defesas aéreas britânicas, preparando a invasão por mar e a Inglaterra está relativamente armada, com o retorno de cerca de 350 mil soldados que escaparam de Dunquerque. O entendimento geral é que chegou o momento de lutar contra o inimigo e mostrar aos alemães que os ingleses não podem ser vencidos. A defesa é realizada, especialmente, pela força aérea inglesa, composta de aviões modernos e competitivos, e pilotos que, se menos treinados do que os alemães, sentiam-se mais motivados. Este número pequeno de homens, em milhares de missões, atacou os bombardeiros e caças alemães com extrema vantagem, à razão de uma perda para cada três ou quatro perdas do inimigo.

O sucesso é notável e Churchill, de forma eloquente e ao mesmo tempo humilde, confere a estes homens o crédito pela defesa da nação. Ao dizer que *"nunca, no campo do conflito humano, tanto foi devido por tantos a tão poucos"*, Churchill agradece a bravura e eficiência dos pilotos, em nome de toda a nação. Sem o sucesso da RAF, a batalha teria sido perdida e a invasão alemã poderia ter ocorrido. A mensagem de humildade, ao transferir o crédito a seus pilotos, demonstra a grandeza e a magnanimidade de um líder que conhece o caminho da vitória. A mensagem de que a guerra será vencida por todos, auxiliando de acordo com suas capacidades, é clara e sincera.

A guerra começa a tomar novos caminhos com avanços no norte da África e a desistência dos alemães em invadir a Inglaterra. A tensão que marcava maio e junho de 1940 vai se dissipando, e o apoio americano, em termos logísticos, se transforma em uma vantagem irreversível. Churchill, convidado para um evento em sua antiga escola, aproveita o momento para unir a nação, mais uma vez, e ratificar os objetivos ingleses. Ao reafirmar a determinação na vitória e que *"a lição é jamais ceder, jamais ceder, jamais, jamais, jamais, jamais..."*, repete incansavelmente a mesma palavra. A ênfase do termo *jamais* [*never*, em inglês], em termos retóricos, proporciona um elemento de força, a partir de sua convicção pessoal, que está sendo transferida para todo o povo. Churchill reafirma, mais do que nunca que, passados os severos momentos do início da guerra, a vitória seria possível. Dias gloriosos estão por vir: é nisto que devem acreditar os ingleses e o mundo livre.

Reafirmada a confiança, o mundo é surpreendido pelo ataque japonês aos Estados Unidos. O grande aliado, finalmente, entra na guerra e Churchill sabia que, quando isso ocorresse, a vitória estaria mais próxima. O que foi um ato de guerra impensável acabaria se transformando na grande oportunidade para virar a situação e vencer. Menos de vinte dias depois do ataque, ele vai aos Estados Unidos para uma série de encontros com o presidente Roosevelt, a fim de planejar os passos seguintes. Ao ser convidado para uma sessão conjunta do Congresso e do Senado americanos, sabe que tem à sua frente as condições mais favoráveis para obter o apoio político para a guerra. Assim como em "Sangue, trabalho, lágrimas e suor", este é o momento de vencer no campo político e obter o apoio para as ações aliadas.

De forma humorada, Churchill inicia seu discurso lembrando sua ascendência materna americana, construindo uma ligação pessoal e íntima, antes da instituição de pontes políticas e militares. Toda a mensagem é constituída por ideais que são os pilares de ambas as sociedades – a liberdade e a democracia. Churchill dá a entender que é por elas que estão todos lutando, e que o objetivo é a vitória final e a rendição incondicional dos inimigos. Nenhuma tirania poderia ser suportada, e esta relação que tem sua institucionalização reiterada neste discurso, permanece até os dias de hoje. Churchill tem clara visão de que o mundo viria a ser liderado por ingleses e americanos. O que ele não podia prever é que esta liderança estava sendo passada do Império Britânico para os Estados Unidos.

A entrada dos americanos no conflito alterou de forma definitiva seu andamento. A vitória seria alcançada, seria questão de tempo. O exército russo, armado e suprido pelos aliados, e contando com grandes efetivos humanos, já mostrava avanços na frente oriental. Confiantes, mais bem armados e mais organizados, os aliados esboçam o Dia D e a invasão da França, Churchill informa o plano e demonstra o entendimento entre diferentes exércitos e governos.

À medida que a Alemanha vai sendo derrotada, o horror dos campos de concentração vem à tona. Churchill e o general americano Dwight Eisenhower empreendem todos os esforços para que a memória destes fatos não seja destruída, as provas devem ser mantidas para que os eventos nunca sejam esquecidos e permaneçam gravados na memória de todos. Lembrá-los para nunca mais repeti-los, é a mensagem de Churchill. O Holocausto será denunciado graças à ação firme e rápida de diversos líderes, e Churchill e o general Eisenhower têm papel preponderante neste momento.

A vitória, ao final, é alcançada, e o momento é de júbilo. O líder conduziu seu povo até o objetivo final, mas de forma humilde ele lembra que *"esta vitória é de vocês"*. Ele sabe que ainda há muito a ser feito, a guerra contra o Japão continua e a ameaça comunista paira agora sobre as nações da Europa Oriental, ocupadas pelos soviéticos. A mensagem sugere felicidade, porém ele é claro sobre o futuro imediato, eivado de desafios e carente de definições.

Esta insistência, somada a uma campanha eleitoral mal conduzida por seu partido e por ele, pessoalmente, faz com que Churchill perca a eleição subsequente. Parece paradoxal que o homem que venceu uma guerra tão terrível como esta venha a perder uma eleição, disputada logo ao seu final. Churchill era um líder para tempos de guerra, mais do que um homem para tempos de paz. Sua grandiosidade, em momentos de extrema complexidade, transformava-se em teimosia e incapacidade de desenhar panoramas mais brandos em vigência da paz. Cansados da guerra, os ingleses mandaram seu líder para casa. Mais tarde, Churchill seria eleito para mais um mandato, sob novas condições políticas, para que pudesse dar encerramento à sua longa carreira.

A liderança de Churchill foi exercida e construída sob uma retórica de grande poder persuasivo, por meio de discursos coerentes e frases que marcaram a audiência naqueles momentos históricos. Pode-se, hoje, analisar o poder específico que elas produziram e o objeto deste livro reside exatamente nisso.

As estruturas retóricas estão evidenciadas nas análises e os efeitos de sentidos descritos. Seus discursos, organizados pessoalmente pelo orador, lançaram mão de frases e referências que calaram fundo na alma de cada cidadão. A lembrança da história gloriosa de um grande império auxiliou na formação de um ideal único de defesa e uniu os ingleses e todos os povos livres em torno desta bandeira.

Sempre de forma direta, clara e realista, Churchill relatou fatos e ampliou a discussão, ao mesmo tempo em que foi firme e intransigente em um objetivo simples e comum – a defesa da civilização ocidental e a derrota incondicional dos inimigos, para que o nazifascismo jamais renascesse. Em que pese outras ditaduras e formas de totalitarismo surgirem e ainda persistirem hoje em dia, a maior ameaça daquele momento foi conjurada.

Churchill consegue, através de seus discursos, agrupar e motivar plateias. Ao longo de todo o período da guerra, exemplificado nos discursos aqui analisados, existe uma constante busca pela união de forças, pela manutenção da esperança e pela vitória incondicional. A prática nos discursos se mostra constante em torno destes três motivos – união, esperança e vitória. E o objetivo da vitória é a manutenção da liberdade e da democracia que, em última instância, representam os valores da sociedade ocidental.

Por vezes, Churchill repete palavras para reforçar de maneira vigorosa seus objetivos. Esta redundância retórica é constante e permeia todas as suas manifestações. Ao abusar da palavra *jamais*, oito vezes no mesmo parágrafo, não permite nenhum pensamento senão um sentimento de vitória, desestimulando qualquer consideração pessimista.

Suas mensagens são diretas, não há preocupação por ornamentos de retórica, sentidos duplos ou metáforas. Churchill diz o que pensa, o que precisa ser feito e o que pretende alcançar com suas ações. Outra constante prática é a explanação dos fatos cotidianos da guerra através de relatos acurados em uma linguagem franca e jornalística. Esta forma de expressar-se garante credibilidade, pois ao narrar os fatos como acontecem trata de narrar para a população a real situação que estão enfrentando.

Analisados os discursos à luz das tabelas sugeridas aqui, pode-se observar o gênero persuasivo destes, como sendo deliberativo, pronunciados no ambiente das assembleias e epidíctico, pois procuram realçar os fatos, apelando para um ordenamento a fim de conquistar a audiência.

Em relação aos cânones retóricos, percebe-se que as categorias mais utilizadas são a invenção e a disposição. Na primeira categoria, a invenção, reside a origem dos argumentos, onde o *ethos* dá credibilidade ao autor e o *pathos* apela à emoção para prender a atenção da audiência e oferecer a ela uma mensagem objetiva. A disposição permite uma organização dos argumentos, de forma a fazer com que os discursos se apresentem num crescente, entre a informação e o convencimento. Por vezes, o clímax está no meio do discurso, como em "Sangue, trabalho, suor e lágrimas", e às vezes no final, como "no melhor momento". Em todos os casos aqui estudados, a argumentação é deliberadamente formatada de modo a envolver e persuadir.

As estruturas lógicas utilizadas por Churchill podem ser caracterizadas pelas subdivisões de identidade e definição, quando o orador identifica diversos elementos objetos do discurso. Em "os poucos", o objeto são os pilotos ingleses e a luta pela defesa da Inglaterra. Quando fala na sessão conjunta do Congresso e do Senado americano, ele discorre abertamente sobre diversos objetos, descrevendo o panorama da guerra, os objetivos a serem alcançados, a urgência na tomada das decisões e os elementos a serem levados em conta.

Os argumentos são desenvolvidos de forma a comparar a realidade com as ações tomadas. Ligam acontecimentos quer às suas causas, quer às suas consequências, como por exemplo, quando fala nos campos de concentração e o esforço em manter as evidências do Holocausto para as gerações futuras. Churchill faz uso de relações entre pessoas e seus atos, quando chama Mussolini de *"servo e lacaio"*, diante dos congressistas americanos.

Churchill faz uso de analogias, exemplos e ilustrações. Para reforçar suas expressões, ele generaliza o comportamento nazista, insiste em deixar os fatos presentes na consciência da plateia e estabelece relações entre os diversos atores da guerra, por exemplo, ao ressaltar a importância da participação americana para que se alcance a vitória.

Pode-se observar que os discursos de Churchill procuram atingir públicos diferentes com mensagens distintas. Percebe-se que grande parte da atenção é dada ao povo e aos políticos. Ao povo,

Churchill narra os fatos da guerra e insiste em uma mensagem de esperança, realidade e união para, inicialmente, resistirem aos ataques e, depois, na luta até a vitória contra o inimigo. Na arena política, procura a união de todos os partidos, pois sabe que, no caso de uma crise política, quem se beneficiaria seriam os inimigos. Para que esta união se mantenha, é necessário que ele manifeste ao Parlamento a verdade no *front* de batalha, os riscos envolvidos e as possibilidades efetivas de vitória. Em suma, seu trabalho com os políticos envolve a construção da sua credibilidade e a preservação dela.

Churchill trabalha a emoção do ponto de vista do *ethos* do orador, sua credibilidade se alimenta de suas virtudes, demonstradas a partir de sinceridade, transparência e honestidade pessoal, além de sua competência, por meio de seu saber, habilidade, conhecimento da guerra, poder e experiência. Ele se identifica com sua plateia, o povo e os políticos, principalmente, com sua inteligência, a admiração que irradia e sua humanidade, por meio da demonstração de sentimentos, confissões, grandeza espiritual e, às vezes, por suas fraquezas e compaixão. Além disto, Churchill sabe exercer a chefia neste momento de crise, ao assumir o papel de guia e comandante, apresentando-se como o líder capaz, quando este papel se faz mais imprescindível. Por fim, ele é um homem que se coloca ao lado de seu povo, ouvindo suas palavras e fazendo-se presente em inúmeras situações, como quando visita as tropas no *front* ou as cidades bombardeadas, com Clementine.

Ao longo de seus discursos, Churchill fala bem, forte e tranquilo, demonstrando inteligência, caráter e liderança. Os procedimentos enunciativos são, em sua maioria, elocutivos e de elocução, quando utiliza qualitativos de forma constante e um tom confessional para demonstrar sua convicção e compromisso. Em "jamais ceder", fica clara sua convicção nos valores do povo inglês e sua convicção na vitória como única opção.

O legado dos discursos de Churchill é o reconhecimento do poder que as palavras produzem no imaginário dos povos, capacitando-os a lutar pela liberdade e pela democracia. Nunca mais vamos assistir às tiranias e ditaduras de forma impassível. Vive-se hoje não em um mundo perfeito, mas em um constante estado de alerta com relação àqueles que atentam contra as liberdades individuais e coletivas, em detrimento da democracia e do respeito às leis e à soberania. Os discursos de Churchill, neste sentido, ficam como o registro fiel de uma percepção correta de um momento de crise; a avaliação coerente dos desafios a serem enfrentados e as táticas e estratégias a serem escolhidas para o resultado almejado e necessário: nada mais que a vitória.

# CAPÍTULO XVII
## Churchill e o século XXI

Seria Churchill uma personagem atual ainda hoje? Haveria lugar para Winston no século XXI? Já que é um século em que nos tratamos com maior intimidade e nos comunicamos por "tu" e "você", tomo a liberdade de chamá-lo de Winston. Fico pensando como seriam seus tuítes, como rebateria ou apoiaria Trump (1946), suas conversas com Elon Musk (1971), quantos amigos teria no Facebook ou que fotos publicaria no seu Instagram? O que diria Churchill, guardado o devido respeito, a Xi Jinping (1953) ou Lula (1945)? Estaria em guerra? Ou prevendo a próxima?

Vivemos em um mundo em rápida e inequívoca transformação. As tecnologias evoluem em velocidade exponencial, permitindo a disrupção completa de mercados, empresas, contratos e meios de pagamento, alterando nossa perspectiva de futuro e nos atirando, sem volta, a um admirável mundo novo. Doenças, que antes tínhamos como mortais, começam a ser combatidas e vencidas. O custo da energia cai consideravelmente todos os anos em que pese a eventual crise da invasão da Ucrânia quando novas tecnologias renováveis se evoluem com a revolução tecnológica.

Novos termos e tecnologias como a computação infinita, sensores e redes, robótica, impressão 3D, biologia sintética, medicina digital, nanotecnologia, nanomateriais e inteligência artificial estão disponíveis e, mais do que isso, já estão entre nós, alterando as relações de trabalho e a própria definição do papel do homem nesta urbe sem precedentes na história.

Um fantástico futuro se desenha à nossa frente com energia acessível, mais saúde, menos estresse, maior participação e mais colaboração espontânea e individual.

Por outro lado, observa-se um horizonte nebuloso. Vemos o acirramento de conflitos e guerras por intolerância religiosa, minorias que tendo alcançado aceitação e espaço na sociedade tratam de impor sua agenda a todos e o renascimento do socialismo e do comunismo, sem a lembrança perversa de suas consequências sociais e economicamente desastrosas. A liberdade que permitiu os avanços tecnológicos e sociais, a diminuição da pobreza extrema e a inclusão de minorias antes perseguidas estão ameaçadas. Uma reação contrária a estas mudanças que se desenham no horizonte procuram levar o mundo a um cenário de sombras e violência.

Percebemos um esgotamento dos partidos políticos nas democracias ocidentais sem o desejável surgimento de líderes capazes de organizar uma agenda em torno da sustentabilidade de suas nações. Ao mesmo tempo, governos ditatoriais caem, gerando um vácuo de poder, quando a governabilidade e o próprio senso de nação deixam de existir.

A atual crise de liderança e os vácuos de poder frequentemente favorecem o surgimento de falsos profetas, "salvadores da pátria", e todo tipo de aventureiros, cujo objetivo é a construção de projetos de poder e não de Estados. Se Churchill fosse um líder populista nos moldes deste século, teria ou manipulado a eleição de 1945, ou a postergado, alegando ser um momento de crise, ou daria um golpe e manteria o poder com o apoio de forças militares. As eleições de Trump, nos Estados Unidos; Macron, na França; os movimentos separatistas catalães e o Brexit são expressões destes sentimentos difusos, não elaborados e em busca de soluções fáceis. Por coincidência ou não, a campanha para a saída da Grã-Bretanha do Mercado Comum Europeu foi coordenada pelo ex-prefeito de Londres e ex-primeiro--ministro britânico, Boris Johnson, autor do livro *O Fator Churchill:*

*Como um Homem Fez História*[252], sendo este político um profundo conhecedor da herança política de Churchill.

A disrupção de mercados por meio das novas tecnologias e a exponencialidade dos negócios das *startups* vêm desconstruindo empregos nos moldes clássicos em todo o mundo, mas por outro lado, geram oportunidades antes impensadas de trabalho. A estrutura formal de emprego é substituída pela lógica do trabalho e de contratos diretos entre indivíduos, confirmados por *blockchain*[253] e pagos em *bitcoins*[254]. Temos cada vez mais tempo livre e o trabalho não precisa ser mais realizado em um escritório fixo para onde temos que nos deslocar todos os dias, entupindo ruas, emitindo gás carbônico e perdendo tempo. O trabalho pode ser feito de qualquer lugar, a qualquer hora.

As superestruturas de governos começam a falhar, seja por incapacidade de compreensão, falta da visão, vontade política ou pela pressão das corporações sindicais, o que fica especialmente claro na Europa continental e na América Latina, quando mínimas alterações propostas pelos governos nas estruturas previdenciárias geram enormes e paralisantes protestos e greves.

As empresas, das pequenas às grandes, estão tratando de desenvolver novas aptidões ou mudando de mercados, meios de pagamentos, produtos ou serviços. Perceberam este novo horizonte e observam os exemplos de empresas que não viram chegar o futuro,

---

252. JOHNSON, Boris. *O Fator Churchill: Como um Homem Fez História*. Trad. Renato Marques. São Paulo: Planeta, 2015.
253. Os *blockchains* (cadeia de blocos) são um sistema de contabilidade. São uma maneira de esclarecer e validar um registro, uma transação. Porém, ao contrário de outros sistemas, o registro gerado pelo *blockchain* é distribuído; está presente em todas as partes onde o *software* é rodado.
254. É uma moeda digital do tipo criptomoeda descentralizada, e também um sistema econômico alternativo, apresentada em 2008 na *The Cryptography Mailing* por um programador ou um grupo de programadores, de pseudônimo Satoshi Nakamoto. É considerada a primeira moeda digital mundial descentralizada, e tida como responsável pelo ressurgimento do sistema bancário livre. Sobre a temática, ver: ULRICH, Fernando. *Bitcoin: A Moeda na Era Digital*. Pref. Jeffrey Tucker. São Paulo: Instituto Ludwig von Mises Brasil, 2014.

como Kodak e Blockbuster. A Kodak, que sumiu, pode ser comparada à sua concorrente Fuji que, atenta à mudança da maré, se transformou em uma das maiores fornecedoras de câmeras digitais no mundo – especialmente aquelas embarcadas em celulares e *tablets*.

A transformação do emprego em trabalho e o virtual fim das aposentadorias geram enorme insegurança, notadamente para aqueles de dependem de estruturas governamentais. O entendimento de que governos pequenos, que interferem pouco nas decisões dos indivíduos, funciona melhor e criam sociedades mais ricas e prósperas, tem avançado, relação que fica clara em listas comparativas de nações como o *Doing Business Index,* do Banco Mundial, o *Index of Economic Freedom,* da Heritage Foundation e o *PISA Index*, da OCDE[255], sobre educação no mundo. Quanto menor governo e maior a liberdade econômica, menor a pobreza, mais rica a sociedade e o indivíduo.

Ao mesmo tempo existe um clamor por mais governo e por regimes que invistam mais em programas sociais e coletivos. Nos Estados Unidos, camisetas com a efígie de Che Guevara circulam nos *campi* universitários, sem que haja um real conhecimento do guerrilheiro incoerente e violento que foi, ainda que glamourizado e incensado pela mídia. Na Inglaterra, o Partido Trabalhista teve como líder Jeremy Corbyn, um extremista de esquerda que pregava justiça social e igualdade de classes, ao preço de desapropriações e maiores impostos. Este discurso e prática socialista já se mostraram impraticáveis sempre que aplicados, normalmente terminando em governos totalitários, economia em ruínas, população empobrecida e escravizada por uma minoria dirigente, exemplo contundente da antes rica Venezuela.

É necessário destacar de forma positiva os movimentos em favor do reconhecimento de diversas minorias, entendendo que são todas aquelas comunidades ou grupo de pessoas, que têm costumes ou características próprias, distintas de um padrão de comportamento

---

255. OCDE – Organização para a Cooperação e Desenvolvimento Econômico.

social antes considerado ideal. Em regimes democráticos existe um ambiente tolerante e aberto para que minorias religiosas pratiquem suas crenças, raças convivam de forma harmônica, casamentos homoafetivos sejam abrigados pela lei, enfim, democracias oferecem espaço de convivência e entendimento para todos.

No entanto, grupos não satisfeitos com a mera aceitação e convívio desejam que suas teses, gostos e comportamentos sejam transformados em prática, atuando de forma proselitista e sem aceitar o livre-arbítrio de outros. Movimentos sociais tentam impor suas vontades sobre o direito individual, passando por cima de convicções pelas quais eles mesmos lutaram. Novas fronteiras estão sendo desenhadas e o conflito é inerente quando minorias que antes pregavam reconhecimento e tolerância agora se transformaram em grupos sectários e intolerantes.

Os direitos das minorias religiosas, das mulheres, de raças e da comunidade LGBT não são respeitados em ditaduras, sejam elas populistas ou teocráticas, fato especialmente verdadeiro em regimes liderados ou com forte influência de elites religiosas, como em parte da África e várias regiões do Oriente Médio.

A ameaça do terror religioso, especialmente o exercido pelas minorias radicais islâmicas, é outro importante marco deste mundo. Em certos bolsões do Oriente Médio, lideranças utilizam a religião com ideologia de poder inspirada no Corão e impuseram às populações locais leis e costumes adaptados ao exercício deste poder. Em países como Irã, Síria, Afeganistão e Iêmen, minorias cristãs têm sido perseguidas, mortas ou expulsas. Na Arábia Saudita não são permitidas igrejas, e em todo o Oriente Médio quase não existem mais comunidades judaicas, antes numerosas e que viviam em harmonia.

Além da dominação em seus locais de origem, estes grupos religiosos-políticos partiram para a invasão da Europa e dos Estados Unidos. A imigração iniciada nos anos 1960 e 1970 tomou proporções inimagináveis após a queda do ditador Muammar Al-Gaddafi na Líbia e o recrudescimento das guerras no Iraque e na Síria, especialmente depois do surgimento do ISIS[256]. A tolerância construída no Ocidente fez com que ao longo destes quase cinquenta anos a comunidade muçulmana crescesse demograficamente numa razão maior que a dos europeus. Em quase todas grandes cidades da Europa, bairros e regiões são controladas por grupos religiosos islâmicos, impondo suas leis e promovendo a expansão de uma mentalidade antiocidente.

O *ovo da serpente*[257] já se abriu há algum tempo e, além dos grandes atentados que ocorrem de tempos em tempos e ocupam os noticiários da semana, pequenos eventos ocorrem todos os dias e passam despercebidos do *mainstream*. Churchill, em maio de 1940, falando sobre a queda da França e da Bélgica, argumentou que *"muitos destes países foram envenenados pela intriga, antes de serem destruídos pela violência"*. A percepção da Europa a respeito deste movimento ainda é reduzida e a resistência frágil.

A minoria radical islâmica, dirão alguns, é aceita por boa parcela da comunidade islâmica. O Ocidente, especialmente a Europa, assiste pacificamente a este processo destrutivo que a corrói de dentro para fora.

Esta, porém não é a única ameaça moderna; ela hoje atende pelo nome de pós-modernismo, descrito por Stephen Hicks. Segundo ele:

> Os debates modernos giravam em torno da verdade e da realidade, da razão e da experimentação, da liberdade e da igualdade, da justiça e da paz, de beleza e progresso. No contexto pós-moderno, estes conceitos sempre aparecem entre aspas. Seus representantes mais vociferantes contam-nos que "Verdade" é um mito. "Razão" é um construto egocêntrico, de homens brancos. "Igualdade" é uma artificio para marcarar opressão. "Paz" e "progresso" confrontam-se

---

256. Estado Islâmico do Iraque e Levante é uma organização jihadista islamita de orientação salafita e uaabista que opera majoritariamente no Oriente Médio.
257. Expressão popular que serve como parâmetro para tudo que, ao nascer, possa a vir a ser pernicioso e poder causar futuros prejuízos à sociedade.

com velhas e cínicas demonstrações de poder – ou com ataques explícitos *ad hominem*[258].

Este movimento desagua em um processo revisionista dos avanços modernos, obliternando o fato de que a redução da pobreza extrema advém da ampliação das relações comerciais entre nações e pessoas – fato gerado pelo capitalismo e pelo crescimento das liberdades individuais. O marxismo clássico assume as escolas e universidades, os grandes veículos de mídia e os sistemas judiciais definindo que o capitalismo é explorador, que o socialismo é humano e pacífico, que o capitalismo é menos produtivo e distributivo do que o socialismo, e que as nações pós-socialistas inaugurarão uma nova era de prosperidade.

A geração de constantes conflitos, sejam brancos e negros, ricos e pobres, cristãos e muçulmanos, hidus e chineses, a destruição das relações familiares, a multiplicação de caracterizações de gêneros são algumas das estratégias do pós-modernismo para causar o caos e destruir a sociedade ocidental em nome de um novo ou neossocialismo, de governos globais em nome de um igualitarimo inexistente e impossível na prática. A imposição de um sistema mundial de governo passa por cima, das liberdades individuais, literalmente, com o controle da mídia que classifica tudo que expõe esse movimento como sendo *fake news*, sendo que quem impõe, ou quer impor uma nova verdade é justamente o opressor. Ensino, mídia e agora leis impõem uma nova gramática, um basilador do que pode ou não ser dito por quem eles permitam que digam. Este movimento é global e se move de forma inexorável.

Vivemos um período histórico análogo ao apaziguamento da Segunda Guerra Mundial. Em 1938, quando Chamberlain volta de Berlim com o documento assinado por Hitler em mãos, comemorando o fim das guerras futuras, fez uma leitura equivocada ou obliterada

---

258. HICKS, Stephen. *Explicando o Pós-modernismo – de Rousseau a Foucalt*. – Trad. Silvana Vieira – São Paulo: Ed. Callis, 2011, p. 16.

do futuro. Para Churchill, a realidade era outra. A guerra pairava no horizonte. Nem todos os alemães eram nazistas, e a maioria da população e lideranças empresariais e políticas viam Hitler como um fenômeno pitoresco e passageiro. Trataram o testemunho escrito por Hitler em *Mein Kampf* [*Minha Luta*], lançado em 1925, como um livro sem importância. Os mesmos coadjuvantes na Europa de hoje pensam de forma idêntica com relação aos discursos proferidos por líderes islâmicos radicais em mesquitas e nas *madrassas*[259] e pela mídia quando chama todo movimento dissidente da esquema como sendo "extrema-direita". Diferentemente do período pré-guerra, quando Churchill abordava o assunto de maneira constante, quem está desempenhando este papel hoje? Estamos vivendo uma situação de apaziguamento muito parecida com o período entre 1933 e 1939. Aqueles que se manifestam neste sentido são taxados de islamofóbicos, machistas, racistas, homofóbios, supremacistas, radicais de direita, etc. e o passo seguinte é o surgimento de argumentos vitimizando a comunidade muçulmana, a comunidade gay, as mulheres, os negros, entre tantos – relativizando a ameaça real. Corro o risco de não analisar de forma mais profunda, mas não posso deixar de estabelecer o paralelo entre as situações.

  Hitler queria destruir o Ocidente, tomou o poder pelos meios democráticos, e o resto da história é conhecido. A minoria nazista tomou a nação de assalto e levou o mundo a uma catástrofe inigualável. O radicalismo islâmico e os movimentos *woke* estão tomando a Europa, demográfica e espitiruralmente, por meio dos processos migratórios e dos *pogroms* culturais. Suas intenções no sentido de destruir o Ocidente e subjugar a população às leis da *sharia*[260] e do pós-modernismo são claras, estão registradas e são

---

259. A palavra deriva do árabe *madrsa*, por vezes transliterada como *madrassa* ou *madrasa*, palavra que em árabe originalmente designava qualquer tipo de escola, secular ou religiosa (de qualquer religião), pública ou privada.
260. É o código de leis do islamismo. Em várias sociedades islâmicas atuais, ao contrário da maioria dos países ocidentais, não há uma separação clara entre a religião e o Estado ou entre a religião e a justiça.

repetidas diariamente. Os ataques constantes e a estratégia de dominação estão em curso.

Nos encontramos desta forma entre o limiar de uma nova e fantástica era de descobrimentos e avanços, e uma jornada às trevas da intolerância e da violência. No decorrer deste livro comentei brevemente sobre as razões que levaram os americanos a jogarem as bombas atômicas sobre Hiroshima e Nagasaki. A guerra estava perdida para o Japão, praticamente não possuíam mais forças aéreas e navais e seu petróleo estava se esgotando. Por que então fazer uso de uma arma tão desproporcional? Um dos motivos atualmente discutidos considera a necessidade de demonstrar a força do Ocidente contra uma URSS comunista e expansionista, mas a real intenção foi a contabilização de mortos, civis e militares, que estariam pela frente.

As piores batalhas de uma guerra são as batalhas finais, pois aqueles que estão por ser derrotados lutam de forma mais acirrada ainda, já que nada mais têm a perder. Baseados nas carnificinas registradas na conquista das ilhas do Pacífico a caminho do Japão, os Aliados fizeram sua macabra contabilidade. Cada ilha foi conquistada a um enorme custo de vidas; para abreviar a guerra, a decisão foi lançar as bombas atômicas.

Tendo o argumento da batalha final como pressuposto, a disputa entre o novo futuro, a intolerância religiosa e o renascer do socialismo deverá ser trazida à luz da razão. Novamente, estamos lutando pela liberdade de toda a sociedade ocidental, como Churchil adverte no discurso "O melhor momento":

> Mas, se nós falharmos, o mundo inteiro [...], inclusive todos os que conhecemos e com quem nos importamos – irá afundar no abismo de uma nova era de trevas, tornada mais sinistra e talvez mais prolongada, pelas luzes da ciência pervertida.

Em minha opinião, se Churchill vivesse no século XXI estaria concentrado neste cenário. Digo isso porque o que estamos assistindo aqui é uma ameaça real à liberdade e ao status quo do Ocidente.

Não são apenas ataques a Israel ou aos judeus, são ataques a todas as formas de liberdade e de expressão, uma ataque a todo o Ocidente. O radicalismo islâmico, que subjuga a maioria silenciosa muçulmana, odeia a liberdade conquistada pelas mulheres, o reconhecimento do *gay way of life*, o capitalismo, o individualismo, a igualdade de oportunidades, a liberdade religiosa e o livre-arbítrio. O movimento pós-moderno coloca o Ocidente como peça única e responsável por todas as mazelas mundiais de forma rasa e indelével. Churchill estaria, no mínimo, muito preocupado.

 Os novos líderes do século XXI estão espalhados hoje, não mais somente na política, mas na atividade empresarial, em ONGs e no terceiro setor. A relevância do poder político tende a diminuir por conta de três fatores essenciais: o tamanho dos governos, a má prática política que reduz a importância e representatividade dos partidos políticos e a crescente participação dos indivíduos na tomada de decisões.

 O tamanho dos governos influi na representatividade e na importância do papel de liderança. Em governos pequenos, geralmente economias com alto grau de liberdade econômica e gestores públicos com poucas funções, circunscritas ao necessário para seu funcionamento, o líder aparece pouco, e quando se manifesta, exerce o papel de guia e orientador das atividades públicas. Um exemplo disso é a Suíça, cujo governo é constituído por sete membros. A cada ano, um membro do conselho torna-se presidente. O cargo não confere nenhum poder ou privilégio especial, o presidente continua a administrar o seu próprio ministério, e normalmente os quatro maiores partidos nacionais estão representados no governo.

 Já em governos grandes, reguladores e pouco comprometidos com a liberdade econômica e do indivíduo, como o do Brasil, a liderança é construída a partir de relações pessoais, partidárias, sindicais dependendo cada vez mais de um poder judiciário que se intromete fora de sua concepção original atuando como legislador, juiz e executor. O mérito e capacidade técnica não são princípios basilares de gestão, e aí reside a raiz de toda a corrupção. Com alto grau de regulamentação em quase todas as atividades, os cidadãos são obrigados a se sujeitar a autoridades públicas com poderes para definir, permitir ou fiscalizar atividades que não necessariamente deveriam ter controles públicos. Essa organização de poder gera controles não naturais, desestimulando pessoas e empresas a empreender. São lideranças nefastas que subjugam a sociedade à condição de servos de leis desnecessárias.

Por esta razão, países cujos governos ultrapassam suas funções básicas – saúde, educação, segurança e justiça – acabam por exercer a política partidária de forma mesquinha, tendo em vista que a preocupação passa a ser manter o poder, e não formar políticas de Estado. Os planejamentos, quando feitos, são aplicados de forma a gerar factoides que garantam uma vantagem na próxima eleição – dificilmente projetos são elaborados para prazos maiores do que os mandatos em exercício. Mesmo quando o são, não existem garantias da continuidade daquele conjunto de propostas se um opositor for eleito para o próximo período. Muito possivelmente, no caso de um oponente assumir o poder, fará com que toda evidência positiva de seu antecessor seja esquecida. Não é o bem comum que importa, mas o bem próprio, o resultado de curto prazo e os interesses do grupo partidário do momento. As lideranças aqui existentes são frágeis, míopes e distribuem benesses para alguns com o dinheiro de todos. Margaret Thatcher, primeira-ministra britânica entre 4 de maio de 1979 e 28 de novembro de 1990, dizia que *"não existe dinheiro público, apenas dinheiro dos pagadores de impostos"*. Os líderes populistas tratam o dinheiro público como seu e o administram de forma perdulária, sem projetos, sem controles e gestão.

O fenômeno das redes sociais e das plataformas colaborativas vem ocupando o espaço da discussão e realização da política. O movimento pelo *impeachment* da ex-presidente Dilma Rousseff nasceu, foi estimulado e criou corpo por meio de milhões de ativistas anônimos. A *batalha dos soldados desconhecidos* ganhou outra conotação, ainda mais forte e eficiente, sem um desnecessário banho de sangue. O projeto de lei das *Dez medidas contra a corrupção*, organizado pelo Ministério Público Federal, arrecadou cerca de dois milhões de assinaturas. Em todo mundo, comunidades se mobilizam contra a poluição, para a construção de obras de infraestrutura, para opinar sobre princípios legais, enfim, conciliar e regular as aspirações populares. Esse novo indivíduo, conectado, ativo, opiniático e colaborativo, deixou de ser audiência e passou a ser mídia a propagar opiniões e realizar transformações. A liderança foi fragmentada e perde a origem, mas ganha compartilhamentos. Ideias, argumentos, frases e conceitos viajam entre nós sem necessariamente possuir um emissor inicial responsável, são aceitos ou repelidos de acordo com a cultura, estado de ânimo ou grau de conhecimento e engajamento do receptor. A autoria e a credibilidade do emissor foram deixadas para um segundo plano – o que importa é se a mensagem está de acordo com o que um indivíduo pensa e seu grau de entendimento. O poder transformador da mensagem já não depende do emissor, mas do grau de compreensão do receptor.

A fragmentação da liderança permite ao mesmo tempo uma melhor organização da sociedade e a tomada dos vácuos de poder por grupos que podem ou não ser positivos. Pessoas engajadas em causas sociais, ambientais ou políticas podem ter belas intenções, mas um pequeno grupo pode manipular este conjunto de opiniões e apoios, para objetivos menos nobres. Um exemplo: grupos de defensores do meio ambiente que se organizam para a discussão de um empreendimento imobiliário. Por maior que seja a vontade de se chegar a um denominador comum entre o progresso e a proteção ecológica, sempre haverá um pequeno grupo que procurará gerar um impasse instransponível. Serve para a discussão da hidrelétrica de Belo Monte[261] ou a instalação de balsas que liguem o continente à ilha de Santa Catarina, onde se situa Florianópolis.

A fragmentação do poder não pode chegar ao beco sem saída dos impasses, mas, sim, no empoderamento do cidadão para

---

261. A Usina de Belo Monte está sendo construída na bacia do Rio Xingu, próximo ao município de Altamira, no sudoeste do estado do Pará.

que influa em decisões que afetem positivamente sua comunidade. Decisões precisam continuar sendo tomadas e se, e quando, estiverem erradas, serão reformadas.

No novo mundo *startup* em que nos transformamos *falhar* não é problema. Fracassos e erros são vistos como caminho natural para a construção de um produto ou serviço melhor. Churchill disse, certa vez que *"o sucesso consiste em ir de fracasso em fracasso sem perda de entusiasmo"*, frase citada no congresso de *Exponencial Medicine* da Singularity University[262], em novembro de 2017[263], em San Diego.

Controverso, polêmico, pertinente e inspirador, Churchill segue sendo objeto de citações, livros, filmes, séries de TV, artigos de jornais e menções em palestras e congressos. No contexto da sociedade e da política atuais, grande parte de sua argumentação poderia ser considerada politicamente incorreta. Recentemente, o escritor Clive Ponting se queixou da forma com que Churchill referia-se à *"nossa própria vida britânica e à longa continuidade de nossas instituições e o império, em vez de expressar uma visão de futuro destinada a atrair uma democracia moderna"*. Nenhum fato histórico pode deixar de ser analisado sob o aspecto do contexto do momento e para Churchill estava claro que a nação britânica lutava fundamentalmente por sua própria identidade e sobrevivência, do que por qualquer ideia utópica de decência e democracia. Lutavam por seu conceito de liberdade e de nação imperial[264].

Churchill demonstrou que líderes não precisam de carisma ou poderes ditatoriais para inspirar. Quem se encontrava com Churchill saía com a impressão de serem elas próprias capazes de qualquer coisa. A inspiração genuína supera o carisma criado artificialmente. Ao tratar as pessoas e o povo desta maneira, transformava indivíduos compreensivelmente nervosos e amedrontados em heróis. Mesmo que

---

262. Trata-se de um *Think Tank* californiano que proporciona programas educacionais e para o desenvolvimento de *startups*, baseado nos conceitos da singularidade e exponencialidade, fundado em 2008 por Ray Kurzweil e Peter Diamandis. (www.su.org).
263. Contribuição do empresário Henri Chazan.
264. ROBERTS. *Hitler & Churchill. Op. cit.*, p. 57.

nem todos compartilhassem sua confiança, não ficavam propensos a disseminar o derrotismo.

Os líderes do século XXI disseminados pelo meio empresarial são aqueles que construíram impérios comerciais ou tecnológicos e se transformaram nas novas superestruturas mundiais. Bill Gates da Microsoft; Jeff Bezos da Amazon; Mark Zuckerberg do Facebook; Larry Page e Sergey Brin da Alphabet Group ou Google; Steve Jobs (1955-2011) da Apple; Jack Ma do Alibaba; e Elon Musk da ex-PayPal e agora da Tesla, SpaceX e Twitter; são alguns dos nomes que, por seus feitos, transformaram-se em lideranças naturais, fontes de poder e formadores de opinião. Estão longe da política, mas por meio de suas empresas têm enorme poder sobre as pessoas, gerenciando atitudes. São eles que assumiram o vácuo do poder político nas grandes nações? Com processos eleitorais cada vez mais polarizados e candidatos distantes da preferência dos eleitores, vemos o vazio se formando. O fenômeno da eleição americana de 2016, entre Hillary Clinton e Donald Trump, e depois entre o mesmo Trump e Joe Biden em 2020, ilustra bem a decadência das lideranças políticas e a enorme distância entre eles e a sociedade.

Churchill era um patrão severo e frequentemente podia ser criticado como rude e sarcástico. Certa vez, recebeu uma carta de sua esposa cujo conteúdo dizia:

> Há um real perigo de você ser malquisto por seus colegas e subordinados por suas maneiras rudes, sarcásticas e arrogantes. [...] devo confessar que notei uma deterioração na sua conduta [...] você não é mais tão gentil como costumava ser[265].

Em junho de 1941, Churchill reconhece seu comportamento irascível e num discurso na Câmara dos Comuns diz:

---

265. Idem. *Ibidem*, p. 76.

Não me parece que nenhuma expressão de desdém ou severidade que ouvi de parte de meus críticos tenha sequer chegado perto da linguagem que eu mesmo me habituei a usar. [...] De fato, me surpreendo que grande número de meus colegas ainda converse comigo[266].

Churchill não vive no século XXI, mas a presença de pessoas com seu quilate me parece cada vez mais necessária. A maior parte de seu *staff* se dispunha a suportar suas queixas e intromissões pois, na palavra de um de seus secretários, ele era não só *"um tremendo maçante"*, como também *"um tônico formidável"*[267].

Visão, magnitude, estatura moral, humildade, discernimento, decência e coerência são características pouco percebíveis nos políticos atuais. Ser um líder não é ser cordato e afável em todos os momentos, mas é ser justo, genuíno, realista, coerente – e enfrentar a verdade. No verão de 1940, os discursos de Churchill eram praticamente tudo que o povo britânico tinha para se sustentar. Não podendo de fato apelar para a razão, suas declarações tinham que apelar para o coração. Sem dispor de muito em termos de boas notícias ou alento, assumiu o risco político de enfatizar deliberadamente os perigos. No discurso "Sangue, trabalho, lágrimas e suor" não tentou nenhuma evasiva diante da natureza grave do que tinha que ser enfrentado, enquanto destruía a década de apaziguamento, dúvida e derrotismo. Situou o conflito no contexto da luta entre o bem e o mal, a verdade e a mentira, o certo e o errado. E isso era o que o povo queria ouvir. Quem poderia fazer isso hoje?

---

266. Idem. *Ibidem*, p. 76.
267. Idem. *Ibidem*, p. 84.

# CAPÍTULO XVIII
## O Twitter de Churchill

Se Winston Churchill vivesse hoje, seus tuítes obteriam constantes manchetes e bateriam recordes de audiência. Seus discursos, pensados e construídos cuidadosamente, passaram para a história. Porém, foi sua forma rápida, ácida e focada de pensar que gerou frases fantásticas. Abaixo nos lembramos de algumas, realizadas em diversos períodos, desde sua mocidade até a retirada da cena política. Seguem seus possíveis tuítes e alguns comentários meus entre colchetes, pontualmente.

*A política é quase tão excitante como a guerra, e quase tão perigosa. Na guerra, só se pode morrer uma vez; na política, muitas.* (1920)

*Ninguém acha que a democracia é perfeita e irretocável. Na realidade, já foi dito que a democracia é a pior forma de governo, salvo todas as outras já experimentadas de tempos em tempos.* (Câmara dos Comuns, 1947)

*A espessura deste documento é a sua própria garantia contra o risco de ser lido.* [Muito atual em tempos de Brexit, quando os ingleses se revoltaram contra as legislações impostas por Bruxelas.]

*Se você tem a sabedoria, deixe que outros acendam suas velas nela.* (1911)

*Embora esteja sempre preparado para o martírio, eu prefiro vê-lo adiado.* (Sandhurst, 1930)

*Atitude é uma pequena coisa que faz uma enorme diferença.*

*A grande reforma política seria conseguir alastrar com tanta facilidade e rapidez a sabedoria em vez do disparate.* [Ao ler esta frase, penso que políticos brasileiros teriam a lucidez de pensar assim no atual Congresso brasileiro, às vésperas de uma possível reforma política.]

*Eu nunca me preocupo com a ação, somente com a inação.*

*Eles constituem uma classe de cavalheiros honrados – todos bons homens, todos honestos – dispostos a grandes sacrifícios por suas opiniões, caso as tivessem. Prontos para morrer pela verdade, se soubessem o que ela é.* [Prestes a sair do Partido Conservador em direção ao Partido Liberal, opinando sobre os colegas conservadores.]

*O aperfeiçoamento vem com a mudança; a perfeição, com a mudança frequente.* [Quando acusado, em 1926, pelo colega Philip Snowden (1864-1937) por trocar frequentemente de opiniões.]

*Diz-se por aí que os líderes deveriam manter seus ouvidos colados no chão. Tudo o que posso dizer é que a nação britânica teria muitas dificuldades em respeitar seus líderes se os encontrasse em posição tão comprometedora.*

*O defeito inerente do capitalismo é a distribuição desigual das benesses; a virtude inerente ao socialismo é a distribuição equitativa das desgraças.*

*O socialismo é a filosofia do fracasso, a crença da ignorância e o evangelho da inveja.* (Discurso realizado em Perth, na Escócia, em 28 de maio de 1948)

*Vossa Excelência [...] arrogou-se o direito de assumir uma função que não lhe é devida, isto é, a de fazer o meu discurso em vez de deixar que eu o faça.* [Depois de várias vezes interrompido na Câmara dos Comuns.]

*Tem que haver uma palavra melhor que* pré-fabricado. *Por que não* pré-feito? (Em 1906)

*Somos mestres das palavras não ditas, mas escravos daquelas que escapam.*

*Coragem é aquilo que é necessário para levantar e falar. Coragem também é aquilo que faz com que se sente e escute.*

*Das palavras, as mais curtas; as mais comuns, quando curtas, melhor ainda.* [Conselho muito saudável para a construção de discursos e como técnica oratória.]

*As pessoas perdoam quase tudo num homem, salvo a prosa sem qualidade.* [Idem acima.]

*The Times anda claudicante e gasta três colunas para mostrar isso.* [Comentário sobre as opiniões do periódico inglês a respeito da autonomia irlandesa.]

*Recuso-me a comer uma ave com a qual convivi socialmente.* [Ao recusar destrinchar um ganso que soube que era de sua propriedade.]

*Os ditadores andam para lá e para cá montados em tigres dos quais não se atrevem a apear. E os tigres estão ficando famintos.* [Adaptado de um famoso poema, em 11 de novembro de 1937.]

*Somos todos insetos, mas acho que sou um vaga-lume.* [Terminando uma discussão sobre a vida, o universo e tudo o mais com a política e escritora Violet Bonham-Carter (1887-1969).]

*Conciliador é aquele que alimenta um crocodilo – na esperança de que ele o devore por último.*

*Vou fazer um discurso longo porque não tenho tempo para preparar um curto.*

*É preguiça pura não comprimir o pensamento em espaço razoável.*

*Ele é um desses oradores, sobre os quais já foi muito bem-dito: quando se levantam, não têm ideia do que vão dizer; enquanto falam, não sabem o que dizem, e quando se sentam, não sabem o que disseram.*

[Sobre Lorde Charles Beresford (1846-1919), voto contrário a Churchill para o cargo de primeiro-ministro.]

*Posso bem entender o desejo do nobre colega de continuar falando. Vossa Excelência precisa de muita prática.* [Ao interpelar um deputado que se alongava em seu discurso.]

*Claro que é perfeitamente possível a meus nobres colegas impedirem-me de falar e, de fato, não quero arremessar pérolas para [...] (silêncio) [...] para quem não deseja.*

*Mr. Chamberlain adora o trabalhador; ou melhor, adora vê-lo trabalhar.* [Sobre Joseph Chamberlain (1836-1914), pai do depois primeiro-ministro Neville Chamberlain.]

*Se é para não fazer coisa alguma, então Arthur é o nome certo para a tarefa. Ninguém se iguala a ele.* [Sobre Arthur Balfour (1848-1930), político conservador e primeiro-ministro entre 1902 e 1906. Balfour não deixou sem resposta e disse: *"Pensei ser um jovem promissor, mas ele parece apenas um jovem de promessas".*]

*E assim caminha ele, de modo estranhamente paradoxal, decidido apenas na indecisão, resoluto só na irresolução, inflexivelmente à deriva, solidamente volúvel e todo-poderoso na sua impotência.* [Descrevendo a administração do primeiro-ministro Stanley Baldwin, em 1936.]

*Naqueles dias, Mr. Baldwin era mais sábio que agora; costumava amiúde seguir meus conselhos.*

*Foi-lhe dada a oportunidade de escolher entre a guerra e a desonra. Ele optou pela desonra e terá a guerra.* [Tais palavras ácidas foram dirigidas a Neville Chamberlain, logo após o Acordo de Munique, em 29 de setembro de 1939.]

*O homem só deve ter como guia sua consciência; o único escudo para sua memória é a retidão e a sinceridade de suas ações.* [Churchill fala sobre Chamberlain, após seu falecimento em novembro de 1940.]

*Na derrota, imbatível; na vitória, insuportável.* [Churchill e seu principal comandante militar, Sir Bernanrd Montgomery (1887-1976), o *Monty*, eram grandes amigos, mas não escapava de suas ironias e críticas.]

*Tenho simpatia pelo General von Thoma, derrotado, humilhado, no cativeiro e [...] (silêncio) [...] ainda terá que jantar com Montgomery.* [Comentando o convite de *Monty* ao recém-derrotado General alemão Wilheim von Thoma (1891-1948), para jantarem após sua captura.]

*Não consigo ver melhor figura para marcar a inauguração do Serviço Nacional de Saúde do que uma pessoa que, tão obviamente, necessita de cuidados psiquiátricos e precisa estar entre os primeiros atendidos.* [Falando sobre Aneurin Bevan (1897-1960), o ministro da Saúde no governo Attlee, logo após a saída de Churchill.]

*Um cordeiro em pele de cordeiro. É um homem modesto, com boas razões para ser modesto.* [Comentários de WSC sobre Clement Attlee, seu sucessor após 1945.]

Numa troca de telegramas entre o dramaturgo George Bernard Shaw (1856-1950) e Churchill: GBS: *"Duas entradas reservadas para você. Noite de estreia,* Pigmaleão. *Traga um amigo. Se tiver algum"*. Resposta de WSC: *"Impossível ir na noite de estreia. Irei na seguinte. Se houver alguma"*.

*Engolir minhas palavras nunca me causou indigestão.*

*Por certo, não sou um daqueles que precisam ser incitados. Na verdade, antes de mais nada, sou um incitador.*

*Normalmente, não sou acusado de temperamento modesto ou reservado, nem pelos amigos.*

*Contento-me facilmente com o melhor.* [A frase original foi de Lorde Birkenhead, mas Churchill adotou como sua.]

*Quando sou acusado de cometer um erro, só me resta repetir a célebre frase de M. Clemenceau: "Quem sabe já não cometi uma série de outros dos quais vocês nem ouviram falar?"* [Georges Clemenceau (1841-1929) foi o estadista francês que conduziu a França durante a Primeira Guerra Mundial.]

*Luto com dificuldade para não ser definitivo nas minhas colocações.*

*Randolph, pare de me interromper enquanto eu o interrompo.* [Sarah Churchill (1914-1982) conta esta passagem em uma barulhenta reunião familiar.]

*Estou sempre pronto para aprender, embora nem sempre goste de ser ensinado.* [Depois de reprovado duas vezes no exame de aptidão para a Academia Militar de Sandhurst.]

*Estou preparado para meu encontro com meu Criador. Agora, se meu Criador está preparado para o suplício de me receber, isto é outra história.* [Declarou durante seu aniversário de setenta anos, em 30 de novembro de 1949.]

*É claro que sou um egoísta. Aonde eu teria chegado se não o fosse?*

*Todos terão direitos iguais no céu. Lá existirá a perfeita Previdência Social.* [Aos oitenta e sete anos, divagando sobre os dias que estavam por vir.]

*Todos sempre subestimaram os russos. Eles guardam seus segredos tanto dos inimigos quanto de seus aliados.* (1942)

*Na Rússia, um homem é tachado de reacionário caso recuse ver sua propriedade roubada e sua esposa e filhos assassinados.* [A inversão de valores não é exclusividade da primeira metade do século XX.]

Em um jantar, Churchill conversava com um pastor metodista extremamente puritano. Uma garçonete se aproxima e oferece drinques aos dois. Churchill se serve primeiro e o pastor responde: *"Jovem senhora, eu preferia cometer o adultério a ter que ingerir esta bebida intoxicante"*. Rapidamente Churchill acena para a garçonete e diz: *"Volte aqui mocinha – eu não sabia da possibilidade desta escolha".*

*Minha maior proeza foi convencer minha mulher a casar comigo.*

Montgomery para WSC: *"Não bebo, não fumo e estou cem por cento em forma".* Resposta de WSC: *"Eu bebo, fumo e estou duzentos por cento em forma".*

*Não me apetece* [o brandy] *nem me faz falta, mas a mim parece bastante perigoso por fim a um hábito arraigado de toda uma vida.* [Sobre a bebida.]

*Não se esqueça, Clementine, de que já tirei mais do álcool do que o álcool tirou de mim.* [Idem acima.]

*Devo sublinhar que meu regime de vida prescreve como ritual absolutamente sagrado fumar charutos e também ingerir álcool antes, depois e, se necessário, durante as refeições e nos intervalos entre elas.* [Declarou Churchill ao rei Ibn Saud (1875-1953), da Arábia Saudita, ao saber que a religião do monarca proibia o álcool e o fumo.]

Com Charles Chaplin, este comenta a Churchill: *"Eu gostaria de fazer Jesus Cristo".* Resposta de WSC: *"E você já resolveu o problema dos direitos autorais?".*

*Alto lá, o primeiro-ministro do Reino Unido não tem nada a esconder do presidente dos Estados Unidos.* [Disse Churchill a Roosevelt, ao sair do banho e ser surpreendido com uma visita inesperada nos aposentos de hóspedes da Casa Branca, em 1941.]

Quando fez oitenta anos, um fotógrafo foi enviado para realizar um retrato oficial. Fotógrafo: *"Sir Winston, é uma maravilha tirar seu retrato aos oitenta anos de idade e espero repetir a foto nos seus cem anos".* Resposta de WSC: *"Meu jovem, você me parece gozar de boa saúde e aparenta estar em boa forma. Não vejo razão alguma que o impeça".*

## Algumas frases lapidares:

*É melhor fazer as notícias do que acompanhá-las; ser ator em vez de crítico.*

*Fanático é aquele que não é capaz de mudar as ideias, nem o assunto.*

*É muito bom ser honesto, mas estar certo é também muito importante.*

*Os servidores civis já não são servidores, tampouco civis.*

*Se o presente tentar julgar o passado, perderá o futuro.*

*Diplomacia é a arte de dizer verdades cruas sem ofender os outros.*

*Não deixe que o ótimo seja inimigo do bom. A máxima "só a perfeição tem valor" pode ser soletrada como p-a-r-a-l-i-s-i-a.*

*Há uma quantidade fantástica de mentiras circulando pelo mundo, e o pior é que metade é verdade.*

*Uma nação que esquece seu passado não tem futuro.*

*É sempre bom olhar para a frente; difícil é olhar além daquilo que vemos.*

*As piores disputas ocorrem quando os dois lados estão igualmente certos e errados.*

*Criticar é fácil; difícil é fazer.*

*É sempre mais cômodo descobrir e proclamar princípios gerais do que colocá-los em prática.*

*Dificuldades superadas são oportunidades ganhas.*

*De uma coisa estou seguro: se abrirmos uma discussão entre o passado e o presente, acabaremos por perder o futuro.*

*Felizmente, a vida não é tão fácil quanto tudo isso, caso contrário chegaríamos muito depressa ao fim.*

*We shall never surrender. – Jamais render-se.*

# EPÍLOGO
## Churchill e a essência do líder

Por que ainda falamos de Winston Churchill, mais de setenta anos depois do final da Segunda Guerra Mundial? Qual sua importância em um contexto de modernidade, tecnologia e comportamentos tão díspares diante daqueles da década de 1940? As externalidades são diferentes entre o momento histórico de Churchill e o século XXI, mas a essência humana permanece basicamente a mesma.

Recentemente, Churchill voltou a ser tema de novas abordagens, especialmente em filmes. Em 2009, a rede americana HBO, em parceria com a BBC, produziu o longa-metragem *Into the Storm* [*Tempos de Tormenta*], com direção de Thaddeus O'Sullivan e atuação de Brendan Gleeson como o primeiro-ministro. Em 2017, a Netflix lançou *The Crown*, série que na primeira temporada traz Churchill magistralmente representado pelo ator John Lithgow e mostra sua influência nos primeiros anos do reinado de Elizabeth II. Ainda em 2017, o ator Brian Cox representa no filme *Churchill* um homem amargurado, indeciso, mal-educado e irascível, características muito diferentes das que seus biógrafos relatam. Este último filme, dirigido por Jonathan Teplitzky, não retrata o primeiro-ministro de forma acurada.

Em janeiro de 2018, o filme *O Destino de Uma Nação*, nome dado ao original *The Darkest Hour* [A hora mais escura] entrou em cartaz no Brasil. O filme dirigido por Joe Wright e roteiro de Anthony McCarten trata do período entre a queda de Chamberlain e a ascenção de Churchill, retratando um político realista, focado em assumir o comando, em uma estupenda interpretação do ator Gary Oldman. O já mencionado livro de McCarten, *O Destino de Uma Nação*, estabelece a hipótese de que *"o grande Winston Churchill, apresentado à história como um devotado e inflexível inimigo de Hitler, estaria disposto a manter conversações para fazer um acordo de paz com a Alemanha"*[268].

Penso ser importante uma avaliação sobre este livro de McCarten. Nos dias que antecederam a nomeação de Churchill, era enorme a pressão para que Lorde Halifax assumisse o cargo de primeiro-ministro. Como já apresentado aqui, o fato de participar da Câmara dos Lordes impedia que ele pudesse governar. Também pesava contra Halifax seu apoio à política de apaziguamento e mesmo quando Hitler se mostrou insaciável, ele continuou acreditando na paz, e quase a qualquer preço.

Para poder governar, Churchill montou um gabinete de conciliação, com todos os partidos representados. Lorde Halifax, como ministro das Relações Exteriores e Neville Chamberlain, como presidente do Conselho, participavam do governo. Ele sabia que precisava destes dois homens em seu Gabinete de Guerra, *"mantendo perto seus amigos e mais perto ainda seus inimigos"*[269].

Halifax esteve reunido com Hitler em novembro de 1937 e em uma carta para seu mentor, o ex-primeiro-ministro Stanley Baldwin, afirmou que *"o nacionalismo e o racismo são forças poderosas, mas não sinto que sejam artificiais ou imorais"*. Ele anotou em seu diário que Hitler *"me pareceu muito sincero e acreditava em tudo que dizia"*[270]. Halifax acreditava na possibilidade de um acordo de paz e pressionava Churchill para que adotasse este caminho.

Aqui abre-se um campo para suposições e McCarten entende que Churchill concordou como esta linha de raciocínio, tentando

---

268. McCARTEN. *O Destino de Uma Nação. Op. cit.*, p. 9.
269. Idem, *Ibidem*, p. 78.
270. Idem, *Ibidem*, p. 88-89.

evitar a entrada da Itália na guerra e utilizando o ditador Benito Mussolini como negociador para um acordo de paz com Hitler. Martin Gilbert, o biógrafo oficial de Churchill, não faz menção alguma a essa ideia, bem como Lord Jenkins e outros importantes historiadores.

No meu entender, pode parecer que Churchill permitiu que Halifax caminhasse na direção errada e saísse do governo. Muitas conversas cruciais, segundo McCarten, *"não estão documentadas em nenhuma das minutas"*, e foram baseadas em relatos do secretário do Gabinete, Sir Edward Bridges (1892-1969) nos encontros chamados de "Reunião Informal dos Ministros do Gabinete de Guerra"[271]. Infelizmente Bridges queimou todas suas notas após a guerra[272]. O aspecto relevante é que Churchill, por conta de seu legado, suas ações e sua personalidade, continua insipirando as gerações posteriores.

Ao longo de nossas vidas, acumulamos alegrias e tristezas, certezas e dúvidas, demonstramos amores e ódios, somos corajosos e temerosos. Deixamo-nos guiar e lideramos, representamos entidades individuais e coletivas, nascemos e morremos como sempre fizemos e continuamos, em que pesem avanços tecnológicos como a inteligência artificial, a internet das coisas e outras inovações impressionantes, humanas.

Vivemos em um mundo onde as relações são mais complexas, as expectativas e cobranças mais altas. Exigimos e somos exigidos a agir com visão sistêmica, respeito ao próximo e paciência. Procuramos praticar a tolerância em vários níveis e alimentamos a esperança de sermos correspondidos. Construímos uma sociedade baseada na lei e na observância de regras de convivência claras.

A essência das democracias modernas, estabelecidas em nações economicamente desenvolvidas e livres, está alicerçada neste sistema de respeito e convivência. Estas sociedades foram forjadas ao longo de séculos, sob o escombro de guerras ou tragédias naturais. A resiliência desenvolvida e exercida foi fruto de desavenças, disputas,

---

271. Idem, *Ibidem*, p. 181.
272. Idem, *Ibidem*, p. 99.

destruição, por um lado, e união, construção e entendimento, de outro. Os países nórdicos foram o lar dos *vikings*, que assolaram a Europa ao longo de centenas de anos. A Itália formou-se a partir do Império Romano, dominador e onipresente. A Grã-Bretanha construiu um império "onde o sol nunca se punha", colonialista e explorador das riquezas naturais de suas colônias. O Japão, dominador, conquistador, por longo tempo uma ilha fechada e inexpugnável, veio a pacificar este espírito somente após duas bombas atômicas.

A maioridade intelectual e social destas sociedades tão evoluídas foi completamente compreendida como necessária após a total destruição moral e econômica produzida com o final da Segunda Guerra Mundial, em 1945. A barbárie da guerra total, a *guerra desnecessária*, obrigou o mundo ocidental a conter seu lado obscuro, sua metade *Mr. Hyde*[273], e limitar os anseios expansionistas e colonialistas.

Como mencionado no capítulo XVIII, o panorama já não é mais tão claro. Enquanto se desenha uma fantástica evolução humana, crescem o obscurantismo radical religioso, os vácuos de poder e minorias com ideias e práticas intolerantes. O surgimento de falsos profetas, "salvadores da pátria" e aventureiros, cujo objetivo é a construção de projetos de poder e não de Estados, impede a possibilidade de uma gestão eficiente da realidade.

Quem são nossos líderes? Onde estão os estadistas, homens e mulheres com projetos de construção de Estado? Líderes têm a tendência de se considerarem indispensáveis. Mas, por mais importantes que sejam ou por melhor que desempenhem suas funções, eles devem

---

273. *O Médico e o Monstro: O Estranho Caso de Dr. Jeckyll e Mr. Hyde* é uma novela com elementos de ficção científica e terror, escrita pelo autor escocês Robert Louis Stevenson (1850-1894) e publicada originalmente em 1886. Na narrativa, um advogado londrino chamado Gabriel John Utterson investiga estranhas ocorrências entre seu velho amigo, Dr. Henry Jekyll, e o malvado Edward Hyde. A obra é conhecida por sua representação vívida do fenômeno de múltiplas personalidades, quando em uma mesma pessoa existem tanto uma personalidade boa quanto uma personalidade má, ambas muito distintas uma da outra. O impacto do romance foi tal que se tornou parte do jargão inglês, com a expressão "Jekyll e Hyde" usada para indicar uma pessoa que age de forma moralmente diferente dependendo da situação.

ser substituídos com o passar do tempo. Em suma, todos os líderes, em um momento ou outro, serão dispensados[274]. O estadista é aquele que compreende esta regra. Nelson Mandela (1918-2013), presidente da África do Sul entre 1994 e 1999, não aceitou concorrer a mais um mandato, para mostrar a importância da alternância do poder e, em que pese as inúmeras polêmicas durante o processo de conciliação nacional, estabeleceu as bases para que a África do Sul permanecesse uma democracia ativa e um país em desenvolvimento. Churchill sai do governo em 1945 para entrar para a história. O ex-presidente brasileiro Getúlio Vargas (1882-1954) tenta o mesmo movimento por meio de seu suicídio, longe de um gesto que denote grandeza ou dignidade.

Winston Churchill foi o homem certo na hora certa. Tornou-se primeiro-ministro visto como um homem comum, que havia passado dez anos, entre 1929 e 1939, no ostracismo político. Ao longo da sua carreira cometeu acertos e erros, pequenos e grandes. No cargo, deu mostras claras de sua grandeza, ao enfrentar as piores situações com objetividade, resiliência e clareza, definindo objetivos, inspirando e guiando populações e exércitos nessa direção. Um grande líder é um grande ser humano e, como cada um de nós, capaz de feitos notáveis. Mas é no exercício da liderança que ele expõe sua personalidade e caráter. Ao perder a eleição em 1945, retirou-se com tristeza do poder, porém evidenciando o entendimento de que essas são as regras do jogo democrático. Afinal, sua luta sempre foi pela liberdade e ele não poderia deixar de aceitar a escolha de seu povo.

Em um momento em que eleitores buscam milagreiros, homens ou mulheres pretensamente infalíveis iludem populações inteiras com compromissos que nunca realizarão. O encanto de suas promessas os elege e condena as nações a políticas econômicas e sociais equivocadas, ampliando o tamanho dos governos e a corrupção, fato contínuo em diversas regiões do planeta.

---

274. MUKUNDA. *Indispensable*. *Op. cit.*, p. xi.

O líder de verdade, por sua vez, trabalha com a realidade, com as dificuldades de construir a nação e a certeza de que sacrifícios momentâneos compensam planos de longo prazo. Foi assim que, por exemplo, a Nova Zelândia e a Austrália enfrentaram e alteraram seus modelos de Estado no final dos anos 1970 e início dos anos 1980, elevando os dois países à condição de economias estáveis, com regras claras, novos contratos sociais, segurança jurídica, crescimento econômico e baixíssimos níveis de pobreza e criminalidade.

O político populista promete o que não vai cumprir, respondendo a uma demanda imediatista e clientelista do eleitorado e das corporações públicas. O pensador americano Thomas Sowell diz que *"o fato de muitos políticos de sucesso serem mentirosos não é exclusivamente um reflexo da classe política. Quando as pessoas querem o impossível, somente mentirosos podem satisfazê-las".*

A figura do messias bíblico existe na política, mas não deveria frequentar este tipo de palco. A falta de líderes sérios empurra as nações na direção de respostas rápidas e ineficientes para as grandes questões modernas. Como enfrentar o avanço do islamismo radical e ao mesmo tempo atender às necessidades humanitárias dos refugiados de guerra? Como praticar tolerância com os intolerantes? Como impor limites ao gasto público, especialmente nos sistemas de saúde e aposentadoria e, ao mesmo tempo, assegurar qualidade de vida para as pessoas, especialmente as de baixa renda? Como integrar religiões, raças, gêneros sexuais, culturas e gerações, mantendo suas individualidades?

Não são perguntas fáceis, porém devem ser enfrentadas com uma liderança capaz, com visão sistêmica de ações e reações, definindo limites, tomando decisões e agindo. Lideranças autênticas irão acertar e errar e, quando errarem, corrigirão o rumo. Precisamos voltar a evoluir como sociedade, aceitando as dificuldades que se impõem e ajudando a construir lideranças que compreendam o que se desenha no horizonte.

A revolução tecnológica está transformando as relações de trabalho e a tensão sobre empregos que irão ser substituídos por máquinas ou computadores gera enorme insegurança. Como fazer a passagem de um mundo onde o trabalho é o centro de tudo para outro digital, desmonetizado, democrático, quando teremos tempo livre e mais opções?

Este livro se debruça sobre a capacidade de oratória, retórica e persuasão de um dos maiores personagens da humanidade. Mergulhamos nos discursos de Winston Churchill e, baseados no contexto histórico de cada um deles, procuramos entender a motivação, o objetivo e a prática de uma liderança propositiva e inspiradora.

Onde estão nossos estadistas? Quem serão nossos líderes? A resposta talvez não esteja neste livro. As respostas para estas questões estão na escolha que eleitores fazem todos os dias entre líderes e falsos profetas. Reside no aprofundamento da prática democrática que não se limita apenas no momento do voto, mas exigem a participação ativam nas decisões que são tomadas em nosso nome. Votar e considerar o processo democrático resolvido não garante a participação, caso contrário, Cuba, Coreia do Norte e Venezuela seriam consideradas democracias.

A lembrança de Churchill permanece atual, pois mostra um tipo de condução política e moral consistente e real. Ele lembra que a condução de nossas vidas, em família, nos negócios ou em sociedade, deve ser feita de forma transparente, realista e norteada por objetivos. O aprendizado de um indivíduo ou de uma sociedade é a soma de suas experiências alicerçadas sobre conhecimentos adquiridos, a cultura no seu entorno e sua capacidade de reflexão, cognição, decisão, ação e revisão. Não há atalhos, há trabalho, dedicação e recompensa.

Churchill diria que *"dificuldades superadas são oportunidades ganhas"*[275].

---

275. ENRIGHT. *A Verve e o Veneno de Winston Churchill. Op. cit.*, p. 162.

# Bibliografia

## Livros

AMBROSE, Stephen E. *O dia D, 6 de julho de 1944: A Batalha Culminante da Segunda Guerra Mundial*. Trad. Múcio Bezerra. Rio de Janeiro: Civilização Brasileira, 1998.

ARAÚJO, Carlos Alberto. "A pesquisa norte-americana" *In:* HOHLFELDT, Antônio; MARTINO, Luiz Claudio; FRANÇA, Vera Veiga. (Org.). *Teorias da Comunicação: Conceitos, Escolas e Tendências*. Petrópolis: Vozes, 2001.

ARENDT, Hannah. *A Condição Humana*. Posf. Celso Lafer; trad. Roberto Raposo. Rio de Janeiro: Forense, 1997.

ARISTÓTELES. *Retórica*. Pref. e intr. Manuel Alexandre Júnior; trad. Manuel Alexandre Júnior, Paulo Farmhouse Alberto e Abel do Nascimento Pena. Lisboa: Casa da Moeda, 1998.

ARISTÓTELES. *Poética*. Trad. Edson Bini. São Paulo: Edipro, 2011.

ARISTÓTELES. *Política*. Trad., intr. e notas Mário da Gama Kury. Brasília: Editora Universidade de Brasília, 3ª ed., 1997.

BALL, Stuart. *Winston Churchill: Vidas Históricas*. Trad. Gleuber Vieira. Rio de Janeiro: Nova Fronteira, 2006.

BARTHES, Roland. *A Aventura Semiológica*. Trad. Maria de Santa Cruz. Lisboa: Edições 70, 1985.

BUCHANAN, Patrick J. *Churchill, Hitler e "A guerra desnecessária"*. Trad. Vania Cury. Rio de Janeiro: Nova Fronteira, 2009.

CITELLI, Adilson. *Linguagem e persuasão*. São Paulo: Atlas, 2001.

CHARAUDEAU, Patrick. *Discurso Político*. Trad. Fabiana Komesu e Dílson Ferreira da Cruz. São Paulo: Contexto, 2006.

CHARAUDEAU, Patrick. *Discurso das mídias*. Trad. Ângela S. M. Corrêa. São Paulo: Contexto, 2009.

CHURCHILL, Randolph. *Sangue, suor e lágrimas*. Trad. R. Magalhães Júnior e Lya Cavalcanti. Rio de Janeiro: José Olympio, 1941.

CHURCHILL, Winston S. *Jamais Ceder!: Os Melhores Discursos de Winston Churchill*. Trad. Antônio Carlos Braga. Rio de Janeiro: Jorge Zahar, 2005.

CHURCHILL, Sir Winston Spencer. *Memórias da Segunda Guerra Mundial*. Trad. Vera Ribeiro. Rio de Janeiro: Nova Fronteira, 1995.

CHURCHILL, Sir Winston Spencer. *Second World War, Volume II: Their Finest Hour*. London: Reprint Society, 1952.

CHURCHILL, Sir Winston Spencer. *My Early Life*. London: Elans, 2000.
CORTEN, André. "Discurso e Representação Política". *In*: INDURSKY, Freda & FERREIA, Maria Cristina Leandro. *Os Múltiplos Territórios da Análise do Discurso*. Porto Alegre: Sagra Luzzato, 1999.
DE FLEUR, Melvin e BALL-ROKEACH, Sandra. *Teorias da comunicação das massas*. Trad. Octavio Alves Velho. Rio de Janeiro: Jorge Zahar, 1997.
DINIZ, Tailor. *A sobrevivente A21646*. Porto Alegre: Mercado Aberto, 2002.
ENRIGHT, Dominique. *A Verve e o Veneno de Winston Churchill*. Trad. Joubert de Oliveira Brízida. Rio de Janeiro: Odisseia, 2009.
FENBY, Jonathan. *Os Três Grandes: Churchill, Roosevelt e Stalin ganharam uma guerra e começaram outra*. Trad. Gleuber Vieira. Rio de Janeiro: Nova Fronteira, 2007.
FEST, Joachim C. *Hitler*. Trad. Analúcia Teixeira Ribeiro, Antônio Nogueira Machado, Antônio Pantoja e Francisco Manuel da Rocha Filho. Rio de Janeiro: Nova Fronteira, 2005.
FRANÇA, Vera Veiga, "O objeto da comunicação / A comunicação como objeto" *In:* HOHLFELDT, Antônio; MARTINO, Luiz Claudio; FRANÇA, Vera Veiga. (Org.). *Teorias da Comunicação: Conceitos, Escolas e Tendências*. Petrópolis: Vozes, 2001.
GILBERT, Martin. *Atlas de la história judia*. Jerusalém: La Semana, 1978.
GILBERT, Martin. *Churchill: A Photographic Portrait*. London: Pimlico, 1999.
HALLIDAY, Teresa Lucia. *O que é retórica*. São Paulo: Brasiliense, 1999.
HICKS, Stephen. *Explicando o Pós-modernismo – de Rousseau a Foucalt*. São Paulo: Callis, 2011.
HOBSBAWN, Eric. *A invenção das tradições*. Trad. Celina Cavalcante. São Paulo: Paz e Terra, 2002.
HOHLFELDT, Antonio. "As origens antigas: A comunicação e as civilizações". *In:* HOHLFELDT, Antônio; MARTINO, Luiz Claudio; FRANÇA, Vera Veiga. (Org.). *Teorias da Comunicação: Conceitos, Escolas e Tendências*. Petrópolis: Vozes, 2001.
HOHLFELDT, Antonio. "Hipóteses contemporâneas de pesquisa em comunicação". *In:* HOHLFELDT, Antônio; MARTINO, Luiz Claudio; FRANÇA, Vera Veiga. (Org.). *Teorias da Comunicação: Conceitos, Escolas e Tendências*. Petrópolis: Vozes, 2001.
JAEGER, Werner. *Paideia: A formação do homem grego*. Trad. Athur Parreira. São Paulo: Herder, 1960.
JENKINS, Lord Roy. *Churchill*. Trad. Heitor Aquino Ferreira. Rio de Janeiro: Nova Fronteira, 2002.
JENKINS, Lord Roy. *Roosevelt*. Trad. Gleuber Vieira. Rio de Janeiro: Nova Fronteira, 2005.
JOHNSON, Boris. *O Fator Churchill: Como um Homem Fez História*. Trad. Renato Marques. São Paulo: Planeta, 2015.
JUNGE, Traudl. *Até o Fim: Os últimos dias de Hitler contados por sua secretária*. Trad. Claudia Abeling. Rio de Janeiro: Ediouro, 2005.
KEEGAN, John. *A inteligência na guerra: Conhecimento do inimigo, de Napoleão Bonaparte à Al-Qaeda*. Trad. S. Duarte. São Paulo: Companhia das Letras, 2006.
KEEGAN John. *Uma história da guerra*. Trad. Pedro Maia Soares. São Paulo: Companhia das Letras, 1995.
KLÖCKNER, Luciano. *Nova retórica e rádio informativo: Estudo das programações das emissoras TSF-Portugal e CBN-Brasil*. Porto Alegre: Evangraf, 2011.

## BIBLIOGRAFIA | 343

LOWERY, Shearon A. & DEFLEUR, Melvin. *Milestones in Mass Communication Research.* White Plains: Longmann, 1988.
LUKACS, John. *Cinco dias em Londres: Negociações que mudaram o rumo da Segunda Guerra.* Trad. Teresa Resende Costa. Rio de Janeiro: Jorge Zahar, 2001.
LUKACS John. *Churchill e o Discurso que Mudou a História: Sangue, Trabalho, Lágrimas e Suor.* Trad. Maria Luiza X. de A. Borges. Rio de Janeiro: Jorge Zahar, 2009.
McCARTEN, Anthony. *O Destino de Uma Nação: Como Churchill desistiu de um acordo de paz para entrar em guerra contra Hitler.* Trad. Eliana Rocha e Luis Reyes Gil. São Paulo: Crítica, 2017.
McCOMBS, Maxwell. *A teoria da agenda: A mídia e a opinião pública.* Trad. Jacques A. Wainberg. Petrópolis: Vozes, 2009.
McLUHAN, Marshall. *O meio é a mensagem.* Trad. Ivan Pedro de Martins. São Paulo: Record, 1969.
McLUHAN, Marshall. *Os meios de comunicação como extensões do homem.* Trad. Décio Pignatari. São Paulo: Cultrix, 1969.
McMILLAN, Margareth. *Paz em Paris: A Conferência de Paris e seu mister de encerrar a Grande Guerra.* Trad. Joubert de Oliveira Brízida. Rio de Janeiro: Nova Fronteira, 2004.
MEDAWAR, Jean & PYKE, David. *O presente de Hitler: Cientistas que escaparam da Alemanha nazista.* Trad. Antonio Nogueira Machado. Rio de Janeiro: Record, 2003.
MUKUNDA, Gautam. *Indispensable: When Leaders Really Matter.* Boston: Harvard, 2012.
NOVAES, Adauto. *Tempo e História.* São Paulo: Companhia das Letras, 1992.
ORLANDI, Eni Puccinelli. *A Linguagem e seu funcionamento: As formas do discurso.* São Paulo: Pontes, 1996.
ORLANDI, Eni Puccinelli. *Análise de discurso: Princípios e procedimentos.* São Paulo: Pontes, 2007.
ORLANDI, Eni Puccinelli. *As formas do silêncio: No movimento dos sentidos.* Campinas: Unicamp, 1992.
PENBERTHY, Ian. *Churchill in Quotes: Wit and wisdom from the great statesman.* Lewes: Ammonite, 2011.
PERELMAN, Chaim & OLBRECHTS-TYTECA, Lucie. *Tratado da argumentação: A nova retórica.* Trad. Maria Ermantina de Almeida Prado Galvão. São Paulo: Martins Fontes, 2005.
PERELMAN, Chaim & OLBRECHTS-TYTECA, Lucie. *O império retórico: Retórica e argumentação.* Trad. Fernando Trindade e Rui Alexandre Grácio. Lisboa: ASA, 1999.
RANCIÈRE, Jacques. *O Desentendimento: Política e Filosofia.* Trad. Angela Leite Lopes. São Paulo: Editora 34, 1996.
RICOUER, Paul. *O conflito das interpretações.* Trad. M. F. Sá Correia. Porto: Rés, 1988.
ROBERTS, Andrew. *Hitler & Churchill: Segredos da Liderança.* Trad. Maria Luíza X. de A. Borges. Rio de Janeiro: Jorge Zahar, 2004.
ROHDEN, Luiz. *O Poder da Linguagem: A Arte Retórica de Aristóteles.* Porto Alegre: Edipucrs, 2010.
RÜDIGER, Francisco. "A Escola de Frankfurt" *In:* HOHLFELDT, Antônio; MARTINO, Luiz Claudio ; FRANÇA, Vera Veiga. (Org.). *Teorias da Comunicação: Conceitos, Escolas e Tendências.* Petrópolis: Vozes, 2001.
SAPERAS, Endric. *Os efeitos cognitivos da comunicação de massas.* Porto: Asa, 1987.

SAPERAS, Endric. *La sociologia de la comunicación de masas en los Estados Unidos*. Barcelona: PPU, 1992.
THOMPSON, John B. *Ideologia e cultura moderna: Teoria social crítica na era dos meios de comunicação de massa*. Petrópolis: Vozes, 1995.
VAN DIJK, Teun A. *La notícia como discurso. Comprensión, estructura y producción de la información*. Barcelona: Paidós, 1996.
VOLKOGONOV, Dmitri Antonovich. *Stalin: Triunfo e tragédia*. Trad. Joubert de Oliveira Brízida. Rio de Janeiro: Nova Fronteira, 2004.
WOLTON, Dominique. *Informar não é comunicar*. Porto Alegre: Sulina, 2010.

## Sites

CARDOSO E CUNHA, Tito. "Retórica. A técnica da persuasão".
<http://ocanto.esenviseu.net/retórica.htm>
    Acesso em: 20 de julho de 2012.
FACEBOOK.com/RealTimeWorldWarII
<http://t.co/ewjCbwgt>
    Acesso em: 6 de janeiro de 2013.
FIDALGO, Antonio. "Definição de retórica e cultura grega".
<http://www.bocc.ubi.pt/pag/fidalgo-antonio-retorica-cultura-grega.pdf>
    Acesso em: 21 de julho de 2012.
HARROW SCHOOL
<http://www.harrowschool.org.uk/1505/overview/harrow-tradition/history-of-the-school/>
    Acesso em: 21 de julho de 2012.
JEWISH LIBRARY
<http://www.jewishvirtuallibrary.org/jsource/Holocaust/Gestapo.html>
    Acesso em: 6 de setembro de 2012.
<http://www.jewishvirtuallibrary.org/jsource/Holocaust/goebbels.html>
    Acesso em: 23 de setembro de 2012.
DOWNING STREET
<http://www.number10.gov.uk/history-and-tour/>
    Acesso em: 6 de setembro de 2012.

## PORTAL DOS ADMINISTRADORES.

<http://www.administradores.com.br/informe-se/informativo/eles-ensinam-o-que-e-ser-um-lider/3943/>
    Acesso em: 5 de agosto de 2010.

## PATRICK CHARAUDEAU

<http://www.patrick-charaudeau.com/Um-modelo-socio-comunicacional-do.html>
    Acesso em: 16 de dezembro de 2012.
SOUZA, César. "*Os segredos dos líderes inspiradores*". Artigo de 20 de março de 2010.
<http://br.hsmglobal.com/notas/43609-os-segredos-dos-lideres-inspiradores>
    Acesso em: 8 de agosto de 2010.

# Lista de Figuras de Quadros

## Figuras

Figura 1 – Análise retórica
Figura 2 – Cânones retóricos
Figura 3 – Paradigma de Lasswell
Figura 4 – Definições de Lasswell
Figura 5 – Grade de análise de discursos

## Quadros

Quadro 1 – Guerra
Quadro 2 – Sangue, trabalho, lágrimas e suor
Quadro 3 – O melhor momento
Quadro 4 – A guerra dos soldados desconhecidos
Quadro 5 – Os poucos
Quadro 6 – Jamais ceder
Quadro 7 – Sessão conjunta do Congresso e Senado
Quadro 8 – O dia D
Quadro 9 – Palavras não podem expressar o horror
Quadro 10 – Vitória da Europa
Quadro 11 – Esta vitória é de vocês
Quadro 12 – Discurso da Renúncia

## Por que temos de nos interessar por Churchill?
*Marcos Toyjo*[276]

Em sua excelente biografia sobre Napoleão lançada em 2015[277], o historiador inglês Andrew Roberts traz um dado que ilustra a imensa curiosidade despertada ao longo das décadas pelo gênio militar que se coroou imperador. Somam-se mais livros escritos sobre Napoleão do que dias desde sua morte em 1821. Em conta aproximada, isso dá quase 72 mil livros.

Se nos atermos apenas aos séculos XX e XXI, Napoleão tem um concorrente: Winston Churchill. E nos últimos cinco anos, em livrarias ou cinemas, universidades ou teatros, emergiu uma "neochurchillmania". Cumpre destacar que o próprio Andrew Roberts contribui ricamente a essa onda, com a magistral biografia "Churchill: Caminhando com o Destino"[278].

Vale notar que neste recente foco no legendário político britânico não há nenhuma efeméride digna de nota. Não se trata de aniversário de nascimento ou morte, tampouco de sua assunção como primei-

---

276. O Professor Marcos Troyjo é Transformational Leadership Fellow da Universidade de Oxford e Distinguished Fellow do INSEAD. Membro do Conselho do Futuro Global do Fórum Econômico Mundial, foi presidente do Novo Banco de Desenvolvimento e Secretário Especial de Comércio Exterior e Assuntos Internacionais do Ministério da Economia.

Fundou e dirigiu o BRICLab na Universidade Columbia, em Nova York, onde lecionou relações internacionais. Foi um dos principais negociadores do Acordo Mercosul-União Europeia. Economista, cientista político e diplomata, é conselheiro de empresas multinacionais e autor de livros sobre desenvolvimento econômico, relações internacionais e inovação.
277. CF. ROBERTS, Andrew. *Napoleon: a life*. Penguin Books: Nova York, 2015. (N. E.)
278. CF. ROBERTS, Andrew. *Churchill: Walking with Destiny*. Penguin Books: Nova York, 2019. (N.E.)

ro-ministro ou de outro grande acontecimento histórico em que Churchill tenha atuado.

Apenas para ficar em alguns poucos exemplos, no cinema tivemos recentemente o Churchill interpretado por Gary Oldman[279] (que levou o Oscar de melhor ator), e o dilema de resistir ou negociar com o Terceiro Reich. Vimos também Brian Cox[280] incorporar Churchill na atribulada fase de preparativos à invasão da Normandia, o Dia "D".

Um punhado de peças em torno de Churchill percorreu nos últimos dez anos o Reino Unido e os EUA. E, em meio às incessantes publicações no mundo de língua inglesa, temos o valioso lançamento desta nova edição "Churchill e a Ciência por Trás dos Discursos", do professor Ricardo Sondermann, que ademais preside a Churchill Society em seu capítulo brasileiro.

A obra oferece contexto histórico e exame das técnicas retóricas aplicadas por Churchill em doze discursos. Afinal, ele "mobilizou a língua inglesa e a mandou para o campo de batalha". Sondermann convida, também, à reflexão sobre como ideias e práticas de Churchill podem aprimorar o debate político no Brasil contemporâneo.

Alguns argumentam que o renovado interesse por Churchill se dá pela estiagem global de grandes líderes. É possível. Dificilmente, no entanto, a total dimensão da liderança se dá no tempo presente. É na distância que favorece a perspectiva onde se aferem balanços mais definitivos. Outros dirão que a bússola de Churchill faz falta ao Reino Unido pós-"brexit". Verdade, mas essa saudade de Churchill é mais do que fenômeno estritamente britânico.

Numa superficial síntese, entendo que estamos – ou deveríamos estar – mais interessados que nunca por Churchill pois ele nos inspira a (1) um modelo de habilidades, (2) uma filosofia prática e (3) uma vigilância de valores. Esse caráter tripartite da vida e legado de Churchill é de imensa aplicabilidade no mundo atual.

---

279. Dirigido por Joe Wright, no Brasil o filme foi lançado sob o título *A hora mais negra*. (N.E.)
280. Dirigido e roteirizado por Jonathan Teplitzky, o filme *Churchill* foi lançado em outubro de 2017 no Brasil. (N. E.)

Por "modelo de habilidades", devemos entender o quanto Churchill atuou em diferentes campos do engenho humano. Ao contrário dos "especialistas", aborrecidos seres "unidimensionais" e "monotemáticos" de que o mundo tanto está repleto hoje, Churchill era um polímata. Foi militar e correspondente de guerra. Redigiu mais páginas que a maioria dos escritores; ganhou o Nobel de Literatura; pintou mais quadros que a maioria dos pintores; foi membro do Parlamento e Lorde do Almirantado. Sua capacidade de estabelecer conexões entre essas diferentes atividades faz dele um protótipo ideal do "nexialista", o perfil profissional tão buscado hoje nas corporações.

Por "filosofia prática", refiro-me aqui às "cinco lições" que o historiador inglês Paul Johnson condensa no epílogo da biografia de Churchill publicada em 2009[281]. "Ter metas elevadas", "compreender que nada supera o trabalho duro", "ser resistente e resiliente ante obstáculos", "não se ocupar de mesquinharias" e "aproveitar a vida num alegre *carpe diem*" delimitam o conjunto de princípios pelos quais Churchill viveu e que a tantos inspira.

E, por "vigilância de valores", um olhar guardião sobre os elementos fundamentais do Ocidente: a democracia representativa, o estado de direito, a livre iniciativa; enfim, uma certa ideia de civilização livre e próspera. O risco de desmoronamento desses valores é o que Churchill denuncia em dois textos (meus prediletos) de extraordinário diagnóstico, mas também de visão sobre o curso de ação a tomar.

Um é o perfil que redige sobre Hitler em 1935 e que mais tarde comporia o volume "Great Contemporaries" (no Brasil saiu como "Grandes homens do meu tempo"[282]). Ali, quatro anos antes da plena eclosão da Segunda Guerra, Churchill identifica no ditador alemão o "homem que lançará o mundo outra vez numa guerra em que a civilização irremediavelmente sucumbirá". O outro, claro, é o "discurso da cortina de ferro", formalmente intitulado "The Sinews of Peace" (Ten-

---

281. Cf. JOHNSON, Paul. *Churchill*. Penguin Books: Nova York, 2010. (N.E.)
282. Cf. CHURCHILL, Winston. *Grandes homens do meu tempo*. 2ª Ed. Nova Fronteira: Rio de Janeiro, 2019. (N.E.)

dões da Paz, em inglês). Se nos anos 1930 a ameaça ao Ocidente vinha do nazifascismo, no pós-Segunda Guerra o antagonista era o comunismo como força geopolítica expansionista.

      Churchill nos interessa hoje, ademais de suas muitas lições como homem e líder, porque a ideia de Ocidente permanece em risco. Talvez menos por ideologias exóticas ou fragmentárias, ou alternativas inspiradas no modelo de autocracia chinesa ou russa, mas pelo próprio populismo que encontra tamanha força vital nas democracias contemporâneas.

**Acompanhe a LVM Editora nas Redes Sociais**

**f** **https://www.facebook.com/LVMeditora/**

**⃝ https://www.instagram.com/lvmeditora/**

Esta edição foi preparada pela LVM Editora
e pela Spress, com tipografia Baskerville e
Barlow (título), em julho de 2023